Bruder Norman!

Niklas Frank

Bruder Norman!

»Mein Vater war ein Naziverbrecher, aber ich liebe ihn«

DIETZ

Bibliografische Information der Deutschen Nationalbibliothek
Die Deutsche Nationalbibliothek verzeichnet diese Publikation in der Deutschen Nationalbibliografie; detaillierte bibliografische Daten sind im Internet über http://dnb.dnb.de abrufbar.

978-3-8012-0438-9
2. Auflage 2014

Dreizehnmorgenweg 24, 53175 Bonn Lektorat:
Alexander Behrens
Umschlag: Hermann Brandner, Köln
Umschlagfoto: Niklas Frank
Satz: Petra Strauch, Bonn
Druck und Verarbeitung: Bookpress, Olsztyn

Printed in Poland 2021

Besuchen Sie uns im Internet: *www.dietz-verlag.de*

Für Hanno

INHALT

»DAMIT ENDLICH AUSEINANDERGESÄBELT WIRD, WAS EIN LEBEN LANG NICHT ZUSAMMEN GEPASST HAT.«

Da liegt er nun, mein Bruder Norman. Tot. Im riesigen Präparationssaal der Anatomie der Münchener Universität. Vollgepumpt mit Hochprozentigem bis ins letzte Äderchen. »Das würde ihm gefallen«, sagt der Professor. Wir grinsen. Weil ich verreist war, als Norman starb, gestattete mir die Münchener Anatomie ausnahmsweise, mein letztes Geschwister, den trübgescheiten Saufkopp, noch einmal sehen zu dürfen, bevor er zerwirkt wird. Ich hatte dem Professor von Normans Alkoholismus erzählt.

Allerdings hätte er dieses Gebräu, mit dem er konserviert worden ist, nur in seinen schwärzesten Verzweiflungsstunden getrunken. Wenn er auf allen Vieren den Gang entlang gekrochen kam, nachts um drei, und lallend um Schnaps bettelte: 15,6 Liter 96 %es Ethanol, 192 Milliliter 37 %es Formaldehyd, 180 Gramm Polyethylenglykol »300«, 180 Gramm Polyethylenglykol »1500«, 476 Gramm Chloralhydrat, 140 Gramm Alkylbenzyldimethylammoniumchlorid, 144 Milliliter Morpholin und 0,18 Milliliter Nelkenöl.

Über das Nelkenöl hätte er krächzend gelacht. Nach einer Operation am Rücken hatten ihm die Ärzte zusammen mit dem Betäubungs-Tubus bahnbrechend die meisten seiner Vorderzähne rausgerissen.

An diesem 26. November 2009 ist das körperliche Wrack schon knapp acht Monate tot. In der Nacht zum 31. März 2009 war der 80 Jährige in seinem Bett gestorben. Einfach so.

»Einfach so« leben konnte er nie. Unmoralische Eltern, verwoben in Verbrechen gegen Menschheit und Menschlichkeit. Zu gut aussehend, um Feigheit Paroli bieten zu müssen. Brillant und charmant, um jeden Mann und jede Frau zu blenden. Ein Meister der Scharfzüngigkeit, die seine Verzweiflung mit blitzendem Stahl umschloss. Es war die Wirrnis eines deutschen Täterkindes, dessen Mantra hieß: »Ich weiß, unser Vater war ein Naziverbrecher, aber ich liebe ihn.«

So gesehen ist Norman eine typische Person deutscher Zeitgeschichte.

»Ich will in die Anatomie, organisier das bitte«, hatte mich Norman gebeten und zahlte für die Aufnahme seines Altmännerleibes fröhlich 1300 Euro. Als er den Spenderausweis in Händen hielt, lächelte er: »Siehst du, meine akademische Karriere beginnt erst nach meinem Tod.«

Sie wird am 27. November 2009 beginnen, einen Tag nach meiner letzten Begegnung mit ihm in diesem hell erleuchteten und mit großen Fenstern versehenen Saal.

Nicht an ihm allein wächst die Wissenschaft: 47 weitere Leichen liegen aufgebahrt um ihn herum, alle mit weißen Gummitüchern abgedeckt.

»Bomi«, wie unsere Mutter und wir Geschwister ihn liebevoll nannten, war für mein letztes Treffen auf seiner Bahre nach vorne in die Mitte gezogen worden.

Tote Hülle und nichts Schwebendes? Norman hatte mir zehn Monate zuvor eindringlich gepredigt: »Es gibt keine Seele. Der Mensch ist aus Fleisch, Knochen, Flachsen und Gehirn. Sollte es doch eine Seele geben, dann äußert sie sich im Gewissen.«

Die Präparatorin nimmt die schwere Abdeckung, danach eine Art Gaze von seinem Gesicht, streift dann alles bis zum Bauchnabel hinunter.

Ein überwältigender Anblick.

Gelblich braun seine Haut. »Mit einem Stich ins Violette«, fügt der Professor hinzu.

Leichte, weiße Bartstoppel, ungefähr zwei Millimeter lang.

Ein Haupt wie aus Marmor, Ehrfurcht gebietend, übergroß, denn zum ersten Mal sehe ich Norman ohne seine bis zum Tod volle dunkelbraune Haarpracht.

Auf die war ich Glatzkopf ein Leben lang neidisch gewesen.

Warum wurde sein Haar abrasiert?

»Wegen der Anonymisierung.«

Die Nase ist nach rechts eingedrückt. Die Präparatorin versucht, sie zwischen Daumen und Zeigefinger ins Aufrechte zu ziehen. Vergeblich. Bums, liegt sie wieder platt nach links. Von Norman aus gesehen.

»Da muss einer im Tank auf ihm gelegen haben«, erklärt der Professor.

Die gut situierten Menschen, die sich in die Anatomie einkaufen konnten, werden dort den Sommer über kühl und verwesungsfrei gelagert. Präparationskurse finden nur in der kalten Jahreszeit statt. Sicher gurgeln im vollgepackten Tank auch ein paar Obdachlose, die ohne Familie starben, aber als Lehr- und Lernobjekte interessant zu sein versprechen.

»Ist er denn dick?« hatte die Sekretärin der Münchener Anatomie am Telefon gefragt, als nach Normans Tod nicht gleich sein Spenderausweis gefunden werden konnte. »Dünne haben wir genug.«

Die Fettstatistik der deutschen Bevölkerung muss offensichtlich umgeschrieben werden.

Überraschend schmale, zusammen gepresste Lippen, so, als gräme sich Norman, der Ästhet, über seine schiefe Nase. Kurze, senkrecht aufgestellte Augenbrauen. Die geschlossenen Augenlider wirken wie zusammengepresst, als ob er nun wirklich nichts mehr von der Wirklichkeit sehen wollte.

Geschwollene Tränensäcke.

Warum geschwollen und dunkler in der Färbung?

»Geplatzte Äderchen. Durch das Blut. Im Tod platzen die kleinen Äderchen. Deswegen auch seine dunkleren Schultern zum Rücken hin.«

Altersflecken. Vor allem auf der Stirn.

An seinen großen »Gummilapperlohren«, wie wir jüngeren Geschwister sie beim großen Bruder immer nannten – er konnte sie zu unglaublichen Röhren zusammendrehen –, hängen an kräftiger Schnur rechts und links zwei Holzbrettchen mit der Identifikationsnummer. »29-6« oder »26-9«. Schon verlässt mich präzise Erinnerung.

Am Hals in Nähe der rechten Schlagader eine große Narbe.

»An sich gehen wir zum Konservieren durch die Beinvene rein, aber die war bei Ihrem Bruder schon zu sehr verkalkt. Deswegen durch die Halsschlagader«, sagt die Präparatorin.

Der und verkalkt! Kaum zu glauben. Noch drei Tage vor seinem Tod, bastelte er trickreich an unserem alten Spiel: Wie viele üble Gemeinheiten kann man in einem einzigen Satz unterbringen.

Normans Kopf liegt leicht zu meiner Seite hin geneigt.

Darf ich ihn berühren?

Der Professor nickt. Ich lege die Fingerrücken meiner linken Hand an seine Wange. Sie ist kühl, fest, angenehm nachgebend. Ich streichle sein Gesicht.

Nicht erwartete Gefühle des Glücks und der Liebe durchströmen mich.

Jetzt kann er sich nicht mehr gegen meine Berührung wehren. Nie wollte er berührt werden.

»Jetzt wird er nur noch berührt«, sagt der Professor.

Er staunt, dass Norman so gut erhalten ist. »Ich hatte Angst, dass wir ihn nicht wiedererkennen. Sie hatten mir ja im Sommer das letzte Foto von ihm gezeigt. Aber ich habe ihn heute früh sofort wiedererkannt.«

Darf ich ein Foto machen?

»Nein« aus beider Mund, freundlich. Aber so bestimmt, dass ich gar nicht mehr zu bitten wage, ob ich dabei sein dürfe, wenn mein Bruder zerlegt wird, vielleicht selbst Skalpell anlegen. Also muss ich mir alles vorstellen.

Schade, Norman. Ganz nah wäre ich dir gekommen.

»Ich war ein interessierter Tagedieb. Ich hab mich nie mit mir beschäftigt. Erst durch dich. Bis dahin habe ich mir immer gesagt: Was für eine Gnade habe ich erlebt!«

Bei der Präparation wird das Schönste aller Frank-Kinder von außen nach innen, von der Haut bis zum Skelett, in festgelegten Schnitten aufgebrochen. Ohren und Lippen bleiben an ihrem Geburtsort. Sein Kopf wird zuletzt abgetrennt.

Die Haut wird natürlich als erstes abgepellt. »Das ist sehr schwierig, weil zum Beispiel die Gesichtshaut intensiv angewachsen ist«, erzählt der Professor. »Oft geht das nur in kleinen Schnipseln.«

Wo kommen die hin?

»Jeder Tote hat seinen Eimer.«

Ich sehe sie stehen. Vor jeder Bahre. Riesengroß.

»Mit der Nummer der jeweiligen Leiche darauf. Da kommt dann alles rein.«

Ich streichle Normans Oberarme und seine nackte Brust.

Servus, Bomi, sage ich, streiche ihm noch einmal über die Stirn.

Jetzt bist du endlich die Liebesqualen um unseren Vater los, füge ich für mich hinzu und gehe aus dem Saal.

Draußen auf dem Gang drängeln sich die jungen Studenten. Morgen werden sie Norman mit dem Skalpell auseinander nehmen.

Warum willst du eigentlich in die Anatomie? hatte ich ihn gefragt.

»Da gehöre ich hin. Damit endlich auseinandergesäbelt wird, was ein Leben lang nicht zusammenpasste.«

Norman wurde am 3. Juni 1928 in München in der *Krankenanstalt Rotes Kreuz* an der Nymphenburgerstraße 163 um 14.30 Uhr geboren. Als Sohn des Rechtsanwalts Dr. Hans Frank, geboren 1900 in Karlsruhe. In der Zeit um Normans Geburt arbeitete sein Vater schon eng mit den Nationalsozialisten zusammen. 1923 war er in die NSDAP eingetreten, bald wegen Hitlers Einstellung zu Südtirol wieder ausgetreten. Nach seiner Neuaufnahme 1927 machte er innerhalb der NSDAP Karriere. Für Adolf Hitler und für die Schlägertrupps der SA führte er Prozesse quer durch Deutschland, die er meist gewann. Zum einen, weil er das demokratische Rechtssystem der Weimarer Republik raffiniert ausnutzte, zum anderen, weil die damalige Richterschaft schon nationalsozialistisch verseucht war.

Sein größter Triumph, auf den er bis zum Ende seines Lebens stolz war: Er ließ Adolf Hitler als Zeuge in einem Leipziger Prozess schwören, dass er die Macht in Deutschland nur auf demokratische Weise erringen wolle.

Hans Frank wurde im März 1933 nach einem Putsch der Nazis gegen die rechtmäßig gewählte bayerische Landesregierung Justizminister in

München, 1934 Reichsminister ohne Geschäftsbereich in Berlin. Nach Hitlers Übernahme der Kanzlerschaft eigentlich politisch ein toter Mann, berief ihn der »Führer« Ende September 1939 zum Chef der Zivilverwaltung im überfallenen Polen. Als Stellvertreter Hitlers und »Generalgouverneur« war er politisch verantwortlich für die Vernichtung der Juden, Polen, Ukrainer, für die Vernichtungslager Treblinka, Majdanek, Belzec und Sobibor. Zwar hatte Heinrich Himmler die eigentliche Macht im Generalgouvernement, aber Frank tat nichts, um den Massenmord an unschuldigen Menschen zu verhindern. In Berlin galt er als »Popanz«, Goebbels nannte ihn spöttisch »König von Polen«. Sie alle wussten, dass Hans Frank zwar hin und wieder opponierte, zuletzt aber immer klein beigab. Seine Opposition richtete sich beileibe nicht gegen den Massenmord, sondern aus Eifersucht gegen die Übermacht Himmlers.

Am 17. Januar 1945 floh er von seinem Regierungssitz Krakau zum Schliersee in Oberbayern, im Gepäck unter anderem einige Rembrandts, einen Raffael und Leonardo da Vincis »Dame mit dem Hermelin«. Am 4. Mai 1945 wurde er in seiner »Außenstelle Generalgouvernement«, einer kleinen ehemaligen Pension im Josefstal in Neuhaus am Schliersee von US-Leutnant Walter Stein verhaftet. Freiwillig übergab er ihm um die 40 Bände seines »Diensttagebuchs«, das er während seiner Zeit in Polen zwischen 1939 und 1945 von zwei Stenografen hatte führen lassen. Darin sind Tag für Tag seine Reden und Aktivitäten festgehalten.

Herausragend dabei Sätze wie: »Was nach dem Krieg mit den Polen, Ukrainern und was sonst noch hier herum läuft, gemacht wird, ist mir gleichgültig. Meinetwegen kann Hackfleisch aus ihnen gemacht werden.« Oder: »Wo immer wir auf Juden treffen, müssen wir sie vernichten. Ebenso die polnische Intelligenz!«

Dass er die Diensttagebücher freiwillig übergab und nicht vernichtete, lag an seiner naiven Fehleinschätzung: Er dachte, vor allem sein dort aufgezeichneter »Kampf« gegen Himmler würde eventuelle Ankläger beeindrucken.

In der Nacht zum 16. Oktober 1946 starb Hans Frank in Nürnberg in der Gefängnisturnhalle am Galgen. Er war wegen Kriegsverbrechen und Verbrechen gegen die Menschlichkeit am 1. Oktober 1946 zum Tod durch den Strang verurteilt worden.

Normans Mutter Brigitte Maria Frank, unter dem Mädchennamen Herbst 1895 in Eitorf an der Sieg geboren und in Forst in der Niederlausitz aufgewachsen, kam als Sekretärin mit Hilfe älterer Liebhaber 1920 über Berlin nach München. Sie verführte den fünf Jahre jüngeren Hans Frank in einem Schwabinger Maleratelier und ließ nicht mehr locker, bis sie seine Frau wurde. Die Ehe war zunächst im Rahmen beiderseitigen Fremdgehens glücklich. 1942 tauchte Hans Franks Jugendliebe Lilli Weidert, verheiratete Grau, wieder in seinem Leben auf, worauf er sich von der Mutter seiner fünf Kinder scheiden lassen wollte.

Brigitte Frank entschied: »Ich bin lieber die Witwe als die geschiedene Frau eines Reichsministers« und nervte über Frau Goebbels und Heinrich Himmler bis zu Hitler alle so nachhaltig, dass Hitler 1943 seinem Reichsminister und Generalgouverneur die Scheidung »bis Ende des Krieges« verbot.

Frank gehorchte, wie immer in seinem Leben, doch die Ehe blieb miserabel.

Father O'Connor, der unseren Vater im Nürnberger Gefängnis katholisch getauft und ihn zum Galgen begleitet hatte, erzählte mir 1984 in seinem Kloster in Albany, USA: »Niklas, dein Vater hatte noch in der Gefängniszelle Angst vor deiner Mutter.«

Brigitte Frank hatte die hohe Zeit als Reichsdame und als »Königin von Polen« im Generalgouvernement hemmungslos ausgenutzt, um sich unter anderem an Schmuck und Pelzen zu bereichern.

Nach dem Absturz der Familie 1945 versetzte sie die geraubten Kostbarkeiten, um ihre fünf Kinder durchzubringen. Des gesamten Vermögens enteignet, schaffte sie sich durch den raffinierten Vertrieb von Hans Franks nachgelassenem Manuskript, das sie als Buch unter dem Titel »Im Angesicht des Galgens« im *Brigitte Frank Verlag* herausgab, für ein paar Jahre einen gewissen Wohlstand, bevor sie, wieder verarmt und total entkräftet, mit 63 an meinem 20. Geburtstag, dem 9. März 1959, starb.

»Die ahnte, welche Bücher du gegen unsere Eltern schreibst«, spottete Norman, »Mutti wollte dir vorab einen Denkzettel verpassen.«

Norman, auf geht's, sie rücken dir zu Leibe: Mit einer Splitterpinzette (spitz), einer anatomischen Pinzette (stumpf), einer Schere, einer Sonde und mit verschiedenartigen Klingen zur Muskelpräparation und – die

»Diese Überlegenheit haben wir unseren Dienern, Kindermädchen, Köchinnen und Chauffeuren zu verdanken. Hoch lebe das Personal!«

lanzettförmigen, Norman! – zur Präparation deiner feineren Strukturen wie Nerven oder Blutgefäße – was für ein Besteck, mit dem du dein Leben selbst hättest auseinander nehmen können.

Aber hättest du dann noch weiter leben wollen? Tausende von Kreuzworträtseln lösen? Frauensport im Fernsehen mit Hohn und Deftigkeiten überziehen? Skispringer wie Schlierenzauer oder Amman in den Himmel loben, Boxer wie die Klitschko Brüder ob ihres langweiligen Stils zum Teufel wünschen, oder zuletzt mit ernster Miene den Rat aussprechen: »Die Juden müssen wieder aufpassen!«

Ich freute mich, dass selbst er in seinem seit zwanzig Jahren bewohnten Lehnstuhl im bewusst eiskalt gehaltenen Wohnzimmer mit feinem Riecher mitbekommen hatte, dass der Antisemitismus wieder in der Mitte unserer Gesellschaft angekommen war. Bis ich erfuhr, dass er eine wachsende Frechheit der deutschen Juden heraus präpariert zu haben glaubte.

Mit welchem Besteck, Norman? Mit Vatis?

»VATI NANNTE RIBBENTROP IMMER NUR RÜBENTOPF«

In den Jahren vor seinem Tod waren wir uns sehr nahe gekommen. Mein letztes noch lebendes Geschwister. Zehneinhalb Jahre älter als ich. Unsere zwei Schwestern und ein Bruder waren schon lange tot, unseziert vergraben. Die Verteidigung unseres Vaters als unschuldiges Opfer von Hitler, Himmler, Bormann und des Nürnberger »Siegertribunals« hatte Sigrid (geboren 1927), Brigitte (»Gitti«, geboren 1935) und Michael (»Michel«, geboren 1937) die Lebenskraft abgesaugt.

Norman und mir blieb sie. Allerdings nur, um uns gegenseitig zu zerfleischen. Beinahe jeden Monat fuhr ich quer durch Deutschland an den Schliersee, setzte mich ihm gegenüber hin, schlug ab Herbst 2008 sogar mein Laptop auf und raunzte ihn an, dass ich nicht nur ewig über unsere Eltern quakeln mag: Warum wurde er so, wie er ist? Welche Nackenschläge hat er bekommen? Speziell welche als Kind eines Hauptkriegsverbrechers?

Zunächst sperrte er sich: »Ich bin gegen das geschriebene Wort. Finis operi.«

Ich verstehe kein Persisch, antwortete ich, worauf er lachte und ich hoffen durfte, er habe seinen Widerstand aufgegeben. Doch versank er zunächst ins Philosophische:

»Ich bin für das Sprechen. Wenn ich spreche, kann ich Ironie direkt bringen. In dem Moment, wo Worte niedergeschrieben werden, sterben sie. Eine langweilige Aneinanderreihung von Buchstaben.«

... eine langweilige Aneinanderreihung von Buchstaben, hacke ich mich per Laptop in sein Gehirn.

»Du schreibst doch diesen Schmarrn nicht auf?«

Doch. Alles, was du sagst. Also reiß dich zusammen, du Alkoholiker. Ich kaufe dir jeden Abend beim Gerk zwei Fläschchen von deinem geliebten Obstler und am nächsten Morgen geht's katerlos weiter.

»Ich bin kein Alkoholiker. Ich brauch das zum Schlafen«, reagiert er verärgert, wendet den Kopf weg und schaut durch die Fensterscheibe hinaus. Dort hat er die Hauptstraße im Blick, die durch Schliersee führt. Ich weiß, was er dann sieht. Er hat es mir einmal gestanden: »Da ist Vati vorbei gefahren worden. Im offenen Jeep. Nach seiner Verhaftung. Gegen vierzehn Uhr am 4. Mai 1945. Und eine halbe Stunde später haben ihn die Amis im Tegernseer Gefängnis so furchtbar geschlagen.«

Ich zucke die Achseln: Die Amis hatten vorher ein Außenlager des KZs Dachau befreit, Leichenhaufen und ausgemergelte Überlebende gesehen. Sie waren noch geschockt und sehr wütend, als sie plötzlich hörten, dass der »Polenschlächter« Frank eingeliefert würde. Wie du weißt, war das sein Spitzname bei den Alliierten.

Norman schweigt, zieht an seiner Zigarette, starrt weiter aus dem Fenster. »Das verdient Vati nicht. Diesen körperlichen Schmerz.«

»Vati konnte zwar Kinder zeugen, kümmern konnte er sich nicht um sie. Für ihn war Vaterschaft nur eine Rolle.« Offizielles Foto des Reichsministers Dr. Frank.

Im Präsens gesagt. Unser ewig lebendiger Vater. Kaum trafen wir uns, stiegen wir spätestens nach einer Minute in die Diskussion um unseren Erzeuger ein. Für weitere Personen: nicht auszuhalten! Für Norman und mich Überlebenselixier.

Jahrelang schleppte ich Dokumente an, ging sie mit meinem Bruder durch. Einige trafen ihn tief, einige berührten ihn so sehr, dass er mir

Jahre später auswendig den Text sagen konnte. Zum Beispiel eine handschriftliche Notiz unseres Vaters vom Sommer 1945, vermutlich während seiner Haftzeit in Mondorf in Belgien geschrieben, wo die Amerikaner die *Big shots* unter den Nazis versammelt hatten, bevor sie nach Nürnberg verschubt wurden: *Seit 4. Mai 1945, dem Tage meiner Verhaftung, lebe ich wie aus dem Grabe heraus. Die Gegenwart ist mir nur noch Qual, die Zukunft ist mir verschwunden, allein lebt die Erinnerung ohne Hoffnung, voll Schmerz und Reue.*

Die Unterstreichungen stammen von Vati.

Norman war aufgewühlt. Da konnte ich ihm Dutzende von Fakten über die Ausrottungspolitik unseres Vaters bringen, nichts ließ sein Herz so beben, sein Mitleid so fließen, wie dieses weinerliche Geschreibsel. Als ich ihm das so sagte, duckte er sich weg: »Ja, ja, du hast ja Recht.« Aber er ließ es mich spüren: Du selbstgerechter Richter kennst die Liebe nicht!

»In meinem Leben hing Vati immer pünktlich am Galgen«, lässt er plötzlich raus. Staunend schau ich zu ihm rüber. Ernst und mit großen Augen erwidert er meinen Blick. Dann lacht er. »Gell, dein Bruder kann noch immer überraschende Sätze zimmern.«

Dieser Satz ist die Essenz seines verhehlten Lebens.

Briefe unserer Eltern hatte ich genug. Nachdem unsere Mutter 1959 gestorben war, erbat ich 20 Jähriger als Miterbe »nur alles, was beschrieben ist und alle Fotos«. Die vier Geschwister stimmten zu. So konnte ich Norman gezielt mit Dokumenten konfrontieren, die ihn aus seinem bewusst das Hirn vernebelndem Sport im Fernsehen und Kreuzworträtsel lösen herausholten und ins Grausen über unsere Eltern führen sollten.

Norman, heute will ich deine allerersten Kindheitserinnerungen aufschreiben. Vielleicht finde ich da schon, was dich für mich so verworren gemacht hat.

»Na, dann such mal, ob das vielleicht schon mit dem Bären anfing, den ich besaß. Auf dem konnte ich reiten, so mit Rädern. Und ein Schaukelpferd. Das Schaukeln war mir zu langweilig. Der Bär brummte, wenn man einen Griff nach oben zog. Das Schaukelpferd tat nicht einmal dieses. Deswegen habe ich am liebsten mit einem Ball gespielt.« Er imitiert mit seinem faltenreichen rechten Arm sogar eine Wurfbewegung. »Meine nächste Erinnerung: Sigrid und ich sitzen einander gegenüber im großen Kinderwagen. Wir haben das Gleiche an. Sigrid plärrt wütend zu den Leuten: ›Wir sind keine Zwillinge!‹«

»Interessant: Meine erste Erinnerung ist Sigrid, nicht die Mutti, nicht der Vati. Sigrid war meine wichtigste Bezugsperson. Weil sie mit mir alles teilte.«

Er sinniert kurz, sieht zu mir herüber: »Interessant: Meine erste Erinnerung ist Sigrid, nicht die Mutti, nicht der Vati. Sigrid war meine wichtigste Bezugsperson. Weil sie mit mir alles teilte.«

Kein Wunder, sie war nur fünfzehn Monate älter als du.

»Muttis elend fruchtbarer Schoß, der nicht einmal dich verweigerte! Mein Gott, hätte ich heitere Ruhe.«

Mutti war heitere Ruhe fremd. Deswegen hat sie mich als lästige Laus in deinen Hirnpelz gesetzt. Ich seziere dich, bevor es die Studenten in der Anatomie tun.

»Letztere sind mir lieber.«

Norman, drohe ich, keine Ausflüchte! Der Schnapsladen vom Gerk schließt um halb sieben! Also erinnere dich!

»Hetz mich nicht in den Obstler!« Er lacht. »Vati gab in Berlin als Reichsminister oft Abendempfänge. Im großen Marmorsaal in unserer Villa in der Regerstraße. Schon die Anfahrt der Autos! Jeder Gast hatte seinen Chauffeur. Zu Beginn des Festes musste Sigrid allen Gästen ihren Knicks und ich meinen Diener machen. Ich genoss das. Wirklich!

Alles roch nach Parfum. Auch mochte ich Vati sehr, wenn er so toll in der Gästeschar stand. Im Frack mit den Orden und dem Ordensband. Oder in der Oberleutnantsuniform mit dem Säbel an der Seite. Da hat er mir sehr imponiert.«

Und Mutti?

»Ihr offizielles Auftreten war höflich und nett, unauffällig, aber nicht unterwürfig. Das hätte ich gemerkt. Mutti ist nicht gern zu Hitler oder zu anderen offiziellen Empfängen gegangen, das mochte sie im Grunde nicht.«

»Ich genoss das. Alles roch nach Parfum. Ich mochte Vati, wenn er so toll in der Gästeschar stand. Im Frack mit Orden.« Frank rechts, Brigitte 2. von links

Hat dir ihre Abendrobe gefallen?

»Immer. Mutti war schön, sehr festlich gekleidet.

Welche unschuldigen Erinnerungen lässt du noch raus?

»Vati gab auch kleine Abendessen mit zwanzig Gästen. Danach wurden Filme gezeigt. Das Kino befand sich im Keller unserer Villa. Extra musste ein Vorführer kommen. Jetzt pass auf: Von Vatis Arbeitszimmer ging eine kleine Treppe runter. Auf der saßen Sigrid und ich heimlich im Nachthemd und haben zugeschaut. Besonders ist mir ›Belami‹ in Erinnerung geblieben. Neunzig Minuten Erotik. Am nächsten Morgen schlichen wir uns, noch im Nachthemd, nach unten und haben aus den Gläsern der Gäste alle Getränkereste geschlürft.«

Mutti und Vati haben nicht bemerkt, dass ihre lieben Kinderchen beschwipst waren?

»Nein. Wir lebten ohne Aufsicht. Andererseits waren immer Leute da, immer Autos, immer Repräsentation, nichts Privates. Nur einmal nachts, ich glaube 1938, haben Vati und ich uns den Rückkampf zwischen Max Schmeling und Joe Louis in New York angehört. Ganz hinten rechts in der großen Halle stand das Radio. Wir waren beide sehr enttäuscht. Der Kampf war ja schon nach der ersten Runde zu Ende.«

Wie benahm sich Vati dir gegenüber, wenn er zu Hause war?

»Gar nicht. Treffen konnte ich ihn allenfalls morgens im Badezimmer. Oder abends in seinem Ankleidezimmer. Gespannt schaute ich Vati zu, wenn er sich die Orden anlegte oder sich fertig machte, um zu Hitler oder zu Staatsbanketten zu gehen. Für den jeweiligen Staatsmann, den es bei einem Bankett zu feiern galt, nahm er die entsprechenden Orden. Für Mussolini die italienischen.«

Fandst du das nicht albern?

»Nein. Ich fand das natürlich. Manchmal war ich auch dabei, wenn er seine Uniform anzog. Vati war gerne Offizier. Das hat ihm sehr gefallen. Ich glaube, das trug er lieber als das braune SA-Zeugs.«

Hat er sich eitel vor dem Spiegel gedreht?

»Nein.«

Du warst richtig stolz auf Vati?

»Nein. Bewunderung lag mir fern.«

Aber gemerkt hast du dir die Ankleideszenen schon.

»Ja. Damals hatte ich noch ein fesches Hirn. Im September 1939, nach Kriegsbeginn, beobachtete ich ihn zusammen mit Onkel Otto, wie er sich seine Oberleutnantsuniform anzog. Dabei sagte er: ›Jetzt zerstört Hitler sein Reich!‹«

Das glaube ich dir nicht!

»Habe ich genau gehört«, beharrt er. »Elf Jahre war ich damals alt.

Onkel Otto hat zustimmend genickt. Vati fuhr dann in die Kaserne.« Er wartet, bis ich zu Ende geschrieben habe. »Diese Äußerung wird der wahre Hans Frank gemacht haben. Wenn er nicht schon durch die Röhm Affäre halbiert worden wäre. Bei der Röhm Affäre werfe ich ihm vor, dass er spätestens jetzt hätte erkennen müssen, was das für eine Partei ist.«

Da hast du Recht, Bomi. Vati war als bayerischer Justizminister zu feige, um über zwanzig von Hitler per Telefon befohlene Erschießungen ohne jedes gerichtliches Urteil zu verhindern.

Norman trommelt mit den Fingern der rechten Hand auf die Lehne, zeigt seine Wut, dass unser Vater immer weiter gemacht hat, obwohl er, als »Mann des Rechts«, wie er sich gerne nannte, genau wusste, wie verbrecherisch seine Partei handelte.

Normans ewig nachgetragene Liebe. Wie oft mag er sich vorgestellt haben, dass Vati nach der Röhm Affäre zu Hitler gegangen wäre und ihm die Gefolgschaft aufgekündigt hätte. Einmal spielten wir es durch. »Heil Hitler, mein Führer«, gibt Norman seinen Vater, »i warat der boarische Justizminister, und dös sag i Eahna: So geht's fei net: d'Leit daschiaß'n ohne a g'scheit's Urteil! Mit mir net, Adi!«

»Herr Doktorr Frrank, wenn Sie mirr so kommen, ich kann auch anderrs: Hiermit ziehe ich Ihrren Dienst Mercedes ein.«

»Bitte nein, mein Führer, das ist schlimmer als die Kugel, ich bleibe Ihnen treu ergeben, Heil Hitler.«

Wir lachten. Wissen um Vaters lebenslanges Versagen.

Was hat sich dir noch aus deiner Kindheit eingebrannt?

»Beide Eltern stehen auf der Terrasse und fressen Grapefruit. Immer nur abnehmen! Vati hatte so ein Trainingsruderboot, da ruderte er fleißig und klagte immer: ›Mein Gott, Norman, ich bin schon wieder so dick geworden!‹ So, das reicht.«

Nix da! Du bist siech, wir haben nicht mehr viel Zeit.

Norman ist wegen meines Hinweises auf seinen elenden körperlichen Zustand nicht beleidigt: »Glaube mir, Niki, ich möchte gerne sterben.«

Reiß dich z'amm, bis du mir alles erzählt hast, dann fahr ich dich persönlich lebendig in die Anatomie, damit endlich a Ruah is'!

»Da fällt mir tatsächlich etwas Interessantes ein. In der Tiergarten Villa, die wir vor der Villa in der Regerstraße in Berlin bewohnten, hatten

»Küssen kannten wir nicht. Ich glaube, ich habe schon damals aus der erlebten Fülle an Lieblosigkeit die Tugend des Männlichen gemacht.« Norman, vier Jahre alt.

wir ein Dienerehepaar, Kurt und Maria. Die haben Sigrid und mir immer Johannisbeersaft servieren müssen, weil der so aussah wie Rotwein. Wenn wir tranken, haben wir die beiden jedes Mal aufgefordert: ›Ihr müsst euch küssen!‹ Dann haben sie es gemacht.«

Das ist ziemlich schräg! Ihr zwei müsst schon als Kinder genau gewusst haben, dass auch ihr Macht ausüben könnt.

»Freilich. Interessant, warum wir das forderten: Küssen kannten wir nicht. Bei uns in der Familie gab es das nicht. Meine Abneigung, mich busseln zu lassen, kam schon sehr früh. Als ich Pimpf wurde, wollte mich Mutti im Fond unseres Mercedes küssen.« Er macht es mit gespitzten Lippen vor. »Da habe ich gleich eine Abwehrbewegung gemacht und mir danach den Mund gewischt. Ich glaube, ich habe damals schon aus der erlebten Fülle an Lieblosigkeit die Tugend des Männlichen gemacht.« Er hält inne, schaut mich an: »Je mehr ich dir erzähle, desto mehr erschließt sich mir: Wir waren ein gehobener Haushalt, und mit Dienerschaft ist man nie unter sich – was uns einen seltsamen Vorteil fürs ganze Leben einbrachte. Weißt du, Niki, warum wir Franks so ein hohes Selbstwertgefühl haben?«

Weil Vati erstklassig hingerichtet wurde?

»Quatsch! Weil wir früher Dienerschaft hatten!«

Für diesen Satz spalten sie dir erstens zu Recht die Mundschleimhaut medial und längs der Plica sublingualis, zweitens suchen die Studenten deine Glandula sublingualis mit Ausführungsbögen auf, um drittens deinen Ductus submandibularis und N. lingualis von lingual darzustellen. So! Sauber hingelegt deine Sprechwerkzeuge!

»Du lebst doch auch in diesem herrlichen Gefühl: Mir kann keener!?«

Ja. Aber ...

»Ich strahle dieses Gefühl nur dann als Kälte auf mein Gegenüber ab, wenn es notwendig ist. Diese Überlegenheit haben wir unseren Dienern, Kindermädchen, Köchinnen und Chauffeuren zu verdanken. Hoch lebe das Personal!« Er hebt sein Glas. »Mein Gott, macht Erinnerungsarbeit hungrig! Geh, Niki, hol' uns was zu essen, sonst lass' ich dich meine Kälte spüren!«

Ich bringe vom Metzger Stadler den besten warmen Leberkäs' Schliersees und vom Bäcker Zanger die besten Bretzen der Welt. Aus Zähnemangel reißt sie Norman in kleine Bröckchen. Den Leberkäs' schneidet er dagegen in riesige Stücke, zerdätscht sie mit den Kiefern und lässt sie die Speiseröhre runter gleiten. Sichtbar.

Das Zungenbein! *Dein* Zungenbein. Ein ganz zartes Gebilde. Hätte ich dich erwürgt, wäre es dabei gebrochen worden. In jedem TV-Krimi geht mindestens ein Zungenbein drauf. Ich wette, dein Zungenbein ist von außerordentlicher Strapazierfähigkeit. Das werden die Studenten mit Erstaunen feststellen. Vielleicht kommt dein Zungenbein in die anatomische Sammlung der Abnormitäten. Ach, hätte Himmler unserem Vater doch das Zungenbein gebrochen!

Wieso schlingst du so?

»Weil ich genieße.«

So ein Quatsch!

»Essen hat mich nie interessiert.«

Außer Saures Lüngerl.

»Ja. Und in Milch eingelegte Matjes Heringe.«

Tolles Geschmackssensorium für einen Reichsministersohn.

»Mir hat Hitler imponiert. Vati war immer weg. Es war ja noch Kampfzeit.« Frank (r.) ließ SA Chef Ernst Röhm (3. v. r.) auf Hitlers Befehl 1934 erschießen.

Zu Normans Kälte gehörte auch ein Ritual, das mich frösteln ließ. Bis in die Mitte seines achten Lebensjahrzehnts hinein nahm er mindestens einmal wöchentlich ein Vollbad in seiner Wanne, gefüllt mit eiskaltem Wasser. »Ich lieg nur drin. Bewegungslos. Spüre, wie die Kälte immer tiefer in mich eindringt ...«

An was denkst du dann?

»An nichts. Wie üblich.«

Sterbeübung?

»Nein.«

Erholung vom Vater?

»Ja.«

Ich nicke mitfühlend.

Er lacht hämisch auf: »Würde wohl prächtig in dein Klischee vom lebenslangen Nazivateropfer Norman passen! Nein, nein, Niki, du erwischst mich nicht. Meinst du, ich hab dich nicht durchschaut? Dein mitfühlendes Getue ist pure Scheinheiligkeit. Du willst ein Buch über mich schreiben.«

Mag sein!

»Es wird niemand lesen wollen. Ich habe nichts zu sagen. Weil ich nie über mich hinausgelangt bin.«

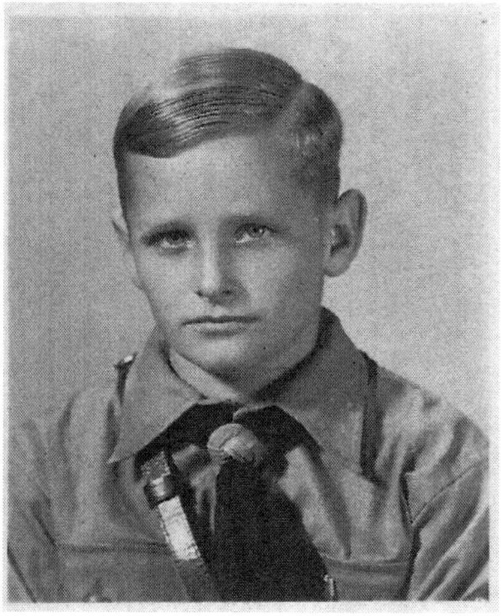

»Als ich Pimpf wurde, wollte mich Mutti im Fond unseres Mercedes küssen. Da habe ich gleich eine Abwehrbewegung gemacht und mir danach den Mund gewischt.«

Er schaut auf meine Finger, die übers Laptop stöckeln.

»Du gierst danach, weiter auf dem Ticket eines Hauptkriegsverbrechers durch die Welt zu gondeln. Aber du musst nicht deinen zwei schalen Büchern über unsere Eltern ein drittes über deinen unter sieben Schleiern lebenden Bruder hinterher sülzen. Hör auf!«

Nein. Ich habe ein Recht auf dich, auf die Nackenschläge, die dir unsere Eltern verabreicht haben. Ich habe ein Recht auf die Lügen deines Lebens, um sie mit den meinen zu vergleichen.

»Wir leben doch die gleiche Lüge.«

Ich nicht.

Er zuckt die Schultern. Ist mir überlegen.

Er schaut mich an. »Jetzt kriegst du doch tatsächlich einen roten Kopf. Hässlicher Vogel.«

Ja, Schönling. Besuchten uns in Berlin hohe Nazichargen?

»Gut kann ich mich an Edda Ciano, die Frau von Mussolinis Außenminister, erinnern, weil sie für mich eine wunderschöne Frau war. Den Joachim von Ribbentrop nannte Vati zu Hause immer nur ›Rübentopf‹. Als ich mal Frau von Ribbentrop vorgestellt wurde, trug sie einen Schleier mit schwarzen Punkten. Ein Punkt saß genau auf ihrer Nasenspitze. Ich hab innerlich furchtbar lachen müssen.«

Er lacht in Erinnerung. Sein faltiges Gesicht zeigt Glücksgefühle.

Norman, weiter, weiter! Mehr Reminiszenzen aus großer Frankscher Zeit!

»Herrschaftzeiten! Wo soll ich's denn hernehmen?«

Aus deinem brüchigem Hirnkastl!

»Ich wurde zum verlogenen Biest. Wenn Mutti oder Vati in der Nähe waren, stellte ich mich fern von allem Bösen dar.«
Hans Frank, Norman und Sigrid vor dem Schoberhof.

»Sigrid und ich trugen als Kinder gerne bayerische Trachtenhütchen. Als wir einmal mit Vati am Schliersee spazieren gingen, hat er uns die Hüte abgenommen, seinen eigenen auch abgesetzt, weil die Glocken der Leonhardikirche geläutet haben. Es war in der Asenbauerkurve auf dem Weg in Richtung Schoberhof. Es hat sich nie wiederholt.«

Meinst du nicht, dass er es euch wegen der Bauern befohlen hat? Um ihnen den tief gläubigen Politiker vorzuspielen?

»Das hat er sicher auch im Hinterkopf gehabt.«

Weiter, Norman, weiter! Ich suche die Stunde, die Sekunde, in der du dich innerlich verknotet hast.

»Vati kommt aus dem Ministerium in Berlin, Ledermantel und eine Tasche mit Büchern. Ich rieche Tarr, sein Rasierwasser. Da war ich wohl sechs bis acht Jahre alt. Der Geruch seines langen Ledermantels, die Aktentasche, immer voller Bücher. Und sonst: Autos, Menschen um ihn herum. Bei den Olympischen Spielen 1936 in Berlin erlebte ich die Eröffnungsfeier mit Mutti und Vati gemeinsam auf der Ehrentribüne. Beeindruckend! Die Nationalsozialisten waren ja Meister der Inszenierung. Das kann man ihnen nicht absprechen. Auch die Brieftauben, die sie über dem Olympiastadion in den Himmel aufsteigen ließen: Wunderbar! Das passierte zum ersten Mal. Leichtathletikkämpfe, Ringen und Boxen habe ich mir angesehen. Allein. Ohne Eltern. Wieder nur Uniformen und Adjutanten um mich herum. Wieder nichts Privates. Ich war immer allein.«

Hast du Leni Riefenstahls Film über die Olympiade gesehen?

»Ja. Auch wunderbar.«

Weißt du eigentlich, dass Vati in Riefenstahls *Triumph des Willens* über den Nürnberger Parteitag vorkommt?

»Ja. Entsetzlich und schwülstig falsch. Vor dem Krieg habe ich an Hitlers Geburtstag von der Ehrentribüne aus die stundenlangen Paraden bestaunt. Damals haben mir Waffen imponiert.«

Hitler nicht?

»Natürlich hat mir Hitler imponiert. Zunächst dieses Warten. Das gehörte dazu. Dann kam er und fuhr vorneweg allein durch die Menschenmassen. Wenn Hitler endlich kam, war es, als würde Gott erscheinen.«

Hast du auch den rechten Arm hochgerissen und »Heil!« gebrüllt?

»Natürlich. Und grad zünftig war's!«

Alle Kinder sind unschuldig.

»Vor allem blöd!«

Nachdenklich schüttelt er den Kopf, sieht sich wohl noch einmal den Arm für Hitler hoch reißen.

»Zurück zu meinem prominenten Alltagsleben: Mit Sigrid sehe ich mich noch neben Göring beim Fasching in München auf einem Balkon stehen. Er hatte uns Luftschlangen gekauft. Großes Gelächter beim runter werfen. Dann: Vati, Sigrid und ich besuchten Heinrich Himmler in seiner Münchener Wohnung. Da war er noch Münchener Polizeipräsident.«

Und du um die sechs Jahre alt. Wie verhielt er sich dir gegenüber? Roch er schon nach Holocaust?

»Er war mir nicht unangenehm. Allerdings hatte er diese Art wie Schwerhörige, er beugte sich immer nach vorne.«

Das kann doch nicht alles gewesen sein, das bisschen Himmler, Göring und Rübentopf.

»Natürlich nicht. Ich sollte in München Hitler und Mussolini einen Blumenstrauß überreichen. Da hab ich Vati gesagt: ›Lieber esse ich faules Obst, als dass ich Blumen überreiche.‹ Er hat es lachend zur Kenntnis genommen. Damals war ich schon sieben Jahre alt. Dreizehn oder vierzehn war ich, als Vati mal auf Schloss Kressendorf im Generalgouvernement den Generalfeldmarschall von List zu Gast hatte. Ich habe mir in

»Goebbels beäugte mich und sagte Vati: ›Ihm sieht man das Germanentum an.‹« Goebbels zwischen Hans und Brigitte Frank bei einem Empfang in Krakau 1940.

der Garderobe seine Mütze aufgesetzt, seinen Marschallstab genommen und bin damit vor dem Spiegel auf und ab stolziert. Du ahnst nicht, was ich plötzlich für ein Tod bringender Kriegsheld war! Erstaunlich. Auf dem Schloss war es auch, dass ich meine heilige Weihe der Arisierung empfing. Von Josef Goebbels höchst persönlich. Während seines Besuchs beäugte er mich prüfend und sagte zu Vati: ›Ihm sieht man das Germanentum an.‹«

Wie fandst du ihn?

»Hinkend.«

Mehr nicht?

»Der hat mich nicht interessiert. Genau so wenig wie die anderen. Ich hab nie damit renommiert, dass ich bei all denen war.«

Wie hat Vati auf Goebbels' Bewunderung seines Sohnes reagiert?

»Lustige Geschichten hat uns Vati nie erzählt. Einen Elfjährigen fragt man nicht nach lateinischen Vokabeln. Auch erzählt man ihm erfundene Geschichten.«

»Ich weinte, wenn Mutti weg ging. Später gewann ich die Erkenntnis, dass sie von Sigrid und mir weg wollte. Daraufhin legte ich das Weinen ab.«

»Ich glaube, er war stolz. Aber, Niki, das war für mich nicht wichtig. Viel wichtiger war etwas Anderes: Von unserer Berliner Villa ging ein Trampelpfad zum Grunewaldsee runter, und gleich rechts war der Reithof. Dort haben wir Reiten gelernt. Mutti oder Vati waren nie dabei, wenn wir ritten. Vati konnte zwar Kinder zeugen, aber kümmern konnte er sich nicht um sie. Für ihn war Vaterschaft nur eine Rolle. Er hat nie eine Schneeballschlacht mit mir gemacht. Er war körperlich ungeschickt. Schwimmen konnte er nur mühsam. Mit Muttis Chauffeur Walter habe ich im Garten geboxt. Vati hat nicht einmal gewusst, dass ich Boxhandschuhe besitze. Auch lustige Geschichten hat er mir nie erzählt. Einen Elfjährigen fragt man nicht nach lateinischen Vokabeln. Und den Kleinen erzählt man selbst erfundene Geschichten. Ich lernte Speer werfen im Garten unserer Villa in der Berliner Regerstraße. Erst mit einem Bambusstab. Den hatte ich von den Beeten geklaut. Der Gärtner kam dahinter. Er hat mir einen echten Speer geschenkt, um in unserem Garten das Schlimmste zu verhindern.«

Er lacht kurz auf. »Aber es waren einsame Spiele. Immer einsam. Mutti hat nie nach mir gefragt: ›Wo bist du denn schon wieder?‹ ›Was machst du denn?‹ Nie. Wenn ich von der Volksschule kam, bin ich gleich zum Nachbarjungen gegangen, um mit der Eisenbahn zu spielen. Zu Hause hat niemand gewartet und sich Sorgen gemacht: ›Ja, wo bleibt er denn?‹ Als ich klein war, noch in München, war ja die Kampfzeit der Nazis. Da war Vati auch nie da.«

Hat er dir Geschenke von seinen Kampfreisen mitgebracht?

»Wenn ja, sicher die falschen. Er hatte keine Ahnung, wer ich bin, was ich wollte.«

Mutti auch nicht?

»Ebenso. Als Geburtstagsgeschenk habe ich ihr immer das gleiche Motiv gemalt: Eine Almhütte. Die Steine auf dem Dach waren so riesengroß, kein Dach hätte die Last getragen und jede Sennerin unter sich begraben. Zu ihrem Geburtstag wurde immer eine Riesenparty gefeiert. Die Gäste, meist ihre zahlreichen Freundinnen, blieben bis früh in den Morgen. Und ein Gelächter! Das kam allerdings von ihren Freundinnen. Denn so richtig lustig war Mutti ja nie. Sicher hat sie damals schon unter Vatis Seitensprüngen gelitten. Aber man merkte ihr an, wenn sie gut gelaunt war. Und sie roch immer sehr gut nach Parfum. Der Ledermantel bei Vati, das Elegante bei Mutti.«

Hast du dich in dieser Welt als Kind wohl gefühlt?

»Schau, bei den vielen Einladungen in Berlin, bei denen ich meinen

Diener machen musste, wuchs ich hinein in diese Welt der Lüge.« Er macht eine Pause, grinst mich dann an: »Ich wurde zum verlogenen Biest. Wenn mich Mutti mal beobachtet hat oder Vati in der Nähe war, stellte ich mich stets als fern von allem Bösen dar. Deswegen galt ich als wohlerzogen. Ich habe sehr früh mitbekommen und darüber auch nachgedacht, dass man mit der Wahrheit nicht weit kommt. Ich hatte keinen ethischen Bezug zu Wahrheit oder Lüge. Mit Wahrheit verletzt man. Und da ich zu allen Menschen ein liebevolles Verhältnis haben wollte, habe ich alle angelogen. Bis heute. Auch dich.« Er lacht sich fröhlich eins.

Norman, ich stelle fest: Du warst verlogen, verklemmt und aus Einsamkeit unglücklich.

»Nein. Wenn ich in der Schule mit anderen Kindern oder Jugendlichen zusammen war, war ich nicht verklemmt. Insgesamt war die Berliner Zeit für mich eine sehr glückliche. Die Volksschule ›Nummer 15‹ habe ich genossen. Herr Wildbret war mein unvergesslicher Lehrer. Und die tiefe Dankbarkeit, die ich empfinde, dass ich schreiben und lesen lernen durfte. In meiner Klasse gab es einen Juden, und ich war altkatholisch. Also waren wir vom Religionsunterricht befreit. Wir sind runter und haben Ball gespielt. Ich weiß nicht, ob ich das Wort ›Jude‹ schon richtig begriffen habe, oder er es gesagt hat. Eines Tages kam er zu mir und sagte, seine Familie ginge nach Paris. Er wollte sich verabschieden.«

Weißt du noch seinen Namen?

»Nein. Oft schaute ich in der Schule zum Fenster raus. ›Norman, woran denkst du?‹ fragte die Lehrerin.

›An den Schoberhof.‹«

Tja, unser aller Glückshort, der Schoberhof, unser Haus am Schliersee.

»Noch etwas, dem ich nachhänge. Es muss 1937 oder 1938 in Berlin passiert sein. Ich hatte, als ich aus der Volksschule kam, plötzlich ein Glücksgefühl. Es war zwar mein Geburtstag, aber das Glücksgefühl hatte nichts mit meinem Geburtstag zu tun. So ein Glücksgefühl habe ich nie wieder gefühlt. Das war einmalig.«

Ist das für ein 80 Jähriges Leben nicht ein bisschen schwach?

»Es reichte.«

Genießerisch trinkt er ein Schlückchen. Ich mochte, wenn Norman trank. Nie zitterte seine Hand.

»Wenn ich an den Schoberhof denke: Immer nur Gelächter.« Der Schoberhof wurde von Hans Frank 1935 gekauft, 1948 vom bayerischen Staat enteignet.

»Die Brecherspitz ist der Lehnstuhl Gottes.« Am Südende des Schliersees in Oberbayern stand in Fischhausen zwischen anderen Bauernhäusern der Schoberhof.

Bomi, selbst deine Kuhfalten den Hals runter wackeln genüsslich.

»Warte nur, die kriegst du auch! Mein Aufenthalt in Berlin war bei Kriegsbeginn beendet. Ich kam aufs Maxgymnasium in München. Mein Klassenlehrer Dr. Fingerle fragte mich, ob er meine Mutter kommen lassen könnte. Wir saßen zu dritt zusammen. Vermutlich ging es um Mathematik. Da war ich schwach. Dr. Fingerle sagte zu ihr: ›Gnädige Frau, Ihr Sohn überstrahlt alle.‹ Diesen Satz habe ich noch gut in Erinnerung.«

Das war eben deine Crux: Von Schleimern ebenso vergöttert wie von Mutti. Wie soll da Selbstkritik entstehen?

»Ich war immer kritisch mit mir selbst.«

Beispiele?

Schweigen.

Red' halt weiter, alter Brummbär!

»Ich fühlte mich nicht wohl auf dem Gymnasium in München. Also suchte Mutti nach einer anderen Schule. Sie kam auf Schondorf. Was für mich interessant war: Ich kam auf keine Napola. Mutti hatte ganz bewusst ein ziviles Internat ausgesucht. In Schondorf habe ich mich sauwohl gefühlt. Dort lernte ich, auf ein richtiges Tor zu schießen. Nicht wie mit meinen Bauernbuben in Neuhaus auf der Wiese an der Leonhardikirche, wo wir nur zwei Pullover oder ähnliches als Begrenzung hingelegt hatten.«

Bomi, das zugehörige Zeugnis der Oberschule Schondorf am Ammersee nach dem *1. Trimester vom 24. Juli 1940, 2. Klasse* vermerkt:

Sport und Spiel: War stets sehr eifrig und leistete viel
Körperliche Arbeit. Bei einem Auftrag schnell und willig.
Verhalten gegen die Erwachsenen: Ist zurückhaltend, doch verständig.
Urteil der Kameraden: Setzt sich für seine Klasse ein.
Haltung im Heim: Hat Verantwortungsgefühl und ist sehr bestrebt.

Das sind Tugenden, mit denen man später wegschauen kann.

»Auf dem Max Gymnasium war ich von September 1939 bis März 1940. Und in Schondorf ein halbes Jahr. Mir wurde gesagt, ich komme nach Krakau. Doch wo kam ich hin? In diese Scheiß Miesbacher Oberschule. Weil die in Krakau noch nicht fertig war. In Miesbach war ich von Ende 1940 bis Ostern 1941. Dann endlich Krakau! Zusammen mit Sigrid.

»Ich will nicht älter werden als Vati«, sagte Tochter Brigitte und brachte sich mit 46 um. Neben ihr vor dem Schoberhof: Sigrid, Niklas, Michael, Norman.

Das einzig Gute an Miesbach: Wir haben dort Fußball gespielt. Das war für mich sehr wichtig. Und bei Raufereien in der Klasse habe ich einen Trick erfunden. Ich tat so, als würde ich fallen, und wenn der andere dann auch in der Luft war, habe ich ihn plötzlich rumgerissen. Der erste, bei dem ich das erfolgreich getestet habe, hieß Tüwinkel. Der ging später nach Dortmund.

›Den Trick musst du mir beibringen‹, hat er nach seiner Niederlage gesagt. Die Schüler haben mich bewundert. Und keiner hatte den Ministerbuben vor sich. Das lag daran, dass ich den nie raushängen ließ.«

Wenn ich auf deine Kindheit zurückschaue, scheint mir das doch alles sehr bedrückend gewesen zu sein – trotz des einmaligen Glücksgefühls, damals in Berlin. Tante Martel erzählte mir, dass du als Kind immer furchtbar geweint hast, wenn Mutti dich wegen Einladungen, Reisen, Staatsbanketten allein mit der Kinderschwester zu Hause ließ.

»Das stimmt nicht, ich war sehr gern allein. Geweint habe ich, als ich, da war ich wohl acht Jahre alt, eines Tages mit meinen Freunden Schorsch und Martin Leitner vom Kirchbergerhof auf der Bank gehockt bin, gleich gegenüber vom Schoberhof. Wir sprachen über Bauern. Da sagte ich: ›Ich bin doch auch ein Bauer. Ich komm doch vom Schoberhof.‹ Martin und Schorsch haben nur gelacht: ›Naa, du bist kein Bauernbub, du bist ein Ministerbankert.‹ Da hab ich bitterlich geweint. Übrigens: Dass die Eltern von Martin und Schorsch laut Mutti schlecht über uns gesprochen haben, lag sicher daran, dass der alte Leitner zu reich war. Der dankte den Nazis nichts. Die Beliebtheit, die Vati genoss, lag daran, dass er mit allen sprach, von keinem Dünkel besessen war. Auch Mutti war gegenüber den Bauern nicht hochmütig.«

»Sigrid und ich trugen oft Tracht. Als wir mal mit Vati spazieren gingen, nahm er uns die Hüte ab, den eigenen auch, weil die Glocken der Leonhardikirche geläutet haben.«

Erst nach Normans Tod, als im Herbst 2011 zwei Drittel des von allen Franks geliebten, 1946 enteigneten Schoberhofs abgerissen werden, erfahre ich vom über 80 Jährigen Leitner Schorsch, was die Bauern rings um den Schoberhof über den zuagroasten Hans Frank wirklich dachten: »Der hat net her g'hört.«

Bedripst habe ich genickt. Wir Franks haben dort nicht hingehört. Zwischen diese urbayerischen Höfe mit ihren urbayerischen Bewohnern. Wir mit unserer Hakenkreuzfahne, die vor dem Schoberhof an einem hohen Mast wehte.

»Vati hatte keine Ahnung, wer ich bin. Er wusste nicht einmal, dass ich boxe. Und wenn er mir Geschenke mitgebracht hat, waren es sicher die falschen.«

»Die Hakenkreuzflagge flatterte nur an den Pflichttagen. Kein Mensch hat das täglich gemacht. Passte gar nicht zu uns«, hatte mich Norman belehrt. Den Bauern war im Umgang mit dem Ehepaar Frank sicher anderes unangenehmer als die wehende Hakenkreuzfahne vor dem Schoberhof.

»Na gut. Ich habe geweint, wenn Mutti weg ging. Später habe ich anscheinend die Erkenntnis gewonnen, dass sie von Sigrid und mir weg wollte. Daraufhin habe ich das Weinen abgelegt.«

Und an Kälte zugelegt.

Weil du in deiner Kindheit und Jugend Dienerschaft hattest, war dir Würde gegeben, die du nur in sternhagelvollem Zustand zu verlieren pflegtest. Ich gestehe dir sogar eine enorme charakterliche Leistung zu, die du selbst so ausgedrückt hast: »Ich bin gegen das geistige Umfeld entstanden.«

Er nimmt sich schweigend eine Praline.

»MEIN SCHÖNES GENERALGOUVERNEMENT«

Beim deutschen Überfall auf Polen warst du elf Jahre alt. Wie hast du Vatis berufliche Veränderung erlebt?

»Als Mutti von Vati erfuhr, dass er Polen übernehmen würde, sagte sie nur: ›Mein Gott, in Polen ist es so kalt.‹ Vati war schon in Krakau, da haben Sigrid, Mutti und ich ihn erstmals besucht. Vati war nett wie immer und hat uns seinen Dienstsitz gezeigt. Die Burg wirkte auf mich gewaltig. Ich sehe uns noch mit dem Mercedes den Weg hochfahren, die goldene Kuppel der Kathedrale, es war überwältigend. An der Burg selbst hat mich zunächst das Düstere beeindruckt. Und es roch komisch. Abgestanden. Der Wawel war ja möbliert. Nur in unseren Wohnteil kam neues Mobiliar. Dass es schöne Möbel waren, verdanken wir Europa. Ganz Europa hat sich Mühe gegeben.«

Wie bitte?

Er lacht.

»Das Komische: Auf dieser Riesenburg war für die Familie eigentlich kein Platz. Mutti musste irgendwo ganz hinten ihr Schlafzimmer einrichten. Um zu ihr zu kommen, mussten Sigrid und ich durch kalte Saalfluchten laufen. Ich werde den ersten Tag auf dem Wawel nie vergessen: Wir bekamen einen ganzen Karton mit polnischer ›Wedel‹ Schokolade. Später mochte ich die Burg sehr. Glücklich war ich sofort über das Erkerzimmer, in dem ich wohnte. Mit uralter Ledertapete! Und ringsum Fenster. Von dort konnte ich leere Mineralwasserflaschen runter schmeißen. Die sind auf den Mauervorsprüngen unheimlich zerscheppert. Sonst hätte es ja keinen Spaß gemacht. Ein kleiner Tisch und ein Stuhl gehörten zum Raum. Im Radio am Kopfende meines Bettes suchte ich so lange, bis ich meinen Swing hören konnte. Es gab ja berühmte Soldatensender, die spielten ganz amerikanisch. Vor meinem Zimmer ging eine enge Wendeltreppe zum Vorraum einer der schönsten Säle, die ich je gesehen habe, In dem wurde Sigrid und mir aus der Küche das Frühstück serviert.«

»Vati war nett wie immer und hat uns seinen Dienstsitz in Krakau gezeigt. Die Burg wirkte auf mich gewaltig. Ich sehe uns noch mit dem Mercedes hochfahren.«

Mit Mutti und Vati?

»Mutti war nie dabei. Und Vati war eh immer weg.«

Er holt sich aus der Kristallschale die nächste Praline, schiebt sie sich in den Mund, lutscht. »Ja, ich mochte Krakau sehr. Krakau war klein. Alles zu Fuß. Die Burgstraße und der Adolf-Hitler-Platz, das genügte uns. Wir hatten alles: Das großartige Schwimmbad, die Burg, den Sportplatz – es war wunderbar! Jeden Tag bin ich mit dem Rad zur Schule gefahren. Immer zur gleichen Zeit, immer den gleichen Weg. Im Nachhinein wundert mich, dass nie jemand versucht hat, mich zu kidnappen oder zu erschießen. In Krakau habe ich mich immer wohl gefühlt: In der Schule, im Schwimmbad, Judenkinder verprügeln.«

Er lacht in mein entsetztes Gesicht hinein.

»Und Vatis Diener Nickl gab mir in Krakau mein Taschengeld in Zloty.«

Wie viel?

»Nun, abgesehen vom Judendeputat so Zehntausend Zloty pro Monat. Ach Quatsch! Ich glaube, mein Taschengeld betrug 50 Pfennige in

Zloty pro Tag. Mutti steckte uns auch mal was zu, aber wir schwammen nicht in Geld.«

»Glücklich war ich über das Erkerzimmer, in dem ich auf der Burg wohnte. Ringsum Fenster. Von dort konnte ich leere Mineralwasserflaschen runter schmeißen.«

Norman, du hörtest Swing, warfst Flaschen, und gut 65 Jahre später stand nach einer Lesung aus meinen Büchern in Krakau eine Polin auf, sagte, sie sei mein Geburtsjahrgang und fuhr dann fort: »Herr Frank, wenn Sie sich vorstellen könnten, mit welcher Angst ich als kleines Mädchen unterhalb der Burg entlang geschlichen bin. Der Wawel war damals für uns Polen ein Fels des Schreckens.«

Norman schüttelt den Kopf: »Das gilt nicht für mich.«

Zwei Jahre nach deinem friedlichen Tod habe ich dein Zimmer besucht. Ein Wahnsinnsraum mit einem grandiosen Blick auf die Altstadt von Krakau! Tja, Bomi, von oben konntest du die Verbrechen der Deutschen sicher nicht sehen. Die Schmerzensschreie drangen nicht bis zu deinem Erkerkerker hinauf. Vielleicht hörtest du nur die Kommandos der SS-Wachmannschaft, die den Wawel bewachte. Und in der Tat: Dein kostbares Nachtasyl lag weit entfernt von Vatis oder Muttis Wohnräumen. Wie einsam musst du gewesen sein.

»Ich glaube, wir Deutschen haben uns nichts vorzuwerfen«, sagt Norman 1987 zu einem Schulfreund aus Krakau: Verängstigte jüdische Kinder vor einem Ghetto.

»In der Burg war mir Vati am nächsten. So nett. Ein wirklich netter Vater. Und Zigaretten und Zigarren. ›Und trink einen Sekt!‹ Wunderbar! Oder: ›Magst du einen Smoking?‹ Ich wusste gar nicht, was ein Smoking ist. Er hat mich umworben. Ein tiefes Gefühl hat ihm gesagt: Ich werde nicht alt. Er wollte seinen Sohn mit Zigarre und im Smoking sehen. Einmal kam ich von der Krakauer Schule mit einem schlechten Zeugnis. Ich glaube Rechnen 5. Er schimpfte mich aus. ›Wie kannst du nur!!!‹

Und ich fragte: ›Du, Vati, kann ich mit dem Gert nach Zakopane fahren?‹

›Ja, aber nimm das Rechenbuch mit!‹

Übrigens: Durch Vati wurde mir Latein vergällt. Er fragte mich, wenn ich nach Hause kam, zum Beispiel: ›Was heißt: Die Königin ermahnt die Seeleute?‹

›Regina monet nautas.‹

›Und was heißt: Die Königinnen ermahnen den Seemann?‹

›Reginae monent nautam.‹

»Wenn alle Juden Hunde gehabt hätten, wären wir ins Gespräch gekommen und hätten sie nicht vergasen müssen.« Norman mit »Tommy«, Eltern und Sigrid.

Da war er zufrieden. Als hätten Königinnen nichts anderes zu tun! Furchtbar, immer diese Fragen nach der Schule.«

Vielleicht hatte er ja plötzlich ein echtes Interesse an dir.

»Nein. Ich glaube, er konnte mit mir nichts anfangen. Wie gut hätte es Vati gefallen, wenn ich eine Zeitschrift herausgegeben hätte, so wie er als Schüler. ›Das Aquarium‹ oder ›Terrarium‹. Er versprach sich viel mehr von Michel. Auch weil der seinen Namen ›Hans Michael‹ trug. Hinzu kam sicher auch: Ich sah der Mutti ähnlich, Michel ihm. Er hielt ja Mutti für dumm. Mit anderen Worten: Norman: auch blöde!«

Du widersprichst dir doch fortlaufend. In deinem Brief an Vati vom

8. Mai 1946 ins Nürnberger Gefängnis erinnerst du ihn daran: *Eben habe ich noch einmal sämtliche zu lernenden Vokabeln heruntergesagt, denn in ¾ Stunden beginnt mein Unterricht. Da die Worte nauta und regina vorkamen, muss ich nun an jene herrlichen Sonntage vor 8 Jahren denken. Ich glaube, sie werden mich durch mein ganzes Leben hindurch begleiten: Regina monet nautas.*

Na, Bomi, glitzert etwa eine Träne seliger Erinnerung in deinem trüben rechten Auge?

»Nur Zigarettenrauch. Mit Vati verband mich in der Scheidungskrise mit Mutti besonders das Familiäre, das gemeinsame Essen. Es war nicht so, dass wir in Krakau jeden Mittag zusammen aßen. Das war völlig regellos, weil er Sitzungen oder so hatte. Als er mir in Krakau im ›Deutschen Haus‹ die Übertrittsurkunde in die HJ überreichte, hat er herzlich gelacht. Er war furchtbar nett, als er meine Hand nahm. So richtig nett. Nach den Urkunden hat Vati gleich eine Rede gehalten. Er erzählte, dass Hitler in Berlin im Bombenhagel sitzt und die ganze Welt zum Feind hat. Da hab ich nur gedacht: So ein Quatsch! Hitler hatte doch der ganzen Welt den Krieg erklärt! Sofort war wieder dieser innere Bruch da.«

Hast du es ihm beim Essen danach gesagt: »Vati, es war doch Hitler, der allen den Krieg erklärt hat!«?

»Nein, das brauchte ich nicht mehr: Vati machte ab 1943 keinen glücklichen Eindruck. Er war beim Essen immer mehr in sich gekehrt. Und er lief immer öfter in Zivil. Ich glaube, er hat die Rolle des Generalgouverneurs nur noch gespielt.«

Nun ja, nach der Wannseekonferenz im Januar 1942, zu der er seinen Staatssekretär Bühler gesandt hatte, wusste er, was in seinem Reich demnächst passieren würde. In Nürnberg hat er dieses Wissen strikt geleugnet.

»Leider. Das drängt sich mir jetzt wieder ganz stark vors Auge: Wenn sich Vati nicht beobachtet glaubte, wirkte er auf mich immer traurig. Heute würde ich sagen, er war im Wissen um sein Schicksal traurig. Er hat sich in Krakau 1943, 1944 privat nur mit Napoleon beschäftigt. Ich denke, er hat eine Verbindung zu sich gesucht.

Ich selbst bin Anhänger der französischen Revolution. Sie war notwendig. Insgesamt bin ich kein Anhänger von Revolutionen. Sie werden immer von Intellektuellen angeschoben. Doch die denken nur an sich. Mit einem anderen Wort: Es gibt keine Volksrevolutionen.«

Wie meinst du das? Vati wollte von Krakau aus eine Revolution gegen Hitler starten? In engster Abstimmung mit Stauffenberg?

»Stauffenberg hätte unserem Vater nicht geglaubt. Leider.«

Krakau, den 23. Mai 1940
Mein Führer!
Mit Ihrem mich so hoch ehrenden und beglückenden Glückwunsch zu meinem Geburtstag haben Sie, mein Führer, mir eine stolz-erhebende Freude bereitet. Ich kenne nur eines in meinem Leben: In Ihrem Dienste meine Kräfte zu bewähren.
Heil Ihnen, mein Führer!
Stets und immerdar
Ihr
Dr. Frank

»Ich stelle mir gerade vor, wie Vati das in seinem privaten Arbeitszimmer auf der Burg niederschreibt. Dieses Aufgedunsene! Der schrieb wie sein Leib war.«

»Ja, das ist schon ziemlich ekelhaft. Ich stelle mir gerade vor, wie er da in seinem Arbeitszimmer unter Leonardo da Vincis ›Dame mit dem Hermelin‹ sitzt und das niederschreibt. Dieses Aufgedunsene! Der schrieb wie sein Leib war. Übrigens hat Vati im privaten Kreis Hitler immer bei seinem Namen genannt. Hätte er ihn ›Führer‹ genannt, würde er sich ja selbst degradiert haben. Vatis größter Fehler war seine Eitelkeit. Dass er nicht zu sich selbst stand. Er hat sich nie hinterfragt. So intelligent, wie er war, hat er an den Nazi Schmarren geglaubt. Onkel Otto hat mir mal erzählt, dass er Vati zum Zug gebracht hatte, weil er irgendwo eine Rede halten sollte. Er fragte ihn: ›Hans, hast Du denn ein Redemanuskript?‹ Vati winkte nur lachend ab: ›Ja, ja, Otto!‹ Er dachte immer, er ist so gescheit, dass er keine Notizen braucht.«

Oder weil er das Nazi-Gewäsch eh auswendig kannte, das er bei jeder Rede raus würgte?

»Mag auch sein. Diese Schreierei der Nazigrößen fand ich unmöglich. Auch Vatis.«

»Wenn sich Vati nicht beobachtet glaubte, wirkte er auf mich traurig.«
Hans Frank war in Polen für den Tod von Millionen Menschen verantwortlich.

Erzähl mir über die Juden, die du gesehen hast.

»Ich kann mich nicht erinnern. Auch über das Ghetto von Krakau wusste ich nichts. Die *Krakauer Zeitung* habe ich mir jeden Tag angesehen. Da war ich nur einmal mit einem Foto bei meiner Vereidigung als Hitlerjunge drin, wie mir Vati die Urkunde überreicht. Das hat mich nicht eitel gemacht.«

Wie war das, als du in die *Deutsche Oberschule Krakau* kamst?

»Wunderbar! Eine reine Bubenklasse. Wir trugen Knickerbocker im Winter, lange Hose im Sommer. Die Deutsche Oberschule lag genau zwischen dem Regierungsgebäude und dem Institut für deutsche Ostarbeit. Damals machten mich die Mitschüler immer aufmerksam, wenn die Hakenkreuzfahne über dem Wawel wehte: ›Dein Vater ist da.‹ Das war Quatsch, denn die Fahne wehte immer. Sehr wichtig: Einmal mussten wir nachsitzen, die ganze Klasse. Da habe ich vorgeschlagen, dass jeder zum Nachsitzen in einer Kutsche vorfahren sollte. Gekleidet in dunklem Anzug und mit Strohhut. Alle haben mitgemacht. Zwanzig Kutschen! Ganz britisch. Interessant dabei: Ich habe nichts von den Lehrern gehört. Sicher haben sie gewusst, wer dahinter steckt. Die haben uns ganz still gewähren lassen.«

Oberschule für Jungen in Krakau«

Zeugnis für das 2. Schuljahresdrittel vom 16. Dezember 1940.

Allgemeine Beurteilung:

Schnell in der Auffassung, sicher im Urteil, fließt dem Schüler alles leicht zu. Sein Interesse und sein Streben erstrecken sich auf alle Gegenstände.

Das habe ich aus dem Bundesarchiv. Dort liegen sogar die Belege für dein Schulgeld.

»Dann muss es ja wichtig für die Geschichte Deutschlands sein!«

Jahreszeugnis der deutschen Oberschule in Krakau für das Schuljahr 1940/41 vom 14. Juni 1941: *Allgemeine Beurteilung: Norman befindet sich in körperlicher, geistiger und charakterlicher Beziehung in sehr erfreulicher Entwicklung.*

Das einzige *Sehr gut* hast du in Geschichte.

»Geschichte hat mich am meisten interessiert.«

Das hättest du jetzt nicht sagen sollen.

»Warum nicht?«

Du lebtest in einem geraubten Land, in dem täglich die widerlichsten Verbrechen durch uns Deutsche verübt wurden, es passierte blutige Weltgeschichte pur, du mitten drin – und schaust weg?

»Ich hab nicht immer weggeschaut! Die deutsche Oberschule war ja noch nicht fertig, also ging ich für ein paar Monate auf die Miesbacher Oberschule. Dort musste in der Deutschstunde jeder einen Vortrag halten. Ich habe mir als Thema ausgesucht: ›Das Warschauer Ghetto‹.«

Das gibt's doch nicht!

»Doch. Ich hab das Wort *Ghetto* mit Kreide an die Tafel geschrieben, weil mit dem Wort kein Schüler was anfangen konnte. Ich habe Wert darauf gelegt zu vermitteln, dass auf kleinstem Raum, nicht mal größer als Miesbach, 50 000 Menschen leben. Von der jüdischen Straßenbahn mit dem großen Davidstern über dem ersten Wagen habe ich erzählt und von der jüdischen Polizei. Damals war das ja noch ordentlich und bestens organisiert. Ich hab nichts Schreckliches gesehen.«

Ich starre ihn an: Das gibt's einfach nicht!

Norman zuckt mit den Schultern

Warst du denn drin im Warschauer Ghetto?

»Ja. Ich hatte es besucht. Mit Vatis nettem Chauffeur Schamper bin ich bis zum Tor gefahren. Wir waren angemeldet. Zu Fuß sind wir dann beide durchs Ghetto geschlendert, ein paar Straßen. Ich verstehe nicht, warum ich mir das Ghetto anschauen sollte. Es kann doch nur der Vati dahinter gestanden haben.«

Vielleicht wollte er dich auf Wirklichkeit stoßen? Hat er dich gefragt. ›Na, Bomi? Gefallen dir meine Ghettos?‹

»Quatsch.«

Hast du ihm von deinem Besuch berichtet?

»Quatsch.«

Oder Mutti?

»Nein. Ich fand es nicht ungewöhnlich, dass nur Juden im Ghetto wohnten. Ich dachte, es sei immer so gewesen.«

Hast du wenigstens im Ghetto Juden mit Sternen gesehen?

»Ich weiß einfach nicht mehr, ob sie Sterne getragen haben.«

Kamen dir die Gestalten irgendwie elend vor? Die Kinder? Das Gedränge?

»Nein. Von der Judenverfolgung habe ich nur das gewusst, was der normale Bürger wusste: Dass die Juden ausgegrenzt wurden. Und von KZ-Lagern wusste ich nur, dass da ›Politische‹ hinkamen. Zum Beispiel nach Auschwitz. Ich fuhr ja direkt mit dem Zug daran vorbei. Die Baracken haben mich nicht gewundert. Es sind halt Politische drin und Leute, die missliebig waren, der Mörder meines Krakauer Zeichenlehrers Hoff zum Beispiel.«

Hast du keinerlei Erinnerung an das, was du damals fühltest?

Er denkt nach. »Innerlich hat mir das schon leidgetan.«

Wie haben denn die Mitschüler auf diesen seltsamen Vortrag reagiert?

»Gelangweilt. Das muss denen so vorgekommen sein wie die Schilderung einer Käfersammlung.«

Monate vor diesem Dialog hatten Norman und ich im Fernsehen Roman Polanskis Film »Der Pianist« gesehen, dem die wahre Geschichte des Krakauer Pianisten Szpilman zu Grunde liegt. Norman schlurfte allerdings nach einer knappen Stunde zu Bett.

Warum?

»Zu lang. Ich bin müde.«

Ich lese dir ein Zitat aus dem Tagebuch Wim Hosenfelds vor, der den Pianist Szpilman gerettet hatte und selbst in russischer Gefangenschaft umgekommen war:

Warschau, 23. Juni 1943
In meiner Nähe sitzt Major Hirzenmenzel, er macht sich lustig über den Besuch von Generalgouverneur Frank, der sich dieser Tage in Warschau aufhielt. Die Straßen, durch die er mit dem Auto raste, waren durch Polizei abgesperrt, die Schulen umstellt. Das nennt man dann Befriedung, und der Besuch soll ein Ausdruck der Stärke sein. Die Polen haben sich gefreut, dass solche Maßnahmen nötig sind, um die Sicherheit des höchsten Beam-

ten im Generalgouvernement zu gewährleisten. Solchen Respekt haben die Deutschen auf einmal vor ihnen.«

Norman, du bist oft mit Vati in dessen Staatskarosse gefahren – hast du dich nie über die abgesperrten Straßen gewundert?

»Nein. Warum sollte ich?«

Du hast auch nie bemerkt, dass Vati vielleicht nervös war?

»Doch.«

Wie?

»Er sah immer raus. Nach vorne, seitwärts. Und er schwieg im Auto. Dabei fuhren wir in einem gepanzerten Mercedes.«

Hast du ihn gefragt, warum er wie ein aufgeregtes Huhn herum schaut?

»Nein.«

Warum auch!

»Vati konnte mit mir nichts anfangen. Ich sah Mutti ähnlich. Er hielt sie für dumm. Also: Mit anderen Worten: Norman auch blöde!« Hans Frank zwischen Norman und Sigrid im Hof der Krakauer Burg um 1942

»Was soll das, Niki? Mach doch aus einem 1943 15 Jährigen Jugendlichen keinen scharfäugigen Historiker! Sigrid und ich waren immer sehr höflich zu den Polen. Im Park in Krakau, die Bank war voll, da kam eine junge polnische Mutter mit einem Kinderwagen und zwei Kindern. Sigrid und ich sind sofort aufgestanden.«

Ist es nicht interessant, dass du dir ausgerechnet diese Szene bis ins 81. Lebensjahr gemerkt hast?

»Was halt ein Gehirn so speichert. Was weiß ich.«

Bei Mutti, die auch verdrängte, machten sich unsere Verbrechen in Träumen Luft. Sie schilderte Vati einen am 4. Januar 1940:

Mein lieber Hans!
Ich hatte wieder einen meiner entsetzlich schlechten Träume. Wie gut täte mir ein Anruf von Dir! Soll ich Dir erzählen? Du warst mit den Kindern und mir beisammen. Plötzlich entdecke ich an Deinem Körper überall große Auswüchse. Du siehst es auch, sagst zu mir, das wüsstest Du schon. Aber Du liebst dermaßen eine andere Frau, und alles andere sei Dir gleich. Es sei eine Baronin, die unten im Parterre in der Burg wohne, und mit der gehst Du jetzt nach Zakopana, na usw. Ich werde wach, bin glücklich, dass es nur ein Traum ist und schlafe wieder ein.

»Gib mal her!«

Ich gebe Norman die Briefkarte. Er beugt sich zum Fenster, um mit Hilfe größerer Helligkeit besser lesen zu können.

»Das ist einer der Gründe, warum ich zusammen mit Vati Mutti verlassen habe. Erst erwähnt sie nur, dass sie schlecht geträumt habe. Dann wirft sie ihm vor, dass er nicht anruft. Dann die scheinheiligste aller Fragen: ›Soll ich Dir erzählen?‹ Kann er denn aus Krakau ein ›Nein!‹ schreien? Und schon wirft sie ihm diesen ekelhaften Traum an den Kopf. Wenn ich als Ehemann so eine Karte bekommen würde, ich wäre abgestoßen von meiner Frau. Pfui Teufel.« Er gibt mir die Karte zurück. »Wie ein böses Geschwür hat sich Mutti über ihn gesetzt. Armer Vati.«

Norman schaut wieder zum Fenster hinaus. Gleich fährt Vati im offenen Jeep vorbei.

»Gib mir bitte noch Mal die Karte.«

Ich gebe sie ihm. Wieder liest er sie.

»Da ist noch eine tiefere Schicht in ihrem Traum: Diese riesigen Eitertöpfe auf Vatis Leib sind für mich seine Verbrechen gegen Polen und Juden. Das fing ja schon gleich nach dem Einmarsch in Polen an.«

Bingo, Bomi!

»Niki, bring mir doch bitte aus meinem Eisschrank meine Paprikawurst und eine Scheibe Brot.«

Deine blöde glitschige, grünliche, säuerlich riechende Paprikawurst bring ich dir nicht mehr! Du kriegst jetzt die grobe Pfälzer Leberwurst!

»Ess' ich nicht. Ich will meine Paprikawurst. Ich bin ein Ministersohn.« Er lacht.

Ich geh trotzig zum Metzger Stadler und kaufe eine grobe Pfälzer Leberwurst, schmiere sie ihm, mit dick Butter darunter, auf die Brotscheibe. Misstrauisch beäugt er die Prozedur, die ich neben meinem Laptop ausführe. Er schüttelt den Kopf: »Pfuiteifi!«

Nimm wenigstens einen Bissen auf Vatis Todfeind Himmler.

»Das allerdings mach ich sofort.«

Er greift mit seiner von Altersflecken übersäten Hand zur Brotscheibe, quetscht mit Kiefern und letzten Zähnen ein Trumm ab, mümmelt kurz, schlingt es runter. »Sehr gut. Bring mir mehr Himmlerwurst!«

Es aß sie bis zu seinem Tod ein halbes Jahr später.

Weil du so brav eine edle Wurst isst, fache ich deinen Stolz auf Vati an. Sein Reichsamtsleiter Dr. Dresler meldet am 23. Mai 1942 Staatssekretär Bühler nach Krakau: *Der Herr Generalgouverneur ist heute bei dem Empfang durch den Führer in der Reichskanzlei ganz besonders ausgezeichnet worden. Er hat rechts vom Führer gesessen, der sich angelegentlich mit ihm unterhalten hat. Der Führer hat sich über die Entwicklung der Angelegenheiten des Generalgouvernements hocherfreut geäußert. Er hat sich über viele Einzelheiten unterrichtet gezeigt und dem Generalgouvernement das größte Interesse entgegengebracht.*

»Der 23. Mai ist Vatis Geburtstag.«

Bist du stolz, dass ihn Hitler so hofiert hat.

Norman schweigt. Dann: »Wenn ich genau in mich hinein horche: Ja.« Er lächelt: »Dieses Faszinosum Hitler. Wer ist schon frei davon?«

Er schaut mich an. Listig.

Ich grummle verlegen und schlinge die Wolldecke enger um meine Schultern. Norman, ich friere!

Er liebte die Kälte im Wohnzimmer. Er verteidigte diese Kälte. Musste er auf die Toilette, nutzte ich vergeblich die Chance, drehte beide Heizungen auf. Er kam zurück, drehte sie schweigend wieder zu.

Warum machst du das?

»Das ist mein letzter Lebensraum!«

Aber ich bin dein Gast.

»Nein, du bist ein Einschleicher.«

Ich bin dein letztes Geschwister.

»Meinst du das numerisch oder deinen Charakter wertend?«

Er freut sich sichtbar an seiner Beleidigung.

»Mutti«, kommt er auf die Briefkarte unserer Mutter zurück, »wusste, wie verbrecherisch das Leben ihres Mannes war – und ihr eigenes zugleich. Weißt du, was ihren Traum so irre macht? Ihre dämliche Eifersucht war ihr stets wichtiger als alles, was um sie her verreckte. Deswegen die Baronin! Na, jetzt staunste mal wieder über deinen Bruder, wa? Der Sigmund Freud des 21. Jahrhunderts! Jetzt brauch ich auf die Leberwurst 'nen Schnaps!«

Ich gehe. Der Besitzer des Ladens, Herr Gerk, erzählt mir, wie sehr er Norman vermisst. Früher hat sich Norman immer selbst den Schnaps geholt, aber dann ist er auf dem Heimweg zweimal hingefallen. Nicht aus Gründen des Suffs, sondern der schwachen Beine wegen. »Grüßen Sie ihn ganz herzlich, wir alle wissen, wie er leidet.«

Ich stelle Norman das Fläschchen hin. Bomi, Herr Gerk lässt dich herzlich grüßen und dir ausrichten, dass du froh sein sollst, nicht Stauffenbergs Sohn zu sein, denn dann würde so ein langweiliger Heiligenschein um deinen Kopf wabern.

»Das hat er nie gesagt! Niki, ich habe inzwischen nachgedacht. Diese ganze Zeit im Generalgouvernement war eine merkwürdige. Insgesamt fühlte ich mich glücklich. Ich habe meine Pubertät erlebt. Das hat mich alles viel mehr fasziniert als das Drumherum. In der Krakauer Oberschule verliebte ich mich in die Bielefeld. Keine Ahnung, wie sie mit Vornamen hieß. Hübsch war sie, nett. Ich war noch nicht 16. Sie auch nicht, aber entwickelt. Sie hatte einen schönen Busen. Von der Schule aus bin ich mit ihr zu ihrer Wohnung gegangen. Es galt damals als weibisch, mit einem Mädchen zu gehen. Ihren Busen habe ich vor ihrer Wohnung berührt. Und geküsst habe ich sie auch. Das war schön.«

Ich ziehe einen Brief von Agnes Westerkamp hervor, die mir den Besuch unserer Mutter in den Krakauer Tuchhallen schildert: *Plötzlich fuhr ein SS-Mannschaftswagen vor, die Männer sprangen herunter und forderten alle Besucher auf, die Tuchhallen sofort zu verlassen. Ein Mercedes fuhr vor, heraus stieg Ihre Mutter in Begleitung anderer Damen, die sich schnatternd zum Einkaufen in die Hallen begaben. Meinem Mann und mir war das unendlich peinlich.*

»Davon weiß ich nichts«, wehrt Norman ab.

»Mutti wusste, wie verbrecherisch das Leben ihres Mannes war – und ihr eigenes zugleich. Sie hatte keine Moral.« Brigitte Frank als »Königin von Polen«.

Das hat Mutti doch sicher öfters so gehandhabt. Die SS Wachmannschaften müssen doch geflucht haben: ›Schon wieder Geschäfte räumen wegen der gierigen Schachtel!‹ Bist du nie mit Mutti einkaufen gefahren? So wie ich mit ihr ins Krakauer Ghetto?

»Nie. Ich sage es dir immer wieder, mir war meine Pubertät am wichtigsten. Alles andere hat mich nicht interessiert. Ich hab Mutti kaum gesehen. Entweder war sie mit ihren Freundinnen zusammen auf irgendwelchen Festen – oder eben beim Einkaufen. Das interessierte mich nicht. Je älter ich wurde, desto mehr trennte ich mich von Mutti. Da war auch dieser ganze Scheidungskrach ab 1942. Muttis Aufstieg war natürlich toll. Das war auch der Grund, warum sie Vati so viele Steine in den Weg legte, als er die Scheidung wollte. Seine Titel waren ihre Titel!«

Begeistert erzähle ich Norman, dass sich die Tochter der besten Jugendfreundin unserer Mutter bei mir gemeldet habe. Ich besuchte sie in Dresden. Sie gab mir ein Foto mit dem Jugendbild unserer damals 22 Jährigen Mutter, dessen Beschriftung auf der Rückseite mich jubeln ließ. Was ich in meinem Buch »Meine deutsche Mutter« als ihren von mir beneideten Grundtrieb geschildert habe, hat sie damals schon selbst mit fester Hand verkündet:

Laß uns leben, Lieschen, laß uns lieben!
Maria
Berlin, den 12. II. 1918

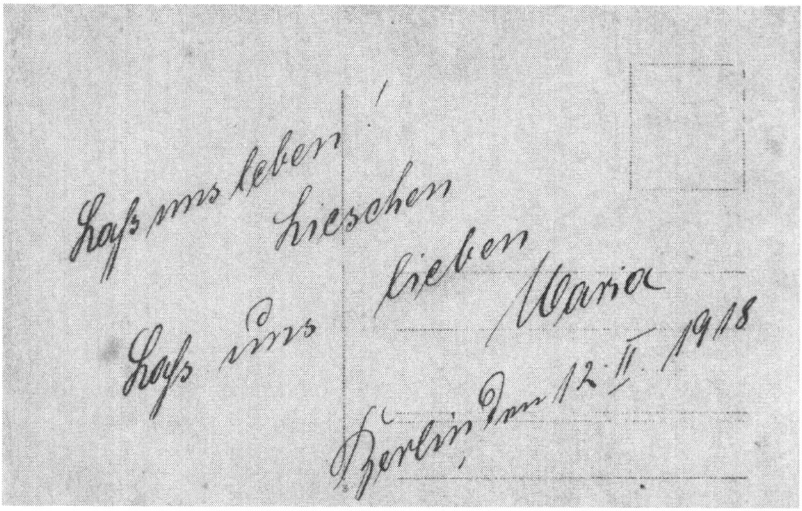

»Laß uns leben, Lieschen, laß uns lieben!« schrieb Brigitte Maria Frank, geb. Herbst, 1918 an ihre beste Freundin und folgte diesem Motto rücksichtslos.

Norman schaut sich das Foto nicht an, obwohl ich es ihm zu seinem Sessel rüber reiche.

Spürst du nicht auch noch heute ihre Wände durchdringende Lebenskraft?

»Nein«, antwortet er spröde.

Hast du je so einen Satz geschrieben?

»Nein.«

Gelebt?

»Sie hatte keine Moral. Sie hat Vati nicht ziehen lassen. Wenn das pralles Leben sein soll – na bitte.«

Spießer, Krämer, schäbiger.

Jetzt lacht er wieder, Gott sei Dank. Aber getroffen ist er, genauso wie ich.

Bomi, du hast ja kräftig mitgemischt im Scheidungskrach.

»Überhaupt nicht!«

Aus den Weihnachtsferien am Schoberhof schriebst du Ende Dezember 1942 an Vati:

Lieber Vati!
Noch nie ist mir der Schoberhof so leer vorgekommen wie jetzt, wo ich immer denken muss, dass Du ihn nun wohl verlassen wirst. Der Gedanke, dass der Hof nun ohne den Herrn existieren kann, ist für mich unfassbar. Wir alle denken oft an Dich, und wünschen nur, dass Du zu uns zurückkehren wirst. Glaube mir Vati, wir würden nichts sehnlicher herbeiwünschen. Diesen Brief schreibe ich Dir ohne jegliche Beeinflussung durch die Mutti.
Herzliche Grüße
Dein
Norman

Wir müssen beide lachen.

»Da war ich, warte mal, noch 14 Jahre alt. Mutti stand beim Schreiben hinter mir. Aber da siehst du, Niki, wie verbohrt sie war. Sie wollte Vati nicht gehen lassen. Ich glaube, dass ich das damals schon gedacht habe: Warum lässt ihn Mutti nicht gehen? Warum hält sie ihn? Ein Mensch, der von mir weg will, den halte ich doch nicht fest. Sie war auf seine Jugendliebe Lilli maßlos eifersüchtig. Wie sie es sagte: ›Lieber die Witwe als die geschiedene Frau eines Reichsministers‹!«

»›Ich bin doch auch Bauer, ich komm doch vom Schoberhof.‹ Martin und Schorsch haben nur gelacht: ›Naa, du bist kein Bauernbub, du bist ein Ministerbankert.‹«

Am 9. Januar 1943 hast du noch eines drauf gesetzt:

Lieber Vati!
Soeben sagt mir Mutti, dass Du eine andere Frau heiraten willst und uns verlassen wirst. Wir sind über Deinen Entschluss sehr traurig. Natürlich werden wir unter diesen Umständen alle bei der Mutti bleiben.
Wir sind überrascht ob dieser plötzlichen traurigen Wendung und hoffen, dass es sich wieder zum Guten wenden wird.
Dein
Norman

»Den ›ob dieser‹ Genetiv hab ich mein Lebtag nicht benutzt. Schon, weil ich ihn nicht beherrsche. Mutti hat mir auch diesen Brief diktiert. Da fällt mir ein, ich sollte damals auch an den Führer schreiben! Unmöglich.«

Mutti zwang am gleichen Tag auch Sigrid zu diesem Brief:

Lieber Vati!

Du hast uns oft von Deiner Jugend erzählt. Glaubst Du denn, ich habe nicht gemerkt, dass sie für Dich sehr, sehr schwer war und Du ganz einsam warst? Soll es uns auch so ergehen? Dieses zu schreiben, ist sowohl für Norman wie auch für mich das Traurigste, was wir je getan haben. Wir wollen und können es gar nicht glauben. Oder sollen wir es tun? Alles Liebe und Gute wünscht Dir von ganzem Herzen

Deine

Sigrid.

Das muss dich doch damals sehr mitgenommen haben?

»Überhaupt nicht! Ich hatte mich doch schon für Vati entschieden. Weißt du, Niki, ich bin ein Männermann. Mit Frauen hatte ich immer Schwierigkeiten. Dieses Problem begann mit der Szene, die mir Mutti 1942 vorgespielt hatte: Während des Krachs um die Scheidung bin ich auf dem Schoberhof zu ihr in ihr Schlafzimmer gegangen. Plötzlich schlug sie die Bettdecke zurück, zeigte sich mir nackt und schrie: ›Das alles will er verlassen – bin ich denn so hässlich!?‹«

Norman hält sich die Hand vor den Mund mit dem überschaubaren Zahnbestand darinnen und flüstert: »Und sie war so hässlich!«

Wie alt warst du damals?

»Vierzehn.«

Seitdem scheust du Berührung?

»Ja. Diese Szene entblößte mir nicht nur meine Mutter, sondern die Frauen schlechthin.«

Und warum schreibst du dann so einen Brief an Vati?

»Ich wollte meine Ruhe haben.«

Du musst doch schwer gelitten haben, dass Vati uns verlässt?

»Wenn ich Mutti damals einen Rat hätte geben sollen, würde ich gesagt haben: ›Lass ihn doch gehen!‹ Daraus entstand meine Maxime fürs Leben: Was ist das für eine Liebe, wenn man den Partner nicht gehen lässt!?«

Bomi, im Internet waren anlässlich einer Auktion einige Briefe von Vati an Lilli bruchstückhaft zu lesen. Willst du die hören?

»Nein.«

Gut, dann lese ich sie dir vor! Und sehe, während des Lesens zu ihm hin blinzelnd, den Schmerz, wie er sich Zeile um Zeile in seinem Gesicht ausbreitet.

Meine Lilli – meine über alles geliebte Lilli!
Bitte bleibe mir gut. Ich liebe Dich bis in das tiefste Mark meines Lebens. Die letzten Tage waren für mich wieder in all' meinen wilden Kämpfen eine so unsagbare Qual und mühevollste Belastung, dass ich am Telefon wie geschlagen war: Und alles dieses, weil Du eben – Hier wird geschickt vom Auktionator die Anschlussseite unterschlagen – Und dann: *Möge endlich der Frieden über uns kommen! Du, meine Lilli! Du mein Alles! So wie heute vor einem Jahre – sage ich heute: Bei Dir bin ich daheim! Bleibe mir! Bleibe mir! Harre noch wenig aus! Übrigens schicke ich Norman, diesen Faulpelz, auf die NAPOLA!*
Ewig Dein Hans

Norman schreckt auf: »Wie? Was? Das stimmt doch nicht!«

Ich grinse ihn an. Das Leid hat deine braunen Greiseninseln im Gesicht erröten lassen, ich musste dich da wieder rausholen.

»Quatsch.«

Kein Quatsch: In der Zeit, in der du meintest, mit Vati eng verbunden gewesen zu sein, schreibt der Kerl egomanische Schmachtfetzen an seine Jugendliebe. Mist, was?

Norman schüttelt den Kopf, poltert plötzlich los: »Ohne Vati nahe treten zu wollen, er war nicht nur ein Minister ohne Portefeuille, sondern auch ein Mensch ohne Portefeuille. Ich verstehe ihn da nicht, wie er mit zwei Frauen, denen er den Himmel verspricht, schlafen kann. Das begreife ich nicht. So zerrissen kann nur einer sein, wenn innen nur Luft ist. Ich konnte das nicht. Ich war immer fixiert auf die eine Frau. Ein Mensch ohne Portefeuille, der zerbröselt vor einem.« Er macht die Zerbröselbewegung mit den Fingern. »Der hat keinen Kern. Wenn er mir jetzt gegenüber säße, würde ich ihn genau das fragen: ›Warum, Vati, hast du keine Substanz? Warum zerbröselst du vor einem?‹« Er schlägt mit der flachen Hand auf den Tisch. »Eine gebildete Luftblase eben.«

So laut habe ich die Standuhr vor ihm an der Wand noch nie ticken hören wie nach diesem Ausbruch.

»Die Zeit im Generalgouvernement war eine merkwürdige. Insgesamt fühlte ich mich glücklich. Ich habe meine Pubertät erlebt. Das hat mich viel mehr fasziniert als das Drumherum.«

Am nächsten Tag zeige ich ihm Muttis Gedichte. Ihre beste Freundin hatte auch sie aufbewahrt. Norman und ich entziffern sie. Sehnsüchtige Liebe umhüllt uns, während wir ihr Sütterlindeutsch in lateinische Buchstaben transkribieren. Als 23 Jährige schrieb sie am 27. März 1918:

Wider
Früher ein naives Mädchen,
Heute bin ich schlau.
Ist man's nicht in diesem Städtchen,
Ist's von vornherein gleich flau!

»Ja, Mutti war wirklich schlau«, sagt Norman nachdenklich. »Wir fünf Kinder dagegen flau.«

Ich nicht, widerspreche ich.

Leider macht er zu mir hin eine wegwerfende Handbewegung.

»Komm, wir roochen noch eene«, fordert er mich dann berlinerisch auf. Genau so hat es unsere Mutter immer gesagt. Wir greifen zur Zigarette.

»Zwei Versager ducken sich unter der mächtigen Mutter weg«, sagt er nach dem ersten Zug an seiner Dunhill.

Eigentlich müsste es jetzt unter dem Tisch klopfen, oder Normans Schnapsglas wackeln, so intensiv denken ihre beiden Abkömmlinge an die schon im Diesseits Überirdische.

Von Mutti haben wir also keine Schlauheit geerbt, was haben wir von Vati?

»Das Humorige.«

Humorig heißt menschenfreundlich. Das war er aber nicht.

»Du wirst lachen: Mir fällt nichts Negatives ein, das ich von ihm geerbt haben sollte. Du allerdings hast bruchstückhaft geerbt, was Vati auszeichnete: Seine Gier nach primitivem Beifall. Dieses Billige!«

Spinnst du? Das siehst du doch nicht in mir?

»Ach, Niki, dich habe ich doch schon wieder vergessen: Vati ist interessant. Seine Klugheit reichte nur bis zu seiner Haut. Er hat nur sich gesehen. Im Grunde ist er nie aus sich heraus. Dieser windige Krüger, Himmlers Stellvertreter bei ihm in Krakau! Mit einem Blick hätte man den doch erledigen können. Dann dieser ekelhafte Beifall von denjenigen, die über seine Bonmots lachen, wie über das bei seinem Besuch in Lemberg angesichts der nach einem Jahr judenfreien Stadt: ›Ihr werdet doch nicht etwa etwas Böses mit denen gemacht haben?‹ Dieses mörderische Dreschen am Balg der Zeit! Auch diese Angst vor der SS: Er war sich offenbar gar nicht klar darüber, dass Hitler seine alten Kämpfer und Blutordensträger auf keinen Fall im Stich lassen würde! Wenn ich nur einen Satz zur Charakteristik Vatis sagen dürfte: Er spielte nur Rollen. Zum Beispiel als Genie. Das mit dem Genie war ihm von seinen Eltern eingeimpft worden. Über dieses Rollenspiel ist er nie hinausgekommen. Er hat nur die Rolle gekannt und nicht das Dasein.«

Du hast ihn ja doch durchschaut, unseren Vater.

»Seinem Wesen werde ich wohl nie gerecht.«

Er nimmt aus dem Plastikbeutel eine der frischen Datteln vom Gemüsegeschäft Jehne, die ich ihm hin und wieder auf seinen Wunsch hin kaufe. Rechts am Bein seines Lehnstuhls lehnt die Plastiktüte, in die er die Kerne bugsiert.

Die wichtigsten Muskeln, Bomi, die die Hand bewegen, sitzen im Unterarm: *extensor capi radialis, extensor capi radialis brevis – die brachioradiale Gruppe.*

Diese Gruppe hat deine Finger wie bei der Dattel zugreifen, meist allerdings zurückzucken lassen. Die Sehnen deiner Finger werden jetzt gesäubert und unterminiert, also freigelegt. Jetzt zieht ein witziger Student daran, und du, endlos Toter, lockst mit deinem Zeigefinger plötzlich das Lachen aufs Gesicht der Umstehenden.

Die Fingernägel bleiben erhalten. Du hast deine immer gepflegt. Wie unser Vater. Bei dem war es aber eine Zwangshandlung. Den Dreck, den er anrichtete, wollte er zumindest unter seinen Fingerkuppen entfernt wissen. Oder war's bei dir auch eine Zwangshandlung? Ein verpfuschtes Leben, dessen Träger sich in die Nagelpflege flüchtet, damit er sich keine Rechenschaft geben muss?

Jetzt liegen deine hautlosen Finger da. Dadurch leuchten die Nägel stark hervor. Seht her, ich war ein sauberer Mensch!

»Im Krieg hatten wir Goralenstöcke mit dem Adlerkopf geschenkt bekommen. Damit konnten wir wunderbar Eishockey spielen. Und mit diesem Stock bin ich damals während des Scheidungskriegs die Straße zum Eisenbahntunnel entlang gegangen und habe ›alter Mann‹ gespielt. Tief nach vorne gebeugt, mich mühsam am Stock dahin schleppend. Mit einer Hand hinten am Rücken, wegen der Gicht. Heute würde ich das so interpretieren: Leere und Hoffnungslosigkeit waren wohl meine Empfindungen.«

Ich schweige.

»Endlich hältst du mal dein Maul.«

Dafür zitiere ich – bitter wie mein Bruder –, was unser Vater am 14. Juni 1946 aus seiner Zelle an seine Mutter über Lilli schrieb: *In meinen Träumen herrscht sie, und bis in das letzte verklingende Pianissimo meines stürmischen Lebensliedes wird sie die herrschende Melodie bleiben.*

»Das entlarvt alle seine Briefe an uns als billige Lüge.« Norman lässt Vatis Jeep dieses Mal in Zeitlupentempo die Schlierseer Hauptstraße entlang fahren, so lange und intensiv starrt er aus dem Fenster.

»Komisch«, dreht er seinen Kopf wieder zu mir, »kein Kind gönnt seinen Eltern ein zweite Liebe und bestimmt keine große.«

Lilli Grau lebte noch bis Ende der 70er Jahre in München, und ich Depp habe sie nie besucht und befragt. Da ging ich immerhin schon auf die 40 zu.

Norman schaut prüfend herüber. »Dich schmerzt doch die Zurückweisung durch Vati genauso wie mich! Wenn du mich jetzt gleich fragst, wie sah Lilli aus und ob ich von Vatis wahrer Leidenschaft damals in Krakau etwas bemerkt hätte – nein, nichts.«

Wenn du eben dein Gesicht gesehen hättest, als ich Vatis Liebesbrief vorlas, du meine Güte: Wie ein ausgelaufenes Spiegelei.

»Als Vati diesen Schmachtfetzen an seine Lilli schrieb, lag ich vermutlich schon im Bett. In meinem herrlichen Erkerzimmer auf der Burg und ...« Er stoppt.

Und?

»... und war glücklich.«

Derweil unten in Krakau Todesangst und Verzweiflung herrschten, vielleicht hörtest du auch Schüsse, denn du schliefst damals schon immer bei offenem Fenster.

»Ich habe nie etwas gehört. Nur die Straßenbahn.«

Das ist schon irre: Diese Krakauer Wendeltreppe zu deinem Erkerzimmer ist wie eine Wendeltreppe in dein Hirn.

»Zeig mir mal den Brief.« Ich reiche ihm die Internet Kopie. Er hält sie sich dicht vor die Augen. Sonst konnte er sich ein Leben lang glänzend verstellen, aber jetzt erscheint wieder die gleiche unendliche Traurigkeit auf seinem Gesicht wie vorhin.

Ich gehe aus dem Zimmer.

Als ich nach einiger Zeit wieder zu ihm gehe, schaut er rauchend aus dem Fenster. Die Kopie liegt auf dem Sofa neben den Datteln.

Norman, wie verhielt sich Mutti sonst in Polen, soweit du geruhst, dich an irgendetwas zu erinnern?

Er lacht befreit auf: »Als Vati Schloss Kressendorf zum Wochenendsitz erkor, hat sich Mutti gleich unbeliebt gemacht. Wir haben wohl das Personal des geflohenen Eigentümers Graf Potocki übernommen. Darunter war ein bildhübsches polnisches Mädchen. Blondes Haar. Da war ich richtig erotisiert. Die hat Mutti sofort entlassen.«

Deinetwegen?

»Nein, wegen Vati. Das regt mich auch auf: Warum hat sich das Vati gefallen lassen? ›Du entlässt mir hier keine!‹ hätte ich gesagt. Eine gebildete Luftblase war er eben. Schwach. An dieses Mädchen kann ich mich noch bestens erinnern. So was von bildhübsch! Ich kann dir nur sagen, nie wieder hatten wir so hübsches Personal.«

Bomi, für mich war Schloss Kressendorf viel schöner als der Wawel. Ging dir das auch so?

»Wunderbar! Ich weiß noch: 98 Spatzen habe ich in Kressendorf mit meinem Luftgewehr geschossen. Heute schäme ich mich pflichtgemäß. Und schwarz gefischt. Ohne Angelrute, nur mit der Schnur. Von wegen Sohn des Generalgouverneurs! Nein, schwarz. Unten vor dem Schloss lief ein Bach entlang, Forellen schwammen da drin. Oft bin ich auch zur SS Wachmannschaft gegangen, die das Schloss bewacht hat. Sie hat mich Motorrad fahren lassen, auf einer Victoria 125. Von der SS waren alle sehr nett und sehr zurückhaltend.«

Hast du nie Heimweh nach dem Schoberhof gehabt?

»Unser Wochenendschloss Kressendorf war wunderbar! 98 Spatzen habe ich dort geschossen. Heute schäme ich mich pflichtgemäß. Auch dort war ich immer allein.«

»Ich bin oft runter zum Gut, wo unsere Pferde standen. Das war für mich so was wie die Bauernhöfe rings um unseren Schoberhof: Heimatgefühle ja. Aber keine Sehnsucht.«

Er raucht.

»Auch in Kressendorf war ich immer allein. Ich hatte überhaupt keine Sehnsucht nach einem Freund. Und wenn du allein bist, fällt dir Verrücktes ein: An der Seite des Schlosses ging eine Balustrade waagrecht nach draußen, aber der Boden senkte sich ab. Wer bis zum äußersten Ende der Balustrade ging, musste den Sprung in die größte Tiefe wagen, gut zweieinhalb Meter. Da hab ich die Jungen raufgeschickt, deren Besuch bei mir in Kressendorf ich nicht verhindern konnte. Alles Memmen! Ich bin als einziger gesprungen.«

Graf Potocki ließ 1850–1855 den Palast im Stil der italienischen Renaissance erbauen. Heute ist die Ruine Zankapfel zwischen Polen und der Adelsfamilie.

Er unterbricht sich, schaut mich ernst an: »Weißt du, dass unterhalb der Balustrade die Statue eines Gladiators stand? Auf dem Sockel war eingemeißelt: *Morituri te salutant*. Interessant, dass Vati sich diesen Spruch vor Augen geholt hat. Er ahnte, dass auch er ein Todgeweihter war.« Er gießt sich Kaffee ein, verschüttet ihn. »Herrgottnochmal!«

Vati war doch so sehr an Musik interessiert. Hat er dich mit einbezogen? Dir Klassik und Romantik erklärt? Dich an seine Freunde Pfitzner und Richard Strauss herangeführt?

»Nein. Ich hätte es auch nicht zugelassen. Beim Musikhören war Vati sehr konzentriert. Völlig entspannt und verzaubert. Er saß in einem Sessel. Bequem. Er musste nur alle Minuten aufstehen und die Platten umdrehen. Ich habe mich abseits gesetzt, wenn es der Zufall wollte, dass ich anwesend war. Ich glaube, er hatte die Augen geschlossen. Im Schoberhof in der Halle und auf der Burg in dem sogenannten Musikzimmer, in dem der Flügel stand.«

Glaubst du, dass er da echt war? Oder eher, wenn er in einer Rede die Auslöschung der Juden herbei schrie?

»Du musst trennen können, Niki.«

Nein, das kann ich nicht.

»Dann hast du es schwerer als ich.«

Leichter, Bomi, viel leichter!

»Wenn Vati auf dem Klavier spielte, bin ich nicht zu ihm rein gegangen, weder auf der Burg, noch in Kressendorf. Ich habe hinter der Tür zugehört. Seine Fantasien waren immer traurig. Nie etwas Heiteres. Während der Zeit im Generalgouvernement war ich von der Wirklichkeit unberührt: Meine Pubertät war mir viel wichtiger als das Umfeld zu beobachten. Die ersten Mädchen! Ich hab Vati natürlich auch nicht aufgesucht, damit er mich wieder nach meiner schulischen Leistung befragt. Trotzdem sage ich: Er war mir ein lieber Vater. Auf alle Fälle. Er war reizend. Ich hab ihn sehr geliebt. Auf die stille Art. Und manchen seiner Besucher mochte ich: Roland Freisler zum Beispiel, Vati, er und ich haben in Kressendorf gemeinsam gefrühstückt. Beide sprachen lateinisch, wenn ich etwas nicht hören sollte. Freisler war sehr witzig. Das war lange vor dem Attentat auf Hitler. Ich kann mich eben nur an Gelächter und Lateinisch erinnern. Der Name Freisler sagte mir gar nichts. Er wurde erst nach dem Attentat berühmt. Es war ein völlig unpolitisches Frühstück. Er hat mich auch nicht gefragt, was ich lese. Ein lieber Mensch.«

Gott sei Dank lacht er dabei ironisch.

War nicht Freisler dabei, als dich Vati beim Wein trinken auf der Burg in Krakau aufforderte: »Knüpf' doch mal deine Lederhose auf, damit wir beide sehen können, ob du schon ein Mann bist!«

»Ja. Das war mir unendlich peinlich.«

Wie hast du reagiert?

»Ich bin auf mein Zimmer.«

Und Freisler und Vati?

»Haben hinter mir her gelacht.«

Doch du hast Vati weiter auf deine stille Art geliebt?

»Ja.«

Bomi, du hast schon Pech gehabt: Mutti zeigt sich dir nackt, Vati will mit Freisler dein Gemächte studieren – das hat sich doch tief in dir eingegraben.

»Ja. Vati war sexuell ungezügelt, und ich nehme an, dass Sigrid seine Sinnlichkeit geerbt hat.«

Und wie schätzt du deine drei jüngeren Geschwister ein?

»Du und dein Bruder: Als Liebhaber Langeweile pur. Eure Schwester Gitti: kalt wie Mutti. Geschlechtsverkehr als Dienst am Manne. Schrecklich!«

Du weißt schon, dass du dich soeben auch namens meiner verblichenen Geschwister um dein heutiges Schnapsdeputat gequatscht hast.

Norman lacht mich aus.

»Was mir bei Vati äußerst unangenehm war: Er hat sich immer mit der Hand ins Gemächte gefasst. Sogar in Gesellschaft! Das war mir furchtbar peinlich.«

Früher trugen Männer eine Hasenpfote.

»Die brauchte er wohl nicht. Aber du hast schon Recht: Er wollte Zeichen geben. Das muss sich übrigens irgendwie in mir festgesetzt haben, denn ich habe mal beim BR den Damen im Vorzimmer erzählt: ›Ich bin ein kranker Mann.‹

›Wieso, Herr Frank, was haben Sie denn?‹

›Eine dauernde erectio.‹

Sie machten runde Augen, sonst kam kein Bedauern. Gekichert haben sie natürlich. Ich bin wieder in mein Büro gegangen und hab mich gefreut. Diebisch.«

Bomi, ich hol dir vom Café Mesner ein Stück deiner geliebten Schokosahnetorte, wenn du noch mehr die Sau raus lässt.

»So wie du in deinen schrägen Büchern?«

Gesitteter darf's ruhig sein, aber ehrlich. Ich drück dir auch keine Haselnüsse ins Tortenstück, um deine letzten Zähne zu spalten.

Wenig später zerbaatzt er im Mund seine Lieblingstorte und spricht mit vollem Mund: »Ich war damals hohl. Ich war stumpf. Amnesie. Vielleicht wollte ich meine Seele schützen. Vati sagte mir mal: ›Norman, du interessierst dich für gar nichts!‹ Das stimmte. Ich hatte keine geistigen Interessen, nur körperliche. Ich habe mich nie hinterfragt. Ich war auch nie neugierig. Dahinter liegt zweifellos eine große geistige Trägheit. Ich spreche bewusst von geistiger Trägheit, die ich rückschauend keinesfalls bereue. Ich fühlte mich sauwohl in meiner dummen Haut.«

Am 8. Mai 1946 hast du in deinem Brief an Vati ins Gefängnis diese Einsicht erstmals gezeigt: *Ich kann mich heute nicht mehr verstehen, wie ich damals so gedankenlos dahinleben konnte. Aber wir haben uns ja in dieser Zeit alle gewandelt.*

»Das habe ich geschrieben? Großartig! Wenn ich es aber genau bedenke, war dieser Satz auch Anklage gegen ihn: Vati, wie konntest du so gedankenlos dahin leben? Mein Brief muss ihn in seiner Zelle geschockt haben, während er um sein Leben kämpfte.«

Traurig hängt er ein »Ach ja« an.

Kannst du dich an Richard Lauxmann erinnern, deinen Krakauer Schulfreund?

»Natürlich. Ein netter Kerl, der kleine Richard.«

Wieso ›klein‹?

»Er war der Kleinste in der Klasse.«

Also, der kleine Lauxmann schrieb mir am 7. März 1993: *Ich besuchte von 1940 bis 1944, von elf bis 15, die Deutsche Oberschule für Jungen in Krakau. Norman war einer meiner Klassenkameraden. Ich erinnere mich gut an Besuche auf der Burg. Einmal, und da war ich besonders stolz darauf, war ich beim Mittagessen nur mit seinem Herrn Vater und mit Norman zusammen, der mir anschließend sein mit Leder tapeziertes Zimmer zeigte, das einst August der Starke bewohnt haben soll. Zwei Menschen waren es in Krakau, von denen ich ab und zu ein kritisches Wort hörte. Das waren mein Vater und Norman. Der konnte sich als Sohn eines solchen Vaters natürlich viel mehr leisten. Nicht nur, dass er beim Geschichtslehrer Koch äußerst kritische Fragen stellte, sondern er leitete auch erfolgreich eine Klassenrebellion, in der wir erreichten, dass der Klassenführer nicht mehr – wie vorgesehen – vom Klassenlehrer bestimmt, sondern von der Klasse gewählt wurde.*

Norman dreht mehrmals den Kopf zum Fenster und zurück. Es ist ihm sichtlich peinlich, gelobt zu werden.

Welche kritischen Worte hast du denn lauthals geäußert, Bomi?

»Nun, einmal stand ich im Fond unseres Mercedes auf dem Krakauer Adolf-Hitler-Platz und rief per Megafon in die Menge, dass General Paulus unbedingt den Ausbruch aus Stalingrad wagen soll, auch gegen den Willen des Führers. War das ein Aufruhr – ach, Niki, was weiß ich.«

Lauxmann schrieb weiter: *Ich verliere nicht aus meinen inneren Bildern eine Episode: Neben der Schule in Krakau war eine SS-Kaserne. Bei ca. 20 Grad Kälte mussten Juden von einem LKW Kohlensäcke ins Haus tragen. Die rannten, als ginge es um ihr Leben. Zwei SS-Leute standen dabei und jedes Mal, wenn einer an ihnen schwer beladen vorbeikam, erhielt er einen leichten Hieb mit der Reitpeitsche. Ein dritter stand mit einem Wasserschlauch dabei. Ein Klassenkamerad, der schon einige Zeit vor mir zuguckte, erzählte, der mit dem Schlauch hatte einen der Männer, der gestürzt sei, völlig nass gespritzt, einige Zeit in der Kälte liegen und ihn dann von anderen Juden ins Haus tragen lassen. Da kam in mir ein ungeheurer Zorn hoch, den ich nur mit Mühe unterdrücken konnte. Auf dem Nachhauseweg schämte ich mich dann so, dass ich ›für Juden‹ zornig wurde. Von der Judenvernichtung hatte ich damals schon Gerüchte gehört, konnte aber die Wahrheit nicht wissen.*

Norman, du bist doch täglich an dieser Kaserne vorbei zur Schule geradelt?

»Die hab ich nicht gesehen. Was mich wundert: Bei minus 20 Grad vereist jeder Schlauch mit Wasser sofort. Übrigens: Der Hausmeister unserer Schule, so ein netter Pole, hat uns immer mit Machorka versorgt. Den haben wir natürlich in Zloty bezahlt. Uns waren ja die Polen sowieso viel lieber als die Volksdeutschen. Schon durch ihr Kauderwelsch fielen sie uns unangenehm auf.«

»Wir gehen hin. Da stehen Holzfiguren: Schmierige, fies grinsende, jüdische Männer«, erzählt Normans Freund und weiß, dass Norman dabei war. Norman leugnet.

Das ist ja wohl die dümmste Ablenke!

Norman lacht mich einfach aus.

Hätte ich damals schon gewusst, dass der kleine Richard Lauxmann im Gegensatz zu Norman nichts verdrängt, sondern seine Erlebnisse in Polen sogar für seine Enkelkinder aufgeschrieben hat, hätte Norman ab sofort für immer geschwiegen. Erst nach seinem Tod wage ich, im April 2009 mit seinem Krakauer Schulfreund und späteren Pastor wieder Kontakt aufzunehmen. Tödlich verseucht von Krebs, empfängt er mich einen Monat später in Tübingen. Am 6. August 2009 wird er sterben. Norman hatte es abgelehnt, ihn nach dem Krieg noch einmal zu sehen.

»Ich habe mir ordentlich Morphium spritzen lassen, damit ich mit Ihnen sprechen kann«, sagt Lauxmann fröhlich. »Mein Gott, fühlt sich das gut an! Keine Schmerzen!«

Er gibt mir sein Erinnerungsbüchlein mit dem Titel *Hitlerzeit aus der Froschperspektive. (Books on Demand GmbH, Norderstedt)*

»Norman hat den Generalgouverneur nie raushängen lassen«, erzählt er mit Respekt und schildert einen Ausflug der Krakauer Klasse ins

Kloster Tyniec. »Norman hielt spontan einen kleinen Vortrag vor den Mitschülern über all das, was die Mönche geleistet hätten: ›Man soll sie nicht verachten‹, hat er dabei betont.«

Wie war das bei Ihrem Besuch auf der Burg, den Sie im Brief an mich erwähnten?

»Ihre Schwester Sigrid hatte sich geweigert, zu ihrem Geburtstag andere Mädchen einzuladen. ›Das soll der Norman machen!‹ Also lud mich Norman auf den Wawel ein. Dort saßen wir zu dritt und aßen Kuchen: Der Generalgouverneur, Norman und ich. Sigrid, das Geburtstagskind, ließ sich nicht blicken.«

Was für eine entspannte Familie!

»Ja. Ihr Vater hatte eine leicht gepresste Stimme. In der sprach übrigens auch Norman.«

Wenn Norman hier säße, würde er Sie sofort unterbrechen und »Stimmt nicht!« sagen.

Pastor Lauxmann lacht fröhlich: »Das glaube ich gerne, aber er hat schon Ihren Vater unbewusst imitiert.«

Und wie verhielt sich damals unser Vater Ihnen gegenüber?

»Er fragte mich, wie denn sein Sohn Norman in der Schule sei. Darauf ich: ›In Latein ist er gut.‹

›Und in Mathematik?‹

›Sag es ihm ruhig‹, warf Norman ein.

›Nicht so gut.‹

›Das hab ich mir doch gedacht!‹, hat Ihr Vater geantwortet.

Dann ist Ihre Mutter erschienen, blendend aufgemacht. Sie wusste schon, dass sie Burgherrin ist.«

Auch der kleine Lauxmann besuchte wie Norman ein Ghetto, allerdings das Krakauer. »Ich empfand kein Unrechtsgefühl. Für mich ging es im Ghetto zu wie auf einem Basar. Unheimlich viele Menschen mit Waren auf kleinen Tischchen. Besonders erinnere ich mich an merkwürdige Männer, die Ketten aus Schlössern anboten. Als ich einmal ein Schloss kaufen wollte, fand ich die Schlössermänner nicht. Immer mehr Juden sammelten sich um mich, fragten, was ich will. Einer holte dann einen Schlössermann, und ich suchte eines aus. Der Verkäufer griff nach meinem Portemonnaie, nahm aber nur genau das Geld heraus, das sein Schloss kostete und sagte zu mir: ›Wirst a Freid haben an deinem Schloss!‹«

Zu Hause lese ich Lauxmanns Büchlein noch einmal. Sein Vater, damals in Krakau Präsident der Deutschen Post Ost, hatte Richard im Frühjahr 1944 eingeladen, zusammen mit Lehrlingen der Post ein Stahlwerk in Königshütte zu besuchen. Auf dem Rückweg muss der Bus vor einer Kreuzung neben einem Lastwagen warten. »*Auf diesem LKW,* schreibt Lauxmann, *stehen dicht gedrängt und eingezwängt jämmerliche, abgemagerte Gestalten, in Lumpen gekleidet. Die Postlehrlinge winken ihnen vergnügt zu. Die Leute im Lastwagen – so erlebte ich es damals – haben ein leicht verlegenes und doch überlegenes Grinsen. Der Chef der Postlehrlinge fragt in überheblich lautem Ton irgendetwas in der Art: ›Was sind denn das für Brüder!‹ Der LKW fährt an und an uns vorbei. Jetzt kann man an der hinteren Klappe in weißer Schrift ›Auschwitz‹ lesen.*

Der Lehrlingschef lacht auf: ›Ha, ha! Auschwitz! Ja, da gehören die hin!‹«

»Vatis Klugheit reichte bis zur Haut. Er spielte Rollen. Zum Beispiel als Genie. Und dieser ekelhafte Beifall von denen, die über seine Bonmots lachten.«

Du, Norman, du dort im Nichts oder in der Ewigkeit: Wo bist du nicht überall im gepanzerten Mercedes Deines Vaters herum gefahren? Und Du willst nichts Ähnliches gesehen haben?

Oder meintest du, Auschwitz gehörte nicht zum Machtgebiet unseres Vaters? Womit du Recht hattest. Aber dafür gehörten zu seinem Reich Treblinka, Sobibor, Majdanek, Belzec.

»Ich war damals hohl. Ich war stumpf. Amnesie. Vielleicht wollte ich meine Seele schützen.« *Von Deutschen gehenkte Freiheitskämpfer im Generalgouvernement.*

Gehen wir mit Richard Lauxmann näher an dein Krakau ran, in dem du dich in deiner »dummen Haut« so wohl gefühlt hast: *»Meine Schwester hat mir was Grausiges erzählt«, sagte mein Klassenkamerad Klaus, »sie fuhr im Zug von Rabka nach Krakau, und kurz vor Krakau, bei Plaszow, hing an jedem Telefonmast ein Mensch. Auf langer Strecke.«* Du *kannst dir nicht vorstellen, wie die erschrocken ist.‹*

Am Spätnachmittag kam Klaus zu mir mit dem Fahrrad.

»Komm wir fahren hin, die Gehenkten anschauen!«

Ich wollte mit.

Seine Mutter verhinderte es.

Und du, Bomi, willst kein einziges Mal aus Vatis Mercedes heraus bis zur Höhe von Telegrafenmasten geguckt haben?

Jetzt mit Richard Lauxmann wieder zurück in die Mitte von Krakau, zum Große Marktplatz, dem damaligen »Adolf-Hitler-Platz«: *»Im oberen Stock der Krakauer Tuchhallen ist eine Ausstellung zu sehen, ›Die jüdische Weltpest‹. Es war vielleicht 1943. Viele Plakate in der Stadt weisen darauf hin. Ein Klassenkamerad fragt mich: ›Weißt du, was Päderastie ist?‹*

›Nein, nie gehört.‹

›Ich auch nicht. Aber geh mal in die Ausstellung. Zu viert gehen wir hin. Da stehen in der Eingangshalle überlebensgroße Holzfiguren. Ich fand, sie sahen alle gleich aus, wie man eben Juden darstellt, wenn man sie besonders hässlich zeigen will: Schmierige, fies grinsende, jüdische Männer. Vor jedem eine Tafel mit Namen und einer kurzen Vita mit allem, was er auf dem Kerbholz gehabt haben soll oder auch hatte. Wir vier wollten natürlich nur den einen besagten Mann sehen. Einer hatte ihn entdeckt, ging leise bei uns anderen vorbei und deutete unauffällig dorthin. Ganz langsam näherte sich dann jeder dem Scheusal und las das ominöse Wort mit gleichgültigem Gesicht. Natürlich war das Wort ›Päderastie‹ zumindest sehr ungenau übersetzt. Das spielte aber keine Rolle, denn irgendwie setzte es sich in mir fest: Juden machen solche Schweinereien.«

Der Große Marktplatz war oft auch dein Ziel, Norman, wenn du von der Burg runter radeltest, um mal wieder nach Uhren zu schauen oder zum Eis essen. Kein Wort je von dir über einen Besuch der Ausstellung, obwohl mir Herr Lauxmann versicherte: Du warst dabei.

Geleugnet hast du auch, was ich dir noch aus einem Brief deiner Krakauer Mitschülerin Bertel Obermayer vorlesen konnte. Die war sechs Jahre jünger als du, verließ als zehn Jährige 1944 Krakau und quält sich bis ins hohe Alter mit dem, was sie dort sehen musste: *Gruppen zerlumpter Menschen mit dem Davidstern an der Kleidung, die von Uniformierten durch die Straßen getrieben wurden.*

»Wenn ich's dir sag: Ich weiß es nicht!«

Ist schon Recht, Bruderherz. Dann brauch ich dir auch gar nicht vorzulesen, dass Frau Obermayer mal zusammen mit einem deutschen Nachbarsjungen in kindlicher Abenteuerlust einen ›Ausflug‹ mit der Straßenbahn durch Kazimierz unternahm: *Der Anblick der hohen Stacheldrahtzäune mit den Wachtürmen rechts und links der Straßenbahn und der Gedanke an die dahinter lebenden Menschen hat mich sehr verstört.*

»Siehst du, Niki, deswegen habe ich mich von solchen Ausflügen ferngehalten. Ich wollte nicht verstört werden.«

Du ahntest also in deinem dumpfen Generalgouverneurssohneshirn, dass da nichts mit rechten Dingen zuging?

»Mag sein. Mag nicht sein. Ich war lieber auf der Suche nach jungem Busen.«

Norman, wusstest du, dass alle Frank-Kinder auch Personen der Zeitgeschichte sind? Die private Post zwischen uns und unseren Eltern wird im Bundesarchiv Berlin zwecks Forschung aufbewahrt.

»Das stört mich nicht. Da gehört alles hin.«

Aber mich stört's. Was gehen Historiker meine Briefe an Vati und seine Antworten an? Am 7. September 1944 schrieb mir Vati zum Beispiel aus Krakau:

Lieber Niki!
Ich danke Dir sehr für Deine lieben Zeilen und Grüße. Das ist schön, dass Du so brav bist und uns allen viel Freude machst. Bleib auch Du gesund, wir werden uns bald wiedersehen.
Hier sind viele Kamele auf der Straße, die aus dem Osten gekommen sind und die langsam große Wagen durch die Straßen ziehen. Die Leute stehen da und schauen zu. Es sieht fast aus, wie wenn ein großer Zirkus auf der Wanderschaft wäre.
Wir leben hier sehr lustig und sprechen oft von Euch.
Herzlichst küsse ich Dich,
Dein
Vati

»Na bitte«, sagt Norman, »das ist doch wichtig für Historiker: Die ersten Flüchtlingstrecks waren mit Kamelen bestückt.«

Und was sagst du zu *Wir leben hier sehr lustig«?*

»Mein Gott, was soll er denn einem Fünfjährigen schreiben?«

Zum Beispiel die Wahrheit.

»Die hättest du nie verstanden.«

Doch. Er hätte schreiben können: *Lieber Niki, Du mein Klügster, lass Dir nichts vormachen: Der Krieg ist verloren. Ich harre hier zwar noch aus, werde aber bald genauso fliehen müssen, wie die armen Teufel aus dem Osten, die hier sogar mit Kamelen ihr ebenso elendes wie geschmackloses Mobiliar und ihre hässlichen Familien obendrauf nach Westen ziehen. Gott sei Dank werde ich im gepanzerten Mercedes fahren, den Du doch so liebst. Was später aus mir wird, kann ich nicht einmal erahnen, aber, mein über alles geliebter Sohn ...*

»›über alles geliebter Sohn‹ hätte er nie geschrieben! Das war ich!«

Also: ... *mein nicht so sehr wie Norman geliebter Sohn, es ist für Deine Zukunft gesorgt: Hinter der kleinen Kapelle auf dem Weg zur Bodenschneid liegen in einer stabilen Kiste vier große Goldbarren aus der polnischen Staatsbank* ... Und so weiter.

»Du Schmarrer!«

Du Vatiliebling!

»Übrigens, bei den Flüchtlingen fällt mir ein. Ich glaube, es war im März 1945. Da saßen Vati, sein Adjutant Pfaffenroth und Reichsminister Meissner in unserer Bauernstube im Schoberhof. Ich hockte auf der Bank an der Wand. Meissner fragte: ›Was sitzt im Gras, ist grün und frisst Gras?‹

Keiner wusste es.

›Die Flüchtlinge‹, klärte Meissner auf, und alle drei lachten los.«

Wir beide pflichtschuldigst nicht.

»Wenn ich an den Schoberhof denke: Immer nur Gelächter.«

Bomi, ich habe Vati nie lachen hören.

»Er hat nicht laut gelacht. Erst in Nürnberg hat er hysterisch gelacht, wie der US-Psychologe Gilbert beschreibt. Da wären wir ja als Kinder richtig erschrocken.«

Norman, du im Nichts oder Jenseits, was man so alles sehen, sich bis ins hohe Alter merken, konnte! Vielleicht hast du den kleinen Richard deswegen nicht mehr in Schliersee empfangen wollen: Weil er damals in Krakau als Zeitzeuge dabei war. Mit dir gar befreundet. Ich könnte schwören, du hast ähnliche Szenen wie dein Krakauer Schulfreund erlebt: *Mit meinem Freund Wolfgang Giller traf ich eines Tages in der Nähe der Schule auf einen Juden ohne Stern. »Wo kann man kaufen a Stickele Brot?«, fragte er uns. Ich hatte mein Pausenbrot nicht gegessen, traute mich allerdings nicht, es ihm zu geben. Ich hab immer noch die gebückte Haltung im Kopf, in der er traurig davon schlurfte.*

Norman, du bist jeden Schultag den gleichen Weg entlang geradelt. Und wenn Freunde dabei waren, vor oder nach der Schule, hast du neben ihnen dein Rad geschoben. Und nichts im Hirn behalten wollen!

Lauxmann erinnert sich an Spottlieder, die oft gesungen wurden. Eines, damals bei einem Klassenausflug nach Zakopane, wird er nie vergessen:

Drei Juden badeten im Nil,
Den ersten fraß ein Krokodil,
Der zweite ist ersoffen.
Vom dritten wollen wir's hoffen.

Na, Bomi, kommt uns doch entgegen, die wir ein Höchstmaß an Gemeinheit in einen möglichst kurzen Satz zu pressen jahrelang geübt haben.

Als Lauxmann mit anderen Schülern (warst du dabei?) an einem Plakat mit der Aufschrift *Altstoff ist Rohstoff!* vorbeikam, sagte einer fröhlich: »Das mach ich ganz einfach: Ich male oben einen Juden und unten ein Stück Seife aufs Papier.«

Herr Pastor, warum haben Sie denn nie Norman nach dem Krieg besucht?

»Wollte ich ja. Aber er wollte mich nicht sehen.«

Wissen Sie, warum?

»Als Ihre Serie im Mai und Juni 1987 im STERN lief, rief ich ihn an. Wir redeten über unsere gemeinsame Zeit, und da sagte er plötzlich: ›Wir haben uns doch in Krakau nichts zu Schulden kommen lassen.‹ Das hat mich schon sehr gewundert.«

»Wie kommt der Kerl dazu? Der hat doch keine Ahnung! Der war doch gar nicht dabei!« Die STERN Serie zum Buch »Der Vater – eine Abrechnung« lief ab Mai 1987.

Und was haben Sie gesagt?

»Ich wollte keine Diskussion mit ihm. Zumal er dann noch gesagt hat: ›Ich glaube, wir Deutschen haben uns nichts vorzuwerfen.‹

Das gibt's doch nicht! Leider ist Norman schon tot, mein Gott hätte ich ihm diese Sätze um die Ohren gehauen!

»Ich glaube, Ihr Bruder wollte beschönigen, was Sie in Ihrem Buch über Ihre Eltern geschrieben haben.«

Jetzt, Bomi, sind die Studenten an deinen Augen zugange. Bei der *Orbita Präparation* durchtrennen sie dir zunächst den *Nervus opticus*. Der ist mindestens einen halben Zentimeter dick im Durchmesser, weil in ihm alle Nervenfasern von den Nervenzellen der Retina, also den Stäbchen und Zapfen, liegen. Damit hast du gesehen oder so vehement weggeschaut, dass du deinem Schulfreund Richard 60 Jahre später stolz diese zwei Sätze sagen konntest: »Wir haben uns in Krakau nichts zuschulden kommen lassen. Wir Deutschen haben uns nichts vorzuwerfen.« Das nenne ich den *Nervus opticus* in der Jugend mit einem Vorschlaghammer zerdätscht haben. Überhaupt wäre es interessant zu wissen, wann du angefangen hast, diesen Nerv zu beschädigen, ihn verkümmern zu lassen. Das Irre: Du bist ja zusammen mit dem Faschismus groß geworden. Als Jahrgang 1928 waren die ersten Bilder, die dir der *Nervus opticus* ins Hirn geleitet hat, ein in SA-Uniform auftretender Vater, der in ebenso gewandeten Massen verschwand.

Ich glaube, dein Blick war zwanghaft in eine freie Unendlichkeit gerichtet, über das, was dazwischen lag an Schmutz, Verbrechen und Mord, wolltest du unbedingt hinwegsehen. Oder, weil ein Student, die schwabbelnde Gallertmasse deines Auges gerade in der Hand haltend, gefragt wird, wie denn der Prozess des Sehens vor sich geht und er tatsächlich weiß, dass wir eigentlich die Welt auf dem Kopf stehend sehen, wenn's da nicht das Hirn gäbe, das alles korrigiert. Nur nicht bei dir.

Bemerkenswert war deine Reaktion, als ich dir eines meiner Lieblingsgedichte vorlas: Jakob van Hoddis' *Weltende:*

Dem Bürger fliegt vom spitzen Kopf der Hut
In allen Lüften hallt es wie Geschrei
Dachdecker stürzen ab und gehn entzwei
Und an den Küsten – liest man – steigt die Flut

Der Sturm ist da, die wilden Meere hupfen
An Land, um dicke Dämme zu zerdrücken
Die meisten Menschen haben einen Schnupfen
Die Eisenbahnen fallen von den Brücken.

Zwei Mal hintereinander musste ich es dir vorlesen. »Niki«, sagtest du, »dieses Gedicht spiegelt für mich genau die Zeit des Generalgouvernement wieder. Ich glaube, das hätte Vati auch so gesehen.« Ich musste es ein drittes Mal vorlesen. Dann erst sagte ich ihm, dass dieser großartige Dichter natürlich in einem unserer Vernichtungslager im Generalgouvernement 1942 ermordet worden ist. Norman schüttelte langsam den Kopf, hob dann zum Schweigen mahnend den Finger, als ich den dazu gehörigen wütenden Kommentar abgeben wollte.

Die Studiosi studieren deinen Tränenweg, von der *glandula lacrimalis*, der Tränendrüse her. Normalerweise flossen auch deine Tränen nach innen ab, nur die Augen wurden äußerlich damit befeuchtet und, wie Tante Martel wusste, dein ganzes Gesicht, wenn du heultest wie der Wawelsche Burghund, weil dich wieder einmal Mutti und Vati wegen irgendwelcher Staatsbankette, Seitensprünge oder Politveranstaltungen alleine gelassen haben. Armes Teufelchen. Du hattest eben nicht unsere Kinderschwester Hilde, die mir alles, was an mir menschlich ist, vermittelt hatte.

Ein Student legt deinen anderen Augapfel frei. Ach, könnte ich sehen, was beide sahen und nicht sehen wollten. Wie viel näher an der Wahrheit wären wir zwei besessenen Streithanseln gescheitert. Denn bis zum Schluss hast du mich, wenn's für dich ganz brenzlig wurde, belogen. Logisch, dass du eine Woche vor deinem Tod einen stummen Herzinfarkt erlitten hast. Siehst du, selbst deine eigene Pumpe war es endgültig leid.

Norman, wie hast du eigentlich Vatis besten Freund Karl Lasch erlebt, seinen Gouverneur, den die SS 1942 in seiner Zelle erschossen hat?

»Sehr nett. Großzügig.«

Kein Wunder, er war einer der größten Schieber!

»Mir doch egal als Kind! Sigrid und ich haben ihn zusammen mit Vati in Radom besucht und von ihm ein Fahrrad bekommen.«

Von Juden geraubt.

»Ich nehme an, aus einer dortigen Fabrik. Die wurden dann zum Schoberhof transportiert. Erst dort bin ich damit gefahren. Es hatte keine Gangschaltung. Nach der Plünderung war es weg. Es war alles weg.«

Du weißt, dass Mutti mit ihm ein Verhältnis hatte?

»Ja.«

Deswegen nannte mich Vati ›Fremdi‹, weil er glaubte, ich sei nicht sein Sohn, sondern der seines besten Freundes Lasch.

»Nicht ›glaubte‹: hoffte!«

Warum?

»Du warst wirklich fremd. Rothaarig, schiefe Zähne, uns immer beobachtend, verlogen.« Er kichert in sich hinein. »Warum willst du denn nicht Laschs Sohn sein? Ich sag dir warum.« Der Kerl grinst mich mal wieder tückisch an: »Weil du nichts wärst ohne ihn, den Reichsminister und Generalgouverneur. Und dann noch *Haupt*kriegsverbrecher! Dagegen dieser popelige Lasch. Niki, wir waren bis Kriegsende was Besonderes und nachher auch: Durch die Verbrechen unseres Vaters. Onkel Julius würde dazu sagen: Selten ein Schaden, ein Nutzen dabei. Gib's zu!«

Jetzt brauch' ich einen Schnaps!

Mit gleißender Genugtuung schenkt Norman ein, und wir prosten uns zu.

Lasch, der Gouverneur von Krakau und Galizien, wusste nach seiner Verhaftung im April 1942 durch Himmlers SS über seinen besten Freund Hans Frank und dessen Familie zu erzählen: *Frank dürfte wohl die reichhaltigste Küche des gesamten Deutschen Reiches einschließlich aller Nebengebiete haben. Die großen Essen mit vielen, vielen Gängen sind erst nach meiner Sache, als ich ihm von der Verhaftung in meiner Umgebung meldete, abgestellt worden. Aber noch im Januar war das Essen auf der Burg mit Fleisch, herrlichsten Salaten, Obst und Nachspeisen immer ein Fest. Die Stenotypistinnen sowie der Stab Keith führen ein Leben wie in Tausendundeiner Nacht. Es ist die Oase, die vom Kriege nichts merkt. Als der Russlandkrieg ausbrach, herrschte eine furchtbare Angst auf der Burg. Es wurde als eine große Heldentat gefeiert, dass der Sohn des Dr. Frank (14 Jahre) am 9. November gern in München sein wollte, um einen Fliegeralarm mitzuerleben, denn Frau Frank hatte behauptet, an diesem Tag kämen die Engländer. Auf Auslandsreisen kaufte Frau Frank vorwiegend in Ghettos und bei Juden. Erst Waschkörbe und dann deren Inhalt. Die Sachen wurden mit den Diplomatenpässen ohne Zoll über die Grenze gebracht. Im Salonwagen des Generalgouverneurs wurden regelmäßig Bilder usw. sowie große Mengen Lebensmittel aller Art ins Reich befördert. An der Grenze heißt er nur der ›Schmuggelwagen‹. Frau Frank hat von Gouverneur Dr. Fischer einen großen Brillantring von 5 Karat erhalten. Er soll 5000,– RM gekostet haben! Dr. Fischer hat dem Generalgouverneur auch einen Rembrandt geschenkt, der nach Schliersee gebracht und dort aufgehängt wurde. Er hängt aber jetzt nicht mehr da. Dorn soll sich geweigert haben, darauf ist das Bild zurückgebracht worden.*

»Ich kann mich überhaupt nicht an meine Heldentat erinnern. Das ist doch nur Geschwätz eines armseligen Gefangenen, der verzweifelt versucht, Vatis Todfeind Himmler gnädig zu stimmen.«

Sei doch nicht so unbarmherzig, Bomi, das war doch Laschs letzte Chance. Es hat ihm nichts genützt. Wie du weißt, hat ihn Himmler in seiner Zelle erschießen lassen. Bomi, geliebter eventueller Halbbruder, ich les dir weiter vor, was mein eventueller Vater damals aus sich aufs Papier schrie: *In dieser Familie herrscht wirklich der Grundsatz der Bereicherung um jeden Preis. Alles, was zu raffen ist, wird beschafft. Nur der ist willkommen, der etwas bringt. Wehe dem, der etwas Schöneres hat oder gar mehr hat. Als Dr. Ley sich ein Gut einrichtete, wurde furchtbar geredet, desgleichen über Dr. Goebbels, Funk usw. Frank war für uns kein Vorbild, denn sein Tag ist eine Wanderung von Schloss zu Schloss im herrlichen Wagen mit Ehreneskorten, Büchern, Musik, Repräsentation und Festessen. Jeder Empfang wurde ausgewertet. Es gibt nichts Natürliches, keine Einfachheit, es ist alles Pose, Theater und dient der Befriedigung seines Rausches aus Ehrgeiz und Machtstreben, wobei seine Ähnlichkeit mit Mussolini, die ihm seine Schmeichler einreden, als Fügung und Bestimmung ausgelegt wird. Die Astrologie, Handlesen, Kartenauslegen, Bleischmelzen, alle Arten der Zukunftsdeutung werden angewandt. Frau Frank ist oft an einem Tag zu zwei Frauen gegangen, um eine Kontrolle zu haben, dass das Gesagte stimmt. Er ist gut bestrahlt. Jupiter ist sein Glück. Danach kann ihm nichts passieren. Andere werden stürzen. Er bleibt immer oben. Frau Frank hat oft in großen Kreisen gesprochen, dass sie nur noch als Ministerin sterben wolle. Es ist ein Hofstaat, in dem selbst wir als seine engsten Mitarbeiter wie Fremde lebten. Es ist eine kalte Pracht, in der einem wie auf der Burg die Gotik auf den Kopf fällt. Frau Frank sagt oft: »Sehen Sie, wenn mein Mann mal Gelegenheit hätte, längere Zeit mit dem Führer zu sprechen, es wäre auch gut für den Führer, denn er hat ja niemanden, mit dem er so sprechen könnte wie mit meinem Mann.«*

Norman rückt unruhig in seinem Sessel umher.

»Vati ist von der SS genauso vorgeführt worden wie Lasch! Er musste sich das wegen seiner Prunksucht gefallen lassen. Dazu kommt noch, dass Vati der Chance, sich bereichern zu können, nicht widerstehen konnte. Mit welcher Leichtigkeit hat er Gemälde von den Wänden in der Burg genommen und ins Bayerische gebracht. Und ich kann mich gut erinnern, dass es ab 1940 für Mutti Pelze, Juwelen und Goldschmuck gab.«

Ich weiß, wie schwer dir das fällt.

»Pah! Überhaupt nicht.«

Ich glaube, dass der Grund für dein unbedingtes Vergessen wollen in einer Szene begründet liegt, die du mir ausführlich geschildert hast: »Wir haben unten vor der Krakauer Burg mit anderen deutschen Kindern Fußball gespielt. Plötzlich hörten wir Männerstimmen singen. Ein Bub rief: ›Ui, jetzt erschießen s' wieder Polen!‹ und ist losgerannt. Wir anderen hinterher. Ich hörte Schüsse. Hinter dem nächsten Häuserblock sah ich dann eine ganze Reihe toter Männer an der Mauer liegen. Blut floss.«

Was hast du empfunden?

»Mir wurde bewusst, dass wir hier die Feinde sind. Die Erschießung ist mir bis heute nachgegangen. Das hat mich mein Leben begleitet. So was verdrängt man nicht. Kann man auch nicht.«

Wann war das genau?

»1942 oder 1943.«

Da warst du 14 oder 15 Jahre alt.

»Ja.«

Hast du dich mitschuldig gefühlt?

»Wir wussten schon, dass für jeden erschossenen Deutschen polnische Geiseln büßen mussten. Das war ja überall auf Plakaten zu lesen. Aber von mir ging doch nichts Böses aus, und ich sah nichts Böses. Bis eben zu dieser Erschießung. Das habe ich Vati dann erzählt. Das war mir wichtig. Ich hab ihn beim Mittagessen gefragt, warum unten in Krakau Menschen auf der Straße erschossen werden, die vorher noch die polnische Nationalhymne gesungen haben.«

Und er?

»Vati hat das Besteck hingeschmissen, ist aufgestanden und hat mich angebrüllt: ›Ich will bis nach dem Krieg nie mehr etwas davon hören!‹ Dann ist er aus dem Speisesaal gestürmt.«

Und du bist wie ein Häufchen Elend sitzen geblieben?

»Ich empfand kein Schuldgefühl, weil ich ihn verärgert hatte. Das war mein gutes Recht.«

Hat sich Vati noch einmal mit dir darüber unterhalten?

»Nein. Nie. Kein Gespräch mehr mit Vati. Nichts.«

Bomi, du bist der einzige aus seiner privaten und beruflichen Umgebung, der ihn wenigstens ein einziges Mal mit seinen Verbrechen konfrontiert hat.

»Geh, geh«, wehrt er ab.

Hast du dich nie gefragt: Was tun wir hier in diesem fremden Land? »Nein. Polen war für mich eine Ausnahme. Warum haben die Polen vor 1939 nie eine Geste Hitler gegenüber gemacht? Sie wollten den Krieg! Anstatt mal mit dem Mann zu reden! Damals war er noch nicht ganz verrückt. Hitler war ja niedergedrückt, als die Kriegserklärungen von England und Frankreich kamen.«

Ich bleibe stumm. Da zeigte er sich mal wieder: der andere Norman.

Und unterhalb des Burgbergs fingen die Morde an.

»Willst du, dass ich erzähle?«

Ja.

»Dann lass dieses kindische Anklagegesäusel. Wir sitzen hier beim Schnaps. Ich war damals elf Jahre alt.«

»Sie können sich nicht vorstellen, mit welcher Angst ich als kleines polnisches Mädchen unterhalb der Burg entlang geschlichen bin.«
Hans Frank auf dem Wawel.

Aber 16, als du das Generalgouvernement verlassen hast.

»Ja. Dennoch: Vati und ich haben nie politisiert. Besser: *Es* wurde nicht politisiert. Politisiert wird nur, wenn verschiedene Meinungen vorhanden sind. Damals war alles auf den Endsieg ausgerichtet. Wer darüber politisiert, wird defätistisch. Vati hat das Wort Endsieg privat nie in den Mund genommen. Ich glaube, er hatte selbst die größten Zweifel daran. Ganz tief in mir drinnen habe ich gehofft, dass der Krieg irgendwie diplomatisch beendet wird. Dass es uns privat dreckig gehen würde, habe ich erst gedacht, als ich Anfang Juni 1944 in Kressendorf von der Landung der Alliierten in der Normandie hörte. Und danach dieses Schweigen in Rundfunk und Zeitung. Auch noch drei Tage später: Wir hören ja gar nicht, dass die ins Meer zurück geworfen wurden! Dieser unüberwindbare Atlantikwall! Daran kann ich mich noch gut erinnern. Nach ungefähr zehn Tagen, um den 16. Juni 1944, hatte ich das deutliche Gefühl: Wir gehen in ein schwarzes Loch. Ich hab diese Empfindung nie mit irgendeinem Freund besprochen. Und Vati hat mit mir auch nicht darüber gesprochen.«

Was hinderte dich, ihn zu fragen: ›Vati, gehen wir nach D-Day nicht in ein schwarzes Loch?‹

Bitter lacht er auf: »Ich wollte nicht schon wieder seinen Zorn am Mittagstisch erleben.«

Nach den Sommerferien 1944 wurden die oberen Klassen der Deutschen Oberschule in Krakau nach Tschechien ins Protektorat verlegt. Norman schrieb von dort an seinen Freund Jörg: *Schau, ich sage mir, was hat die deutsche Jugend noch zu erwarten. Ich sehe unser Ende wirklich grausam und nah voraus. Und ich bin so dumm und verbringe meine letzten Wochen vor dem Chaos hier in dieser völligen Abgeschiedenheit. In der Nacht möchte ich aufstehen, meine Koffer packen und so schnell wie möglich abhauen. Nur, wenn unsere Gruppe sich eng zusammen schart, besteht die Möglichkeit, dass wir irgendwie gerade rauskommen. Denk Dir mal, wie schön es wäre, wenn wir alle wieder in unserer Halle im Schoberhof sitzen würden, bei Kerzenlicht und ernsten Gedankengängen.*

Der Sohn eines Reichsministers und Generalgouverneurs flieht nicht einfach nur mit einem Ränzel, nein, der packt mehrere Koffer!

»Ich bin lieber die Witwe als die geschiedene Frau eines Reichsministers«, sagte Brigitte und sandte dieses Foto an Hitler, damit er die Scheidung verbietet. Sie hatte Erfolg.

»Depp!« kommentiert er, grinst dann. »Wie war ich doch naiv. Als ob das Chaos vor dem Schoberhof Halt machen würde, damit ich mit Jörg weiter ernsten Gedankengängen nachhängen kann.«

Du warst nicht naiv. Du hast es vorausgesehen. Hör mal, was du Sigrid im Herbst 1944 schreibst: *Ich möchte mal so drei Tage am Schoberhof sein und wieder mal so richtig leben. Aber wir werden noch Schlimmeres durchmachen müssen.*

»Ahnung, wem Ahnung gebührt. Das ist eben das Mystische an mir, Niki: Dieses runenbehaftete Germanische, das mir Goebbels attestiert hat: Wissend um Vergangenheit und Zukunft wabert dein großer Bruder, der jetzt dringend den Schokoladeneisbecher für fünf Euro vom Dolomiti braucht. Hier liegt das Geld.«

Sein zittriges Kramen unterbreche ich mit einem »Spinnst du!« und hol ihm das Eis auf eigene Rechnung. Er schlappt es mit dem kleinen Plastiklöffel runter, kühlt den Rachenring und seine aufgestöberte Seele gleich mit.

Das trifft sich gut: Die Studenten wenden sich gerade deiner Mundhöhle zu, deinen Zähnen – da werden sie lachen oder sich ekeln, wenn sie die wenigen Stumpen sehen. Jetzt zertrennt dir einer den *lymphatischen Rachenring*. Du weißt, was genau der »Rachen« ist: Der Übergang von der Mundhöhle zur Speiseröhre. Wenn du so willst: zum Pharynx. Da geht's also in deinen Körper rein. Durch Mund und Atmung nehmen wir ja, Bomi, ganz viele Bakterien und Staub auf. Dagegen gibt's eben den *Rachenring*. Der ist so eine Art erste Abwehrstation gegen Infektiöses. Das lechzt ja geradezu nach doppeldeutiger Interpretation: All den Dreck, den du von unserer Familie schlucken musstest – so einen Rachenring kann es gar nicht geben, der das alles abgehalten hätte. Gut, dass er jetzt endlich mit feinem Skalpell freigelegt wird.
Deine Zeit im Generalgouvernement neigte sich ihrem Ende zu. Auch Vatis, obwohl er Hitler unverdrossen die mutigsten Durchhalteparolen hinpfefferte. So wie in diesem Fernschreiben:

kanzlei des generalgouverneurs krakau burg den 24. dezember 1944 12.15 uhr fs nr. 215
an den führer des großdeutschen reiches adolf h i t l e r führerhauptquartier.
mein führer
die deutschen krakaus aus allen bereichen und dienststellen versammelten sich am weihnachtsvortag zu einer kundgebung, in der in stürmischer begeisterung die treu und hingebungsvolle dienstbereitschaft zu ihnen, mein führer und ihrem grandiosen werk machtvoll ausdruck erhielt. wir beten zu gott, dem allmaechtigen, der sie in so wunderbarer weise in diesem jahre vor der tücke gemeiner verbrecher bewahrte, im kommenden jahre ihren waffen den sieg zu verleihen.
heil ihnen, mein führer.
f r a n k

»Das ist doch auf raffinierte Weise widerwortig und witzig zugleich«, meint Norman dazu. »Wer an den Führer nur noch von den ›Deutschen Krakaus' schreiben kann, gibt ihm doch damit zu verstehen, dass das übrige Generalgouvernement bereits verloren ist.« Norman kichert anerkennend: »Ein Hund war er schon, unser Vati!«

Das glaubst du doch selber nicht!

»Ich glaube alles, was Vati hilft.«

Auch privat gibt sich Vati siegesgewiss, schreibt am 24. August 1944 aus Krakau an seinen Vater: *Mir geht es unberufen hier noch gut, und wir arbeiten fleißig an der Verteidigung des Ostens. Auch unsere Feinde kochen mit Wasser, und sie werden sich wundern, welch ungeheuren, unbesiegbaren Widerstand sie finden. Deutschland wird diesen Krieg niemals verlieren.*

»Nicht mal zu seinem eigenen Vater war er ehrlich«, wirft Norman ein.

Und du? Du musst doch mitbekommen haben, dass überall die deutschen Fronten einbrechen! Geschrieben hast du jedenfalls nichts darüber. Auch du warst zu Vati nicht ehrlich. Im August 1944 hast du aus den Sommerferien am Schoberhof geschrieben:

Mein lieber Vati!
Nun stehe ich schon mitten in meiner Ferienzeit, und genieße sie natürlich in vollen Zügen. Ich komme mir jedoch immer wie ein Auslandsdeutscher vor. Natürlich treibe ich eifrig Propaganda für unser schönes Generalgouvernement. Manchmal fühle ich trotz meines Glückes Heimweh.

Als ich heute von Mutti hörte, dass unsere Schule evakuiert wird, freute ich mich riesig, da ich nämlich schon befürchtete, dass unsere Schule ganz aufgelöst werden würde. In diesem Falle hätte ich mich sofort zur Flack gemeldet.

So, und nun etwas von meinem herrlichen Leben. Wir gehen natürlich so oft wie möglich in das Bad, obgleich das Wetter hier alles andere als schön ist. Doch wir lassen uns nicht stören, es sind doch praktisch unsere letzten Ferien. Wenn ich jetzt zurückfahre, werden wir beide leider nicht mehr zusammenleben. Aber schließlich kommen ja wieder andere Zeiten. Erst muss der Russe wieder aus unserem schönen Land! Hoffen wir, dass es uns gelingen wird. Wie geht es meinem Hund?

So, so, Bomi, *unser schönes Generalgouvernement,* und der *Russe muss wieder aus unserem schönen Land!* Du warst im Sommer 1944 immerhin 16 Jahre alt – du willst doch schon beim offiziellen Schweigen nach der Invasion der Normandie gewusst haben, dass es bald aus is' und gar' is – auch mit der deutschen Besetzung Polens.

»Kann schon sein. Ich wollte es vermutlich nicht wissen. Ehrlich gesagt, Niki, Vati war halt mein Zuhause. Wo er war, war auch meine Heimat.«

Und wie ging es deinem Hund?

»Traurig. Zumindest für mich. Ende Mai 1945 ging ich mit ›Tommy‹ vom Schoberhof in Richtung Neuhaus, als plötzlich neben mir ein Ami Lastwagen mit zwei Mann in der Führerkabine hielt. Ein gutmütiger Neger schaute ganz verliebt auf den Hund.«

Mit ›Neger‹ fällst du wieder fröhlich in alte Schablonen zurück.

»Ich bin Schablone! Mein Gott, ist *political correctness* langweilig! Du auch. Jedenfalls: Da wir Franks ohnehin nichts zu essen hatten und die Zukunft düster aussah, dachte ich: Der Hund hat es bei den Amis besser und reichte ihn dem schwarzen Soldaten hoch. Er fuhr Richtung Neuhaus weiter, stoppte plötzlich, fuhr rückwärts zu mir und reichte mir als Dank eine Stange Zigaretten runter. *Lucky Strike*. Ich fand das sehr nett. Von mir und auch von ihm. Erwartet hatte ich das nicht. ›Tommy‹ würdigte mich keines Blickes mehr. Er war sicher selig bei den beiden, dachte ich mir, um mein Gewissen zu erleichtern.«

Deine Deutsche Oberschule war im Herbst 1944 ins damalige Protektorat Tschechien verlegt worden.

»Dort wurde auch nicht über den Krieg gesprochen. Wir sechs, die wir in einer Bude hausten, wollten uns allerdings nach dem Krieg in New York treffen. Das war unser persönlicher Glaube an den Endsieg. Kein Nazigeschrei. Als die Schule wegen der sich nähernden Front aufgelöst wurde, schworen wir uns beim Abschied mit Handschlag: ›Also, wir treffen uns nach dem Krieg am Broadway wieder!‹ Natürlich nicht als Sieger. Wir wussten, der Krieg war für uns verloren. Wir hofften, dass wir von den Amerikanern gefangen genommen und in die USA gebracht werden. Und dann treffen wir uns eben am Broadway. Ein bisschen defätistisch«, freut er sich.

Nach deinen Briefen an Mutti zu urteilen, warst du nicht gerne mit der Schule in Tschechien.

»Doch. Dort war ich siegreich! Die älteren HJ-Führer haben damals wohl ausgemacht: ›Jetzt werden wir es diesem verwöhnten Generalgouverneurssöhnchen mal zeigen!‹ Und ich? Ich turne denen eine Halbe Riesenfelge Vorwärts am Reck! Von wegen verwöhnter Generalgouverneurssohn! Denen habe ich es gezeigt! Beim Boxen wurden sie noch stiller. Ich war der einzige, der eine technisch korrekte Linke schlagen konnte. Mein Gott, hab ich die HJ-Führer im Ring vermöbelt! Weißt du, Niki, ich habe dort nie mit Worten provoziert, nur mit sportlichen Taten. Dieser Trotz lebte in mir. Ein toller Bursche ich!«

Er lacht über sich selbst.

»Mein letztes Abzeichen gewann ich 1944. Ich bin 6,18 Meter weit gesprungen, habe die Keule 68,50 Meter weit geworfen und bin die Hundert Meter in geschätzten 70 Sekunden entlang gerast. Im Hundertmeterlauf war ich ganz schlecht. Bei der Siegerehrung trug ich einen blauen durchgehenden Badeanzug. Darüber eine kurze rote Turnhose. Nichts Militärisches oder irgendwas von der HJ. Ich habe sie mit dieser Kleidung provoziert: In dieser ›privaten‹ Kleidung liefere ich euch die Bestleistung ab! Macht mir das doch erst mal nach in eurer vorgeschriebenen Sportuniform!«

Komisch, dass du deine sportlichen Leistungen genauestens in Erinnerung behältst. Wie lange warst du eigentlich in Tschechien?

»Von September bis Dezember 1944. Da kam die Musterung, dann Weihnachten mit Vati in Kressendorf und dann war es aus, Sense.«

Aus dem Schullager im Protektorat schriebst du am 5. Dezember 1944 an Mutti: *Morgen feiern wir hier Nikolaus. Das ganze Lager steht schon Kopf. Als die Oberstufe ein ›altgermanisches Weihnachtslied‹ lernen sollte, haben wir uns entschieden geweigert. Wir machen so einen Blödsinn nicht mit, sondern singen die alten, schönen Lieder, die wir immer schon gesungen haben!! Das hat natürlich mächtig eingeschlagen! Aber Chef ist machtlos, denn <u>ich</u> bin ja dabei!! Solche Sachen zeigen halt immer wieder, dass die Jugend ihren eigenen Weg geht. Wenn wir schon den Kopf für Deutschland hinhalten müssen, dann wollen wir wenigstens unsere eigene Anschauung haben dürfen.*

»Nicht, dass ich mich verweigert hätte, aber das ›Muss‹ regte mich auf. Wie kommt dieses Arschloch dazu, uns etwas zu befehlen? Das war meine Grundablehnung. Da war mit mir nichts anzufangen. Ich habe den ›Führerstaat‹ wörtlich genommen: Nur der Beste sollte führen: Und so ein lächerlicher HJ-Führer bekommt von mir keinen Respekt! Schau dir diesen Reichsführer SS Heinrich Himmler an! Der konnte doch nicht mal drei Klimmzüge machen! Das heißt, der ›Führerstaat‹ macht sich lächerlich. Anders Heydrich.«

Dein Brief an Mutti vom Oktober 1944 aus Kostelec, in Tschechien, gefällt mir besonders: *Der Grund, warum ich hier bleibe, ist ganz einfach. Da auch meine drei Freunde auf eine Gelegenheit zur Flucht lauern, wäre es mehr als Hochverrat gewesen, wenn ich abgefahren wäre. Das verstehst Du wohl. Freilich will das jetzt nicht etwa heißen, dass wir bis zur kalten Vergasung hier ausharren, sondern wir haben uns erst mal den 15. Oktober als Stichtag genommen.*

Norman, woher kommt dein Ausdruck *kalte Vergasung?*

»Weiß ich nicht. Sagte man so. Ich wusste nichts von Auschwitz.«

Von Kostelec wurde die Schule dann noch nach Tschaslau verlegt. Von dort schriebst du im November 1944 einen wirklich erschütternden Brief.

Meine liebe Mutti!
Hier habe ich einen furchtbaren Reinfall erlebt. Wir schlafen zu viert in Holzbetten auf einer wurmstichigen Bude. Meinen Koffer konnte ich noch nicht einmal auspacken. Es ist natürlich alles zerdrückt. Doch das Schlimmste, wir sitzen den ganzen Tag hier untätig herum. Draußen geht es ums Ganze, und wir streiten uns hier wegen größter Nichtigkeiten. Aus all diesen Gründen habe ich Vati gebeten, mich von hier abzumelden, damit ich mich irgendwo zum Kriegseinsatz melden kann. Das Essen ist natürlich sehr schlecht. Du weißt ja, liebe Mutti, dass ich nie ein Freund vom Waschen war, aber hier wird man zur Sau!

Du armer Wawel Erkerzimmer Bewohner! Im Holzbett! Die Wäsche zerdrückt! Dann hättest du ja mit Falten in deinem Hemd die Russen angreifen müssen! Igittigitt! Bomi, du warst ein wirklich unglaublicher Schnösel!

Er lacht meine Verhöhnung zur Seite, erinnert sich weiter: »Um mit meinen Schulkameraden die Russen aus unserem schönen Generalgouvernement jagen zu können, brauchten wir den Wehrpass. Anfang Dezember 1944 sollten wir alle mit dem Zug zur Musterung nach Prag reisen. Da sagte ich – nur ein Generalgouverneurssohn konnte sich so etwas leisten: ›Wir machen uns extra zurecht!‹ Ich weiß noch heute, dass ich die weiße Schnur eines HJ-Stammführers auf meine HJ-Uniform heftete. Ich war nie Stammführer. Meine Klassenkameraden haben sich gleichfalls hoch gestuft. In Prag sind wir in unseren tollen Uniformen von den Hitlerjungen furchtbar respektvoll gegrüßt worden. Die Musterung werde ich nie vergessen. Nackt stand ich vor der Kommission. Einer fragte mich: ›Wollen Sie Offizier werden?‹

›Nein.‹

›Warum denn nicht?‹

›Unser Führer ist ja auch nur Obergefreiter.‹

›Was wollen Sie denn werden?‹

›Diplomat.‹

›Aber dann müssen Sie doch Offizier sein!‹

›Ich halte nichts von einer säbelrasselnden Diplomatie.‹

Ich glaube, die haben über meine Antwort innerlich geschmunzelt. Die Musterungskommission bestand aus lauter 50 bis 60 Jährigen.«

Dieses Mal weißt du sogar noch den Dialog, aber wenn's um die Juden geht, versagt dein Gedächtnis.

»Mitnichten! Dein frisch gemusterter Bruder hat seinem glühenden philosemitischen Trieb in Prag freien Lauf gelassen. Ich hatte mich von meinen Schulfreunden getrennt, weil ich unbedingt nach Uhren Ausschau halten musste. Du kennst ja meinen Uhrentick. Ich wollte gerade in einen Schmuckladen, als gleichzeitig mit mir auch eine alte Jüdin mit Stern am Oberarm hinein wollte. Höflich trat ich zur Seite, machte ihr die Tür auf und sagte: ›Bitte schön!‹ Die alte Dame reagierte vollkommen verblüfft auf mich in meiner aufgemotzten HJ-Führeruniform.«

Dafür liebe ich dich, mein Bomi.

Ich reiß mich aus meinem Stuhl hoch und eile zu ihm.

Lass dich umarmen!

»Um Gottes willen, nein!« wehrt er ab und drückt sich steif ins Rückenpolster seines Lehnstuhls. »Nie wieder halte ich einer Jüdin die Tür auf.«

Laut jammernd stoppe ich. Beide haben wir die Rührung schnell überwunden.

»Wenn Vati mich mit der Jüdin gesehen hätte!«

Bomi, du hast also sehr wohl Juden mit Stern gesehen.

»Nur, wenn sie mir im Weg standen.« Jetzt lacht er sein bitteres Lachen.

»Toll war ja, als ich aus der Schule im Protektorat zu Weihnachten zu Vati auf die Burg kam und ihm sofort den Wehrpass zeigen musste. Er sah ihn sich an: ›Was!? *Dienstpflichtiger!*‹ Er meinte wohl, ich hätte mich freiwillig gemeldet. Ich war damals schon so groß wie er und gab ihm eine patzige Antwort: ›Ja glaubst du, ich gewinne allein die Kesselschlacht um Krakau?‹

Da hat er gelacht.

Dann entdeckte Vati im Wehrpass unter der Rubrik *Beruf des Vaters: Meister.*

›Was steht da? ›Meister?!‹

Ich hatte bei meiner Musterung in Prag bei der Frage nach dem Beruf des Vaters so genuschelt, dass er statt ›Reichsminister‹ ›Meister‹ verstanden hat.«

Warum hast du nicht »Generalgouverneur« gesagt?

»Vielleicht doch aus dem Unbewussten heraus, dass wir in Polen nichts verloren hatten. Vati jedenfalls schickte sofort jemanden los, der das bei der Kommandantur verbessern lassen musste. Ich glaube, innerlich hat er gelacht.«

In Normans Nachlass finde ich diesen Wehrpass. *Meister* ist durchgestrichen und auf der letzten Seite handschriftlich bestätigt und abgestempelt: *Der Vater ist nicht »Meister«, sondern Reichsminister und Generalgouverneur in Krakau*

Ich glaube eher, dass Vati sauer auf dich war.

»Kann auch sein. Aber Niki, das ist wie ein roter Faden. Vom ›Ministerbankert‹ bei den Bauernbuben zum ›Meister‹ bei der Musterung: Eine direkte Linie. Ich habe gewusst: Alles ist falsch. Ich muss damals gelitten haben. Nie hatte ich einen ehrlichen Besitz. Dann wäre ich vielleicht stolz gewesen. Ich habe die Realität hingenommen.«

Vielleicht ist das der Grund, warum du später nur noch eine Freude hattest: Sparen!

»Ja.«

Es war absurd. Jahrzehnte lang trafen wir uns immer wieder zum Essen in München, und jedes Mal hat er mir, kaum saßen wir, aus seiner verschrumpelten Aktentasche das gelbe Sparbuch von der Stadtsparkasse München hingelegt, um mir stolz zu zeigen, wie viel Geld er seit unserem letzten Treffen dazu gespart hattest.

»Ja. Das gehörte mir.«

Weder je zuvor, noch bis zu seinem Lebensende ein paar Tage später habe ich ihn so zufrieden erlebt wie bei dieser Aussage.

In seinem Nachlass finde ich einen Zettel, auf den er stolz aufgeschrieben hatte.

Mai 95 = 10 967,–
Januar 96 = 29 800,–
Gespart = DM 19167

»Weißt du, Niki, dass ich immer wieder denselben Albtraum habe? Ich verliere meine Aktentasche, und da ist Geld drin. Entsetzlich!«

Woher kommt der Traum?

»Vom Verlust des Schoberhofs.«

Geld und Gold waren ihm wichtig. Eine sentimentale Erinnerung an die mörderisch luxuriöse Zeit der Franks? Allein fünf echt goldene Uhren hat er mir hinterlassen und ebenso viele Ringe, deren Gold er noch beim Juwelier Lindner in Schliersee extra anreichern ließ. Trage ich einen, drückt die sündteure Schwere meinen Ringfinger zur Handfläche hin, als sei er von Geburt an verkrümmt.

Bomi, auch im »Protektorat« wurden die Verhältnisse unfriedlich. Kurz nach eurer Musterung wurde die Schule geschlossen. Aus Tschaslau und

Kostelec in Tschechien habe ich noch Briefe von dir und einen sehr interessanten von Vati an dich. Er schrieb dir am 13. Dezember 1944:

Lieber Norman!
Ich bitte Dich, Deine melancholische Gramversunkenheit, wie Du sie in Deinem letzten Brief demonstrierst, nicht aufrecht zu erhalten. Es geht zwar im Leben nicht immer so, wie man es möchte, aber es kommt darauf an, dass man vor sich besteht. Gefallen hat mir an Deinem Brief, dass Du kein Sonderrecht vor Deinen Kameraden haben möchtest. Aber angesichts der dauernden Trennung unserer Familie, insbesondere durch meine dauernde Abwesenheit, ist ein Sonderfall für uns möglich. Du brauchst Dir infolgedessen keinerlei Gedanken darüber zu machen. Du kannst ruhig darauf vertrauen, dass ich der Letzte wäre, für Dich eine Bevorzugung in Anspruch zu nehmen.

Positiv fällt mir zunächst auf, was für dich spricht…

»Das gefällt mir«, stimmt er ironisch zu.

Dass du zwar zu Vati, aber dabei keine Sonderrolle spielen willst.

»Das war mir immer wichtig: Meine Kameraden! Komisch, ich nannte sie nur Vati gegenüber so, für mich waren es Freunde.«

Dahinter steckte schon der militärische Drive, den sie in euch gepflanzt hatten, als Vorbereitung auf den Heldentod.

»Stimmt. Und was fiel dir negativ auf?«

Dass du mich belogen hast: Vati hat sich sehr wohl um dich gekümmert. Du musst sogar ein echtes Vertrauensverhältnis zu ihm gehabt haben. Du hast ihn von deiner *melancholischen Gramversunkenheit* wissen lassen. Was war da los?

»Weiß ich nicht mehr.«

Denk nach! War es die näher rückende sowjetische Front? War es das ungeklärte Verhältnis der Eltern? Hast du Vati mit deiner berüchtigten Pubertät konfrontiert?

»Lass mich nachdenken. Vati und ich öffneten uns einander, je näher der Untergang rückte. Hitler hatte ihm die Scheidung bis nach dem Krieg verboten, Teile seines Generalgouvernements waren schon besetzt, und ich war von der Familie der Einzige, der zu ihm hielt. Meine melancholische Gramversunkenheit hing wohl mit Sigrids Selbstmordversuch zusammen.«

Warum wollte Sigrid ihr Leben wegwerfen?

»Sigrid hatte sich in Leutnant Jänsch verliebt. Nach seinem Besuch bei ihr auf dem Schoberhof hat ihm der Hansi im Zug zwischen Schliersee und München aufgelauert und ihm gesagt, dass er schon mit Sigrid geschlafen habe. Daraufhin hat Jänsch von der anstehenden Verlobung Abstand genommen und sich an die Front versetzen lassen. Kurz darauf ist er gefallen. Armer Kerl. Ernst-Gustav hat er geheißen.«

Wie hat Sigrid versucht, sich das Leben zu nehmen?

»Mit Tabletten. Ich glaube, Mutti hat sie gefunden und danach Vati einen Riesenkrach geschlagen: Mutti deutete Sigrids Selbstmordversuch geschickt als Folge von Vatis Scheidungsbegehren um. Das hat mich damals alles sehr mitgenommen.«

Was für eine glückliche Familie: Weil der Vater ein verbrecherisches Leben führte, wird sein ältester Sohn zum Alkoholiker, der zweite Sohn säuft sich verzweifelt mit bis zu dreizehn Litern Milch pro Tag in den frühen Tod, die älteste Tochter greift in ihrer Jugend zu Tabletten und danach Jahrzehnte lang zu Valium, die zweite Tochter schafft ihren Lebensabtritt mit Schlaftabletten und ich krakeele hilflos nach draußen. Bomi, der Preis für ein paar Jahre mit Personal war brutal hoch.

»Ja, ja, Niki, gleich's Bluat rinnt allweil z'amm, sagt der Bayer.«

Für die wachsende Nähe zwischen Vati und dir zeugt auch Vatis Brief an Mutti vom 15. November 1944: *Norman ist noch hier und fährt morgen in seine Schule nach Böhmen. Wir haben viele schöne Stunden zusammen verbracht. Er hat auch einen Anzug, Schuhe und einen Hut bekommen und sieht nun richtig wie ein junger, großer, stattlicher Herr aus.*

»Siehste «, spottet Norman.

Aus Vatis Brief sprechen Liebe und Stolz.

Norman nickt stumm.

Kannst du dich an die vielen schönen Stunden erinnern?

»Er lügt.«

Jetzt schaut er ganz traurig

Mach nicht auf traurig. Du schreibst an Mutti Anfang Dezember 1944:

Die letzten Tage in Krakau waren furchtbar nett. Ich saß sehr oft mit Vati vor dem brennenden Kamin im roten Salon. Er war sehr nett aufgelegt. Ich habe mit ihm manche schöne Zigarre geraucht, wobei ich mich natürlich sehr gefühlt habe. Wir haben uns beide nur sehr schwer getrennt.

»Eigentlich bin ich dir dankbar, Niki, dass du unsere Vergangenheiten so gesammelt und parat hast. Obwohl es oft schmerzt.«

Verschrumpelte Erinnerungen, die man damit revidieren kann, meinst du wohl.

Anfang Dezember 1944 schriebst du an Mutti: *Schon in drei Wochen bin ich mit Vati wieder am Schoberhof. Ich freue mich schon mächtig darauf. Ganz besonders schwer fiel mir natürlich der Abschied von meiner geliebten Burg. Ob ich das gute Stück noch jemals sehen werde? Ich hoffe schwer.*

Von Weihnachten verspreche ich mir sehr viel. Ich wünsche mir: ein Fahrrad, einen Fußball, eine Eishockeyausrüstung, ein Indianerzelt, viele Süßigkeiten und natürlich Bücher. Das wären bis jetzt alle meine Wünsche.

Da brennt die Welt und du?

»Wir hatten doch alles. Warum sollte ich da auf arm machen. Mutti hat immer gerne geschenkt. Dabei habe ich gar nix bekommen, weil ich ja mit Vati Weihnachten in Kressendorf war.«

Genau, das schriebst du an Mutti am 22. Dezember 1944: *Leider kann ich mit Vati diesmal zu Weihnachten nicht bei euch am Schoberhof sein. Im Frieden, der ja nicht mehr weit ist, werden wir all das Versäumte nachholen. Vom Führer ist ein Paket mit Kaffee für Vater und Sohn angekommen, damit ihr Kummer nicht gar so groß ist.*

Der gute Führer! Ob er in der Wolfsschanze das Päckchen selbst gepackt hat?

Norman geht sofort darauf ein, macht Hitler nach: »Borrmann, für meinen lieben Popanz Frank, der mehrmals seinen Rücktritt angeboten hat, aber zu gerne als König von Polen in Krakau weiter macht, den echten Bohnenkaffee! Hat er verdient, der Schwachkopf.«

Du redest ja plötzlich wie ich über Vati!

»Nein, ich hab nur Hitlers Meinung über Vati in Worte gefasst.«

Du weißt schon, dass du als einziger von der Familie mit Vati dessen letztes Weihnachten in Freiheit gefeiert hast?

»Ja. Es war mein letztes Weihnachtsfest mit ihm.« Er wird stumm.

Jetzt reißt's dich, Bruderherz?

Er fegt mir einen Blick hin, unter dem ich mich wie Vati unter Muttis duckte.

»Vierzehn Tage zuvor hatte mich Vati in der Schule angerufen: ›Normi, mein Junge, willst du mit mir Weihnachten in Kressendorf feiern? Ich kann nicht zum Schoberhof kommen. Ich schicke einen Wagen.‹

Normalerweise nannte mich Vati ›Normi, mein Junge‹. Ich war sofort einverstanden. Ich wurde abgeholt. Vom Krakau aus sind wir dann im gepanzerten Mercedes nach Kressendorf gefahren. Wir feierten mit ungefähr zehn Personen. Bei der Bescherung zeigte mir Vati ein Buch mit bayerischen ›Schnadehüpferln‹: ›Schau mal, Norman, was als Widmung drin steht.‹

Ich las:

›Mir von mir!
Weihnachten 1944
Hans‹

So lustig war er! Dabei hatten die Russen schon Teile seines Reichs besetzt. Verrückt.«

Jetzt holt er eines der riesigen Taschentücher hervor, Tempos hat er zeitlebens abgelehnt, schnäuzt sich ausgiebig. Wenn's nicht so geschehen wäre, wär's der reine Kitsch an dieser Stelle.

Was gab's zu essen?

»Zu essen gab's vermutlich eine Gans, was weiß ich, Essen hat mich nie interessiert. Schreib: 'ne Gans!«

Wieder schweigt er.

Norman, noch mal Schnäuzen gilt nicht. Du musst da durch.

Er lächelt. »Vati rauchte wie üblich Zigarren, ich Zigaretten. Da gab's keinen Unterschied zwischen Erwachsenen und mir 16 Jährigem. Vati hat mich nie ermahnt, nicht zu rauchen. Im Gegenteil, er bot mir Zigarren an. Auch Rotwein. Vati hat gerne Rotwein getrunken. Und mich dazu animiert. Mit einem Wort: Er wollte mich erwachsen sehen. Nach dem Essen bat er mich in den kleinen Raum neben dem Speisesaal. Vermutlich, weil er etwas loswerden wollte. Wir saßen uns gegenüber. Vati war niedergeschlagen, in einer sehr dunklen Stimmung. Er saß nach vorne gebeugt und hielt sich manchmal mit einer Hand oder beiden den Kopf. ›Norman‹, sagte er plötzlich, ›ich fühle mich wie ein 70 Jähriger.‹

Ich war überrascht. Er wollte mir sicher mehr sagen. Er hatte mich ja nicht umsonst nach nebenan gebeten. Ich antwortete irgendetwas Blödes, und er stoppte. Er hat es nie wieder versucht. Nie mehr. Auch nicht im Schoberhof, als er das Generalgouvernement schon verloren hatte und nach Bayern geflohen war. Solche Bilder vergisst man nicht. Da saß unser Vater und war ganz erschöpft. Toll. Das hat mich tief bewegt. Wenn ich Richtiges geantwortet hätte, hätte er mir mehr erzählt.«

Er schüttelt den Kopf, schaufelt sich den Ausweg: »Im Grunde, da bin ich mir sicher: Selbst mir gegenüber hätte unser Gespräch mit solchen Sätzen geendet wie: ›Aber wir werden siegen!‹ Ich habe also nichts verpasst.«

Er macht eine lange Pause, saugt an seiner Zigarette, schaut aus dem Fenster. »Heute würde ich diese Szene so einschätzen: Ich habe versagt. Ein ganz blöder Fehler. Den bereue ich ein Leben lang. Das Gespräch wäre sehr wichtig und interessant gewesen, selbst wenn es mit Großdeutschen Siegesfloskeln geendet hätte. Aber da kam wieder meine Rammdösigkeit durch. Was mir erst jetzt auffällt: Nicht einmal Weihnachten 1944 hat Vati davon gesprochen, dass wir Polen verlassen müssen. Ich glaube, dass er genau so dachte, wie er es dir geschrieben hat, damals: ›Wir hauen den Russen eins auf die Mütze!‹«

Im Brief an Vati vom 19. August 1946 ins Gefängnis schilderst du diese Szene ein bisschen anders: *Mir gegenüber hast Du nur ganz selten etwas offenbart, aber das Wenige ist lebendig in mir und dichtet sich immer mehr zu einem festen Bild. Es war zum Beispiel in Kressendorf: Wir saßen oben in Muttis Salon. Plötzlich sagtest Du: »Norman, ich fühle mich wie 70!« Ich sagte daraufhin, Du seist ja doch noch so jung mit Deinen 44 Jahren. Und Du: »Ich habe aber mehr erlebt als einer mit 70 Jahren!« Du sprachst dann noch von Deinem tiefen, lebendigen Wunsch, Dich ganz der Wissenschaft widmen zu dürfen. Ich verstand das bis zu einem gewissen Grade. Nur habe ich die Ursache nicht erkennen können.*

Du hast noch viel mehr Bemerkungen gemacht, gerade über Deinen Kampf, über das 3. Reich, aber ich will sie hier nicht schreiben. Du und ich, wir wissen sie, und die anderen sollen nicht denken, dass ich sie nur für sie schreibe. Sie sollen die Wahrheit selbst suchen!

Und genau über deinen letzten Satz hat der Zensor, für den er ja gedacht war, seinen Stempel *CENSORED & PASSED* gedrückt. Der Mann hatte Sinn für Humor.

Norman lächelt: »Kleine Erinnerungslücken seien mir gestattet. Was aber in diesem Fall wichtig ist: Das Gespräch war verlogen. Sonst hätte ich nicht lebenslang dieses Gefühl mit mir herum geschleppt, versagt zu haben. Nicht das Richtige geantwortet zu haben.«

Das ist nachvollziehbar. Im Gegensatz zu dir hatte ich nicht einmal diese Chance, überhaupt mit ihm zu sprechen.

»Jedenfalls saß Vati nach unserem Gespräch, das keines war, mit ungefähr acht Leuten zusammen, und es wurde tatsächlich ernsthaft debattiert, ob man nicht mit den Russen einen Sonderfrieden abschließen könnte. Das hat mich verwundert, weshalb ich es mir auch gemerkt habe.«

Noch am 29. Dezember 1944, zwei Wochen vor seiner Flucht aus Krakau, schrieb unser Vater siegessicher an Landgerichtsrat Max Dorn, seinen alten Freund: *Es ist für mich jetzt zu wichtig, hier zu bleiben in diesen spannungsreichen Kriegsgeschehnissen. Vor allem möchte ich dabei sein, wenn wir die Russen vor Krakau auf die Schädel hauen, haben wir doch ein ganz ungeheures Stellungsnetz ausgebaut, dessen Bewährung ich persönlich erleben möchte. An Weihnachten habe ich mir meinen Sohn Norman kommen lassen, und wir haben zusammen in Kressendorf das heilige Fest gefeiert.*

»Siehst du«, sagt Norman, »da rutscht er schon los in Richtung Kirche! Das *heilige Fest!* Pah!«

Wie Recht du hast, Norman, sage ich und lese weiter: *Mein Haus in der Pienzenauerstraße ist nun auch hin, wenn auch die Gegenstände gerettet worden sind. Unter geradezu wundersamen Umständen wurden die beiden heiligen Figuren aus dem Erdgeschoss geborgen. Das Kruzifix befindet sich nun am Schoberhof, der heilige Johannes, der bei der Verteidigung des Hauses einen Fuß geopfert hat, wird demnächst in ehrenvollem Zug gleichfalls dorthin gebracht werden. Ja, es gibt vieles Unerklärliches auf dieser Welt, z. B. dieser Krieg.*

»Ist das nicht interessant: Erst der bittere Witz über den Verlust des heiligen Fußes, dann seine aufblitzende Angst im letzten Satz. Ja, Niki, er tut mir leid. Sein Hirn muss wie verrückt gezuckt haben.« Norman nimmt einen Schluck Schnaps. Isst dazu zwei Trüffel vom Café Mesner, die ich ihm beinahe täglich bringe.

Es ist strikt verboten, Leichenteile zu entfernen. Stell dir vor, jemand zieht mit deiner Leber ab und brennt den letzten Schnaps aus dir!

Das Präparat wird der Mensch in der Präparations-Anleitung genannt. Das nenne ich Abstieg. Dem Gläubigen fällt natürlich sofort ein: Für Gott sind alle Menschen Präparate. Er besichtigt seine Werkstücke. Ich weiß, dass du gläubig bist.

Nehmen wir Normans Verdrängungskunst als neurophysiologischen Vorgang: Wohin ins Hirn verdrängt er? Wenn er zum Beispiel in Krakau gesehen hat, wie neben seiner Schule Juden ausgepeitscht und geschlagen wurden, er das aber als Sohn des Generalgouverneurs nicht wahrhaben will: Was passiert da in seinem Hirn, dass er später auch unter drängender Befragung dabei bleibt: »Ich habe solche Szenen nicht gesehen.«?

»GEPEITSCHTE JUDEN GEHEN IN DEN CORTEX«

Nachdem ich meine Erinnerungen an Norman, meine Notizen, Tonband-, Laptop- und Interviewaufzeichnungen zu Papier gebracht hatte, suchte ich nach einem Menschen, der mir das rätselhafte schwankende Verhalten meines Bruders begreiflich machen könnte. Ein Hirnforscher schien mir die beste Wahl zu sein. Also begab ich mich im Dezember 2011 zu Professor Dr. Alexander Baethmann, Emeritus, 72, der als jahrelanger kommissarischer Leiter des berühmten *Walter-Brendel-Zentrum für experimentelle Chirurgie der Münchener Universität* noch immer weltweiten Ruf genießt.

Herr Professor, was passiert eigentlich im Hirn, wenn es verdrängt?

»Nicht leicht zu sagen«, beantwortet der Träger der »Otfried-Foerster-Medaille«, die von der deutschen Gesellschaft für Neurochirurgie verliehen wird, meine Frage. »Erinnerung ist ja die kognitive Leistung überhaupt. Sie vor allem zeichnet den Menschen aus. Verdrängen ist eine bewusste Ausblendung. Was dabei im Gehirn passiert, weiß man nicht genau.«

Wären wir Deutschen mit unserer jüngsten verbrecherischen Vergangenheit nicht prädestiniert, um in einem großen Feldversuch dieses Rätsel wissenschaftlich zu lösen?

»Vielleicht«, weist mich der vielfach Ausgezeichnete ab, »es gibt jedoch meines Wissens kein speziell strukturiertes deutsches Gehirn.«

Mein Bruder, der sein Leben mit Verdrängen zugebracht hat, behauptete mir gegenüber mehrmals: »Ich habe von mir nie den Eindruck gehabt, dass ich etwas mit mir herum trage. Ich war immer mit mir im Reinen.«

»Das mag er subjektiv so gefühlt haben«, meint der Wissenschaftler, »doch objektiv mag es genau anders herum gewesen sein: Er mag von seinem Vater her schwerst traumatisiert gewesen sein. Traumata kommen aus der Erinnerung. Erinnerungen werden zunächst durch die sensorische Aufnahme gebildet.«

Die bildete sich, als Norman sah, wie wir Deutschen Juden auspeitschten, polnische Geiseln in Krakaus Straßen erschossen oder sie rund um Krakau von Telefonmasten baumeln ließen?

»Zum Beispiel. Je öfter sich dieser Vorgang vor seinen Augen wiederholte, desto genauer hat sein Hirn diese Vorgänge gespeichert. Das Bild der gepeitschten Juden geht in den Cortex, wird nach dem Passieren weiterer Zentren in der occipitalen Hirnrinde, also der Sehrinde, abgespeichert. Der Impuls für die damit verbundene Erinnerung landet zunächst im Hippocampus. Er ist für die Erzeugung von Erinnerungen unglaublich wichtig. Um sie zu aktivieren, bedarf es als wichtigstem Überträger der Aminosäure Glutamat. Sie ist in der Nervenzelle, besonders in ihren Enden, den Synapsen, in hoher Konzentration vorhanden. Diese Aminosäure ist allerdings extrem giftig, wenn sie sich nach ihrer Freisetzung zur Impulsübertragung im Extrazellulärraum für längere Zeit anreichert. Eine absolute Killersubstanz!«

Mein Bruder hatte also wie das deutsche Volk nach 1945 durch zu viel Glutamat ein vergiftetes Hirn?

»Nein, nein!« weist er meine Hoffnung auf Lösung des weit über Norman hinaus gehenden Problems zurück, wie ein veritables altes Kulturvolk zu einem veritablen Volk von Mördern pervertieren und seine entsetzlichen Untaten ab dem 8. Mai 1945 überaus erfolgreich verdrängen konnte.

Unser Vater Hans Frank hätte also vor dem Gericht in Nürnberg treuherzig behaupten können: »Ich war's nicht, es war das verfluchte Glutamat!«

Professor Baethmann schenkt mir ein mitleidiges Lächeln und fährt in seinem Privatissimum fort: »Jede einzelne Zelle enthält Riesenmengen Glutamat. Die Zelle stellt es dann für ihre Synapsen, also Kontakte, bereit. Diese Weitergabe geschieht durch nur ganz kurz geöffnete Kanäle von Zelle zu Zelle. Gleichzeitig werden weitere Kanäle ganz kurzfristig geöffnet, durch die Kalziumionen in die Zelle eindringen können. Das ist eine Sache von Millisekunden.«

Die gepeitschten Juden wurden also 1943 in Krakau vor der Deutschen Oberschule per Glutamat und Kalzium in Millisekunden durch Normans

Gehirnzellen gejagt – um sich dann boshafter Weise irgendwo in seinem Gehirn festzukrallen?

Der Professor wiegt bedenklich sein noch immer prallhaariges Haupt: »Wenn Sie meinen, es so formulieren zu müssen. Entscheidend ist jedenfalls die psychische Verarbeitung. Wer gepeitschte Juden nicht verarbeiten kann, leidet früher oder später unter einer posttraumatischen Belastungsstörung. Auch diese Menschen müssen zunächst keine Probleme haben, zum Beispiel, wenn sie der Alltag, der Beruf, die Ehe, Kinder, Hobbys umhüllen. Doch wenn von irgendwoher ein winziges Detail auftaucht, meinetwegen das Hantieren eines Jockeys mit der Peitsche, schon wird der Jude vor seinen Augen wieder ausgepeitscht. Die Peitsche des Jockeys aktiviert nämlich in Ihrem Bruder das limbische System als zentrales Organ des Gehirns. Es ist für alle Gefühle einschließlich Angst, seelischem Schmerz und Wut verantwortlich. Menschen, denen es nicht gelingt, dieses Bild der ausgepeitschten Juden in ihrem Gehirn zu unterdrücken, leiden an der erwähnten posttraumatischen Belastungsstörung.«

Die mein Bruder durch Schnaps, Wein, Bier und seine vermaledeite Paprikawurst beseitigen wollte?

»Bei Ihrem Bruder war es Alkohol, sicher nicht Paprikawurst.«

Haben Sie eine Ahnung, womit alles er seine gepeitschten Juden bekämpfte!

»Alkohol ist ein hoch wirksames Antidepressivum. ›Wer Sorgen hat, hat auch Likör‹! Alkohol dämpft die depressiv machenden, die schockartig aufblitzenden Erinnerungen. Dafür ist eine Schar von Überträgerstoffen zuständig. Die Gamma-Aminobuttersäure spielt dabei als Überträgersubstanz eine besonders wichtige Rolle: Sie kann jene Nervenzellen, beziehungsweise Gehirnzentren, die Ihren Bruder depressiv machten, blockieren, zumindest aber dämpfen.«

Norman, anatomiezerfieselter, wundern tät's mich nicht, wenn die Studenten schreiend davon laufen, weil nach dem ersten Skalpellschnitt aus deinem Cortex Hunderte ausgemergelter Juden purzeln, direkt hinter ihnen ebenso winzige, Peitschen schwingende Deutsche. Sie rasen über deinen aufgebrochenen Torso hinweg, hinab auf den frisch gebohnerten

Boden, vorbei an den weißen Leicheneimern, durch die große Doppeltür des denkmalgeschützten Anatomiesaals und hinaus auf die Pettenkoferstraße. Dort entern Verfolgte wie Verfolger per Anus blitzschnell deutsche Passanten, hetzen in ihre Gehirne hoch und zwingen sie, sich ab sofort an Feigheiten und Verbrechen ihrer Groß- und Urgroßeltern zu erinnern, die sie bisher als nervende Mähr aus fremder Zeit abzutun pflegten.

Ich konzentriere mich wieder auf Professor Baethmann: »Der Abruf von Erinnerung ist wie beim Computer durch ein Programm geregelt, mit Inhaltsverzeichnis und so weiter. Der Mechanismus des Zugriffs auf Erinnerungsbits, die überall verteilt sind, findet in der Rinde statt. Wie das Abtasten einer Riesenfestplatte, bis die richtige Stelle gefunden ist. Das genau wollte Ihr Bruder verhindern. Also hat seine Psyche ein System aufgebaut, um diesen Zugriff zu vermeiden. Ihre Hartnäckigkeit, dieses System aufzubrechen, hat ihm sicher größte Schmerzen zugefügt. Musste das sein?«

Ja, Herr Professor.

»Und was hatten Sie davon?«

Ich wollte wenigstens mit meinem letzten lebenden Geschwister ehrlich reden.

»Ist es Ihnen gelungen?«

Teil, teils.

»Waren Sie selbst ehrlich?«

Teil, teils.

»Die bewusste angestrengte Vermeidung der Erinnerung an diese traumatischen Erlebnisse, ihre Speicherung in der Sehrinde«, so Professor Baethmann weiter, aber ich höre ihn nur noch in der Ferne, denn ja, dort, Norman, in dieser vermaledeiten Sehrinde, hast du auch das Bild von Mutti geparkt, die sich dir nackt zeigte. Oder Vatis Forderung vor Freisler, dein Hosentürl zu öffnen. Diese Erinnerungsbits nicht aufzurufen, hast du dein Leben verplempert, anstatt dich aus dem Zwiespalt zwischen deiner Liebe zum Vater und seinem Leben als Verbrecher zu befreien. So gesehen, bist du nie über dein 19. Lebensjahr hinausgekommen, das Jahr, in dem Vati gehenkt wurde. Gestorben bist du als 80 Jähriger Grünschnabel. Auch dir hätte man auf den Grabstein meißeln sollen: »Ich habe nichts kapiert«

Ein Medizinerwitz gefällig, Bomi? Er passt dazu! Verabschieden sich nach einem fröhlichen Umtrunk vier Fachärzte voneinander. Sagt der Augenarzt: »Man sieht sich!« Der Ohrenarzt: »Wir hören voneinander!« Der Urologe: »Ich verpiss mich!« Und der Gynäkologe: »Ich schau mal wieder rein!« Hätte dir gefallen.

Du bist schon vor Vati aus Krakau geflohen, kamst Anfang Januar per Zug zum Schoberhof. Ein kleiner Gesamtblick, Herr Norman Frank, auf Ihre Zeit im Generalgouvernement?

»Ich habe kein schlechtes Gewissen, kein Schuldgefühl, dass es mir in Krakau und Kressendorf so gut gegangen ist. Schuldgefühle habe ich nur, dass ich mit 80 hier sitze, während Millionen schon längst tot sind. Ich meine nicht nur die Opfer, sondern all die Soldaten, die so jung sterben mussten.«

SPIEGEL
Schamloses Oval!
Nicht dienst du der Freude,
zeigst höhnisch nur Qual!

Ich nehme diesen Dreizeiler aus einem Schreibheft in schwarzem Einband, das ich nach deinem Tod in deinem Schlafzimmer, versteckt unter Pullovern, gefunden habe. Es ist vollgeschrieben mit Gedichten, Sinnsprüchen, Reflektionen. So, als ob du dich nur in diesem schwarzen Heft trautest, deiner Qual Ausdruck zu verleihen.

Norman, wie hast du den Verlust ›unseres schönen Generalgouvernement‹ erlebt?

»Am Tag nach Weihnachten fuhren Vati und ich zurück nach Krakau.«

Wart ihr traurig? Oder siegesgewiss wegen der Wunderwaffen?

»Schmarrn!«

Und Vati, neben dir sitzend, nervös?

»Er las in seinen bayerischen Schnadehüpferln und hat immer wieder gelacht.«

War der irre?

»Ein bisschen vielleicht. War schon wunderbar: Vor uns SS, hinter uns SS, schwer bewacht fuhren wir die Strecke von Kressendorf auf die Burg. Und sicher wurde alles haarklein Vatis Todfeind Himmler gemeldet: *Streng geheim. Reichsführer! Popanz Frank liest im Endkampf rücksichtslos bayerische Schnadehüpferln!*«

Hat er dir welche vorgelesen?

»Nein. Ich fuhr dann am 27. oder 28. Dezember mit dem Zug nach Schliersee. Erster Klasse. In meinem Abteil saßen Offiziere. Furchtbar nette Kerle. Die sprachen auch über die kommende Niederlage. Keiner glaubte mehr an den Endsieg. Der Zug fuhr von Krakau nachts weg. An Auschwitz vorbei über Dresden, Hof, München. Vatis Adjutant Eisenlohr hat mich in Unterföhring mit dem Auto abgeholt, weil der Zug wegen eines Bombenalarms nicht bis zum Hauptbahnhof fahren durfte.«

Wie waren deine Gefühle? Wusstest du, dass du die Krakauer Burg und dein schönes Erkerzimmer nie wiedersehen würdest? Nie mehr an den Mauern der polnischen Königsburg leere Flaschen zerschellen lassen dürfen?

Er denkt lange nach.

»Ich glaube schon. Aufgefallen sind mir bei der Fahrt durch München die Spruchbänder an den Ruinen: ›Unsere Mauern brechen, unsere Herzen nicht‹, ›Räder müssen rollen für den Sieg‹, ›Achtung, Feind hört mit‹. Verrückt!«

Bei der Ankunft auf dem Schoberhof hast du dann erst Mutti, dann meine Geschwister, zuletzt mich mit Küssen der Wiedersehensfreude überschüttet. Noch heute brennt dein Kuss auf meinen Lippen.

»Den Deibel hab ich getan!«

Hast du selbst deinen Hund Tommy aus Krakau mitgebracht oder wurde er als Kurierpost nach Bayern geschickt?

»Selbstverständlich hatte ich ihn im Zug dabei. Deswegen kam ich ja mit den Offizieren sofort ins Gespräch. Wenn alle Juden Hunde gehabt hätten, wären wir vielleicht auch mit denen ins Gespräch gekommen und hätten sie nicht vergasen müssen.«

Er duckt sich zu spät unter einer Handvoll kleiner Marzipanbrote von

Niederegger, die ich blitzschnell aus der Glasschüssel greife und ihm ins Gesicht schleudere.

»Niki, Dummkopf, merke: Das Bittere ist Zwilling der Wahrheit.«

Vati hat am 17. Januar bei strahlender Sonne Krakau verlassen, zusammen mit fünf Lastwagen voller Kunst. Die Kolonne aus Trucks und PKWs fuhr bis ins Schloss Seichau, woselbst es dann zuging wie bei Nibelungens an Etzels Hof in der brennenden Halle vor dem Untergang: Vati und die Seinen soffen, fraßen und hinterließen einen so entsetzlichen Saustall bei ihrer Weiterfahrt nach zehn Tagen, dass es Lammers in Hitlers Reichskanzlei zu einem bösen Brief an Vati trieb, in dem er Aufklärung verlangte.

»Niki, ich verstehe nicht, warum sich Vati so verhalten hat. Er muss sehr verzweifelt gewesen sein.«

Soff er so wie du, um zu verdrängen? Er sein herrliches Generalgouvernement, Du ihn?

»Quatsch.«

Was weißt du noch aus der Zeit von Januar 1945 bis zu Vatis Verhaftung am 4. Mai?

»Vati lebte nicht mit uns. Er schaute nur manchmal bei uns vorbei. Die Ehe war nach wie vor zerstört. Er saß und schlief in seiner ›Außenstelle Generalgouvernement‹ im Josefstal oder besuchte seine geliebte Lilli.«

Bitter für dich?

Er zuckt nur mit den Schultern.

»Er hat mich geohrfeigt.«

Was?

»Ich hatte sein Fahrrad genommen. Es war kurz vor Kriegsende, so Ende April. Als ich vom Radeln zurückkam, stand er wütend in seiner Trachtenjoppe auf dem Hof und gab mir eine Ohrfeige.«

Stark?

»Mittelstark. Er schwang sich aufs Rad und strampelte los. Sicher zu seiner Lilli. Ich war ihm nicht böse, und ihm tat es später sicher leid. Denke ich mal.«

Zwei Monate vor deinem 17. Geburtstag schlägt er dich ins Gesicht! Unmöglich!

»Niki, du musst ihn verstehen. Die Amis waren schon ganz nah. Er wusste nicht wohin. Mit Lilli verlebte er lauter letzte Liebesstunden. Das greift an.«

Deswegen greift er an!

»Wenn du es so siehst. Ich betrachte die Ohrfeige von seinem furchtbaren Ende her. Dann kann ich sie ertragen.«

Hatten wir ohne Vati ein Familienleben?

»Ich weiß noch, als das erste unabhängige Radio zu hören war, ich glaube von der ›Aktion Freies Bayern‹. Vati hat zugehört und ganz begeistert ausgerufen: ›Das ist ja genau das, was ich immer gefordert habe!‹ Mein Gott, wie hat er sich getäuscht! Und Mutti konnte die Ankunft der Amis gar nicht erwarten. Wir waren alle ohne Hirn.«

Mutti ohne jedes Schuldgefühl? Ohne Angst?

»Ja. Kurz bevor die Amis ankamen, holte sie Frauen zusammen, und alle nähten fröhlich weiße Kapitulationsfahnen.«

Flatterte noch die Hakenkreuzfahne?

»Natürlich. Aber nur an Hitlers Geburtstag! Als Hitler Tod im Rundfunk gemeldet wurde, hätte beinahe auch Mutti ihr Leben verloren. Es hatten sich ja vor Kriegsende viele versprengte SS-Soldaten auf dem Schoberhof versammelt, die wollten dann weiter zur ›Alpenfestung‹ nach Österreich. Sie brachten immer Knochen und Fleisch, und Mutti kochte für sie ihre berühmten Suppen. Als sie am 30. April von Hitlers Tod im Radio hörte, sagte sie zu einem SS Offizier: ›Hitler ist tot!‹ Darauf schrie sie der an: ›Der Führer wird nie sterben! Ich könnte sie auf der Stelle erschießen!‹ Mutti hatte ihr Leben riskiert.«

Weil Hitler Dönitz zu seinem Nachfolger bestimmt hatte, vereidigte Vati doch tatsächlich seine letzten Getreuen auf den neuen Führer.

»Was für eine Szene! Filmreif! Vor diesem lächerlichen ›Haus Bergfrieden‹ im Josefstal, gegenüber der kleinen Kapelle! Sicher schworen sie auf die Hakenkreuzfahne. Der Herrgott und die Bauern haben grinsend zugeschaut. Ach, ja«, beseufzt er Vatis dunkle Stunde.

Es fielen keine Bomben auf Schliersee. Die oberbayerische Idylle war intakt.

»Ja. Nur in der roten Spiegelung im Schliersee sah ich das brennende München. Die armen Münchener.«

Bomi, noch nie habe ich mich so auf den Besuch bei dir vorbereitet wie dieses Mal.

»Wird's noch schlimmer?«

Das hängt von deinem Willen zur Wahrheitsfindung ab. Ich habe im Bundesarchiv Vatis Korrespondenz in der ›Außenstelle Generalgouvernement‹ von Februar bis zu seiner Verhaftung im Mai 1945 kopieren lassen. Einen winzigen Teil davon habe ich mitgebracht. Insgesamt schuldest du mir fürs Kopieren 212 Euro.

»Nix da! Ich halt mein Geld zusammen. Ich zahle doch nicht für das, was mich sicher wieder aufregt. Komm, ich zeig dir mein Sparbuch.«

Nix da, du Geizkragen.

Wir lachen.

»Also, fang schon an! Sicher hat sich Vati bis zu seiner Verhaftung unmöglich benommen.«

Würde ich nicht sagen. Es ist jene Zeit, in der ich ihm beim Lesen der Briefe von diesen verdammten Gefühlen her ziemlich nahe bin.

»Schau an, der Vatihasser kuschelt sich plötzlich als liebende Laus in seinen Pelz!«

Also, Bomi, das Jahr 1945 fing schon absurd an. Mutti schreibt Vati am 1. Januar 1945 noch nach Krakau diesen hoch politischen Brief: *Ich hatte Dir wirklich gute Sahnebonbons selbst gemacht, die dann nach und nach gegessen wurden. Heute versuchte ich es nun von neuem, und ich ärgere mich sehr, dass sie nichts geworden sind. Dennoch schicke ich sie Dir mit.*

»Auch Mutti war verrückt!« lacht Norman. »Da stehen die Amis schon im Westen Deutschlands, die Russen in Polen, und unsere Mutter schickt Sahnebonbons ins judenfreie Krakau!« Jetzt wird er bitter: »Sie hätte ihm 'ne weiße Fahne zur Kapitulation schicken sollen!«

Oder einen Revolver zum Selbstmord.

»Aber vorher hätte er noch ein Testament zu unseren Gunsten aufsetzen müssen! *Hiermit vermache ich die Krakauer Burg meinem geliebten ältesten Sohn Norman.*«

Und Leonardo da Vincis Gemälde »Die Dame mit dem Hermelin« vermache ich meinem jüngsten Sohn Niklas, der hoffentlich eines Tages Kardinal wird, bringe ich mich ins gedachte Testament ein.

»Wir haben viele schöne Stunden verbracht. Norman hat einen Anzug, Schuhe und einen Hut bekommen und sieht nun wie ein junger, großer, stattlicher Herr aus.« Norman und Brigitte Frank in Hof der Krakauer Burg, Sommer 1944.

»Ja«, sagt Norman, »das muss man sich auch mal vorstellen: Da wirst du im März 1939 geboren, das Regime ist übermächtig, und unser Vater Reichsminister beugt sich über deine Wiege und seufzt voller Glück: ›Das wird eines Tages unser Kardinal!‹ Und was biste geworden? Ein die Familienehre beschmutzender Schreiberling!« Er lacht zur Versöhnung, aber wir wissen beide, dass er das ganz hinten in seinem Hirnkastl genau so denkt.

Er hatte bei meiner Geburt wohl noch keinen Verdacht geschöpft, dass ich nicht sein Sohn bin, sondern der von Gouverneur Lasch.

»Ja, Niki, du hast als Kind Pech gehabt und Mitleid verdient. Als Erwachsener hast du dir letzteres verscherzt.«

Norman, am 28.Januar 1945 schreibt ihm eine Gerda Pelz aus Unglinghausen in Westfalen:

Sehr geehrter Herr Generalgouverneur.
Als wir von Krakau abrückten, ging ich zuletzt noch einmal durch die Setzerei. Da sah ich die Fahnen des Auszugs von Ihrem Dirigenten Artikel am Spieß hängen und nahm sie mit. Hinein gestopft in meine Handtasche überlebten sie den langen Rückzug, allerdings wurden sie arg zerknüllt. Trotzdem möchte ich Ihnen diesen »letzten Gruß« der Krakauer Zeit heute schicken. Vielleicht freuen Sie sich nachträglich doch noch ein wenig darüber, dass der Essay (wenigstens zum Teil) wirklich gesetzt war, und der Veröffentlichung harrte. Wann wird die so inhaltreiche und anregende Zeit von Krakau wieder aufleben? Jeder Wehrmachtsbericht bringt große Sorgen. Ich wünsche Ihnen alles Gute und viel segensreiches Wirken weiterhin!
Gerda Pelz

»Den Dirigenten Artikel würde ich gerne lesen!« sagt Norman. »Gebildet war er ja schon, unser Vater! Und seine Untergebenen haben ihn geliebt.«

Das mag ja sein, Norman, aber *segensreiches Wirken?* Gerda Pelz hat doch auch auf den Straßen wahllose Erschießungen polnischer Geiseln gesehen und von der Vernichtung der Juden gehört!

»Sie war eben auch verrückt.«

Jetzt höre, was ihr Vati von seiner *Außenstelle Generalgouvernement* am 7. März 1945 geantwortet hat: *Auch ich denke viel an das Generalgouvernement zurück, an das schöne glühende Krakau und glaube, dass alle, die dort in unserer Gemeinschaft innerlich Anteil hatten, für ihr ganzes Leben einen starken, fruchtbaren Aufblick erhalten haben. Ich bin hier auf einige Zeit, um in einem Ausweichquartier alles zu liquidieren, aufzulösen, nach Hause zu schicken, die Männer dem Militär oder dem Volkssturm zur Verfügung zu stellen, abzurechnen usw. usw. Wenn die Zeit vorüber ist, dann hoffe ich, dass ich mich bei der Wehrmacht als überalterter Leutnant betätigen kann.*

Ich möchte diese Gelegenheit benutzen, um Ihnen zu danken für Ihre jahrelange hervorragende, geistig-führende und schöpferisch fruchtbare kulturelle Arbeit im Generalgouvernement. Auch Sie haben eine der deutschen Lebenswurzeln im Osten in die dortige Erde versenkt, die, wenn es ein seltenes Geschick vielleicht will, dereinst nach dem Ende des jetzigen russischen Schicksalswinters über Polen bei einem neuen deutschen Frühling in naher oder ferner Zeit wieder neu wachsen wird.

»Traurig. Einfach nur traurig. Dieses schwülstige Deutsch. Ich glaube, Niki, auch der Schaum seiner Sprache sollte die Wirklichkeit überkriechen. Und weißt du was: Das kostet doch immense Kraft.«

Für mich waren sie alle mitleidslos agierende Herrenmenschen, auch die deutschen Frauen.

»Nach unserer totalen Kapitulation am 8. Mai nicht mehr! Wobei das Verstecken ihrer wahren Gesinnung in der neuen Demokratie weiter Kraft gekostet hat.«

Manchmal, Bomi, sind wir ja richtig ein Herz und eine Seele!

»Entsetzlich!«

Auch Professor Karl Meister hat diese Kraft aufbringen müssen. Der Komponist und Dirigent schrieb doch tatsächlich noch am 21. Februar 1945 unserem Vati nach Neuhaus: *Verehrter Herr Generalgouverneur, dieser Brief soll Lebenszeichen sein eines Krakauers, dessen Ouvertüre zum Oratorium ›Die zwölf Monate‹ nach Worten von Blunck am Sonntag, 21. Januar 1945, in der Krakauer Urania zur Uraufführung angesetzt war.*

Fünf Tage vorher nahm der Iwan die Stadt. Außer auf diese Erstwiedergabe konnte ich mich ja auf ein neues Gastspiel als Dirigent der Krakauer Philharmonie vorfreuen, und nun ist alles vorläufig Zukunfts- und Friedensmusik geworden.

Nicht mehr habe ich Ihnen auch vormusizieren können: es ist die Orchesterballade ›Rettung in Polen‹, die 1939 spielt und eine Szene von zwei Weichselbrücken zum Inhalt hat. Dafür ist nach Fertigstellung des Oratoriums nun eine weitere Reihe Orchesterballaden geplant, soweit der Krieg eben Zeit und Muße lassen will zu solch gänzlich anderer und im Augenblick unwichtigerer Arbeit.

Doch bin ich, wie ja sicherlich auch Sie selbst, Herr Generalgouverneur, fest davon überzeugt und von der Hoffnung getragen: Wenn wir erst die Lufthoheit wieder voll und die Unterwasserherrschaft weiter gesteigert in unserem Besitz haben werden, ist es kein Problem mehr, nach Abrechnung im Westen auch den Russen wieder nach Asien zu weisen, wohin er gehört. Und dann wird auch das Nebenland des Reiches (dann allerdings wohl als Gau) herrlicher erstehen als zuvor. Meister spielte in München später eine wichtige Rolle im Musikleben. Gewusst hat er natürlich von nichts.

»Ist der Mensch als solcher nicht grotesk? Trauert der seiner ausgefallenen Uraufführung nach, macht den Iwan sozusagen persönlich haftbar, kümmert sich einen Dreck um die Ermordeten, Bombenopfer, Gefallenen – Menschen sind köstlich. Karl Meister – ein Meister der Verdrängung!«

Kannst du dich an ihn erinnern?

»Nein. Nur an den Pfitzner.«

Soll ich nicht versuchen, Meisters *Rettung in Polen* zu besorgen? Du hast noch genug Gold im Safe und einen Haufen Geld auf deinem blöden Sparbuch, um damit ein Orchester zu bezahlen. Wir mieten den Münchener Konzertsaal am Gasteig und betreiben die Uraufführung von *Rettung in Polen*.

»Hör bloß auf! Oder vielleicht doch: Als zweites Werk Pfitzners *Krakauer Begrüßung*.«

Ui ja. Und als drittes Richard Strauss' anrührendes Lied, dessen Text er selbst gereimt hat:

Wer tritt herein so fesch und schlank
Es ist der Freund Minister Frank
Wie Lohengrin von Gott gesandt
Hat Unheil er von uns gewandt.

Die Netrebko muss singen.

»Thielemann dirigiert die *Krakauer Begrüßung!*«

Wir freuen uns kindisch.

»Nach der Pause liest dann der Chor der Bayerischen Staatsoper ein paar Gedichte von Opa Karl Frank!«

Ich hab noch eines hier, Norman!

»Um Gottes willen!«

Herbei, was deutschen Stammes ist!
Ein heilig' Feuer loht!
Und flammengleich führt einer uns
Empor aus Schmach und Not.

Und flammengleich sei unser Schwur:
Hier steh'n wir, Treu' um Treu'!
Auch unser Herzblut für ein Volk,
Ein Deutschland, stolz und frei!

Und unser Kampfruf »Hitler« ist.
Nur ihm folgt uns're Schar,
Durch ihn wird Deutschland wieder groß,
So wie es einstens war.

Schon leuchtet uns auf allen Höh'n
Das Hakenkreuz voran,
Schon braust's wie Sturm durch jedes Tal:
Großdeutschlands Tag bricht an!

»Ach, Vergangenheitsbewältigung ist doch immer wieder lustig!« freut sich Norman. »Was ich nicht weiß: War Opa schon vor unserem Vater ein Nazi? Hat er Vati zu den Nazis gebracht? Passen würde es ja zu Opa. Als aus der Anwaltskammer geworfener Rechtsanwalt dachte er sich wohl: Mit den Nazis komm ich wieder rein.«

Ist ihm ja auch gelungen: Kaum war Vati bayerischer Justizminister, hat er ihn im Sommer 1933 wieder zugelassen. Ja, ja, Bomi, wir sind schon eine verbrecherische Familie.

»Wenn du meinst.«

Die letzte Kurve kriegst du nie!

In einem Brief vom 21. Februar 1945 an seine blitzgescheite Uraltfreundin May Stock schreibt Vati auch über Sigrid und dich: *Meine Tochter ist als DRK-Schwester in einem Lazarett im Osten tätig. Mein Sohn Norman wird, nachdem er nunmehr das moderne wehrfähige Alter von 16 Jahren knapp überschritten hat, in wenigen Tagen einrücken.* Vati wollte dich *modern* opfern!

Norman denkt nach. »Vielleicht«, sagt er dann. »Tja, und da setzte das Wirken dieses zivil couragierten Mannes vom Wehrkreiskommando in Miesbach ein: Der hat uns immer dorthin schicken wollen, wo schon die Amis standen. Ein wirklich prima Kerl. Persönlich habe ich ihn nie kennen gelernt.«

Schau, Bomi, was ich hier habe, das würde unsere drei toten Geschwister erfreuen! Unser Vater, der mitleidsvolle Tierschützer! Schreibt er doch am 13. März 1945 nach Holzkirchen an das *Sehr verehrte Fräulein Meixner! Ich würde mich sehr freuen, mit Ihnen wieder einmal über die schönen alten Zeiten des Kampfes im Interesse des Tierschutzes zu sprechen. Wohin sind all die Männer und Frauen der Münchner Tierschutzbewegung gekommen? Jetzt, da die Menschen selbst in so schreckliche, qualvolle Not gestürzt sind, muten uns jene Zeiten geradezu unwirklich an, da man so viel Gelegenheit nehmen konnte, der Tiere zu gedenken.*

Norman schüttelt den Kopf. Ich höre auf zu lesen.

»Der hat doch gleich im Generalgouvernement das Schächten verboten«, fällt ihm ein.

Wie soll ich diesen Hinweis verstehen?

»Er hat schon immer die Tiere schützen wollen, das Judenschächten war ihm egal. Herrgottnochmal!« beendet er den Satz mit plötzlicher Wut.

Ich spüre, wie sie wieder aufwallt, diese ihn verzweifeln lassende Mischung aus Liebe und Entsetzen.

»Seine jämmerliche Flucht in die gute alte Zeit, während die Amis immer näher rücken. Da sitzt er nun im Josefstal in seiner lächerlichen ›Außenstelle des Generalgouvernements‹, schläft mit seiner Lilli in Bad Aibling, besucht uns zwischendurch auf dem Schoberhof und sieht sich für Sekunden als Heiliger Franz von Assisi. Niki, hol mir bitte einen Schnaps.«

Ich gebe ihm den Brief, mach mich auf den Weg zum Gerk. Erst einen Tag später merke ich, dass er mir den Brief nicht zurückgegeben hat. Er ist nicht aus seinem Bett hochgekommen. Ich sitze allein in seinem Wohnzimmer, drehe zufrieden die Heizung auf und finde den Brief im Packen der gelösten Rätsel aus den abonnierten *Bastei Spezial Rätsel* Heften. Spuren getrockneter Tränen auf der Kopie aus dem Bundesarchiv.

Ach, Bomi!

Aus dem schwarzen Heft passt dein Gedicht an diese Stelle:

Der süße Wahn ist meine Speise
Vergoldet steht mir die Vergangenheit
Mit Nägeln, längst verfaulten
kratzt Du sie auf die Wunden mir.
Du bist Gespinst aus Rauch und »War einmal«
Doch mit dem Alp der Erinnerung
Erdrückst Du das Zarte meines Jetzt
Gehe und teile mit Raben
Was ich Dir gab an giftigen Gaben.
Doch nimm nur mich, dann haben
Beide Ruh, der Alp und Du!

Oft habe ich selbst mich als Aufkratzer seiner Wunden gefühlt.

Dein Dickdarm wird entfernt. *Cöcum* wird extra entnommen, da hängt dein Blinddarm dran. Das Anhängsel, das sich darum entzündet, weil es nicht richtig entleert werden kann. Wär' doch dein bevorzugtes Organ! Nein, du hast dein Sein anders gelöst: Du warst dein Leben lang innerlich entzündet – ein wandelnder Blinddarm.

Das *Cöcum* ist unheimlich reich mit *lymphatischem* Gewebe ausgestattet. Als Hinweis, dass dort eine enorme Immunabwehr gegen die Riesenmenge von Bakterien im Darm stattfinden muss.

Passt schon! Was für ein Wort »Immunabwehr«. Wie soll ich dich einordnen? Immun dagegen, unserer Eltern abzuwehren? Eltern als feindliche Bakterien? Dein Charakter ein reichhaltiges *lymphatisches* Gewebe, das es nicht schafft, sich wie Phönix aus der Elternasche zu erheben und ein freies Leben innerhalb der Grenzen europäischen Spießertums zu führen?

Heute macht Norman blau, weil er blau ist. Nach dem kleinen Taschenfläschchen verlangte er noch eine große Flasche Schnaps. Von wegen nur heute blau! Zehn Tage dauerte sein Rückfall. Die Türe verschlossen. Von draußen beschimpfe ich ihn. Wie ich höre, krauchte er nachts auf allen vieren über den Gang zum Schlafzimmer seiner Frau, bettelte um Schnaps, bekam ihn. Seine Ehefrau hatte für diese Fälle einen geheimen Vorrat. Und das alles wegen des Tierschutzes? Mein Gott, wie gehst du mir ab, Bruderherz! Mit wem kann ich noch redend die ewig brennende Vergangenheit wenigstens für Stunden bannen?

»SIE KOMMEN ZU JOHANNES, DEM SÄUFER«

Als Norman wieder nüchtern ist, schlurft er in sein Wohnzimmer, das ich bacherlwarm aufgeheizt habe. Verdrießlich schweigend dreht er die beiden Heizungskörper auf null. Kaum im Sessel sitzend, wendet er sich mir zu: »Du hast mich durch die Tür beschimpft. Du bist wie alle anderen. Ich hätte gedacht, dass wenigstens du auf meiner Seite stehst.«

Ich schäme mich.

Norman, du hast Recht. Es tut mir leid.

»Zu spät. Mach weiter.«

Am 14. März 1945 geht aus dem Josefstal folgender Brief an Polizeimeister Max Nickl, der Vatis Wochenendhäuschen in Herrsching am Ammersee betreut.

Lieber Herr Nickl!
Der Herr Generalgouverneur lässt Sie bitten, die beiden dort befindlichen Räder so zu richten, dass sie jederzeit gebrauchsfähig sind.
Mit freundlichem Gruß Heil Hitler!
Gez. Paffenroth.

»Interessant, wie sich bei Vatis Adjutant schon ein *freundlicher Gruß* vors *Heil Hitler* schummelt«, sagt Norman. »Und diese Fallhöhe: der Herr Generalgouverneur kann nur noch mit einem Bitte-Bitte sein Fahrrad richten lassen! Lächerlich. Der Polizeimeister Nickl, ein wirklich feiner Kerl, war übrigens der erste, der Vati Ende April 45 mit einem lauten ›Leck mich am Arsch, Herr Minister!‹ den Dienst aufkündigte und sich nach München verzog. Die Amis standen vermutlich schon in Schwabing, da traute er sich, aufmüpfig zu werden. Vati hat ihn immer sehr nett behandelt.«

Aus einem Brief von Mutti weiß ich, dass sie sich viele Jahre später im Münchener Englischen Garten auf eine Bank setzte. Neben ihr saß aus Zufall Nickl. Nickl stand auf und ging grußlos davon.

»Er war viele Jahre bei uns, auch in Krakau. Dem ist es richtig gut gegangen. Im März oder April habe ich mal Vati mit dem Rad in Herrsching besucht. Er suchte Brillantine, öffnete dazu einen Schrank. Da drinnen sah es aus wie in einer Drogerie. Unglaublich viele Fläschchen, Tuben und Büchsen. Die Brillantine war französisch, in einem schönen kleinen Flakon.«

Wie hättest du als Fremder unseren Vati damals empfunden?

»Ich hätte ihn nicht leiden können. Dieses Popanzige, dieses Eitle.«

Hingen in Herrsching auch Kunstwerke aus Polen?

»Nein. Dort hatte er nur viele Bücher. Der amerikanische Offizier, der als erster dorthin gekommen ist, hat sie alle auf seinen Jeep verladen lassen und mitgenommen.«

An den Verleger Funck in München schreibt Vati am 14. März 1945: *Mein lieber Sigurd! Ich würde mich ganz außerordentlich freuen, Dich einmal hier begrüßen zu können. In mir beben die Erinnerungen an die gewaltigen Erlebnisse, nachdem auch mein letztjähriges Lebenswerk nunmehr fürs erste zum Opfer gefallen ist.*

Norman schüttelt den Kopf: »Ich glaube, am 14. März hatten die Amis schon Nürnberg besetzt. Vati bekam bis ziemlich zum Schluss die ›Neue Zürcher Zeitung‹. Er hat alles gewusst und flieht sich in Erinnerungen. Ich hab das nie gemacht.«

Weswegen du auch täglich auf die Straße starrst, wo sie Vati vorbeigefahren haben, um ihn in Tegernsee zu verdreschen.

Norman ist verärgert. »Sag dieses Wort nicht. Weiter!«

Jetzt wird's fröhlicher, dränge ich ihn ins Versöhnliche. Bomi, es geht ums Saufen. May Stock beschreibt am 16. März in einem Brief an unseren Vater ihren Besuch bei Pfitzner, der oberhalb von Garmisch wohnte.

Meine Begrüßungsworte »Ich komme sozusagen als Johannes der Täufer, einen größeren ankündigen« gaben ihm das Stichwort: »Sie kommen zu Johannes, dem Säufer, der nichts zu trinken hat!« Wenn Sie also glauben, besondere Delikatesse und feinste Zurückhaltung sei nötig gewesen, die geheimsten Wünsche des Meisters auszuforschen, so irren Sie. Seinem einzigen Wunsche, »was zu trinken«, gab er mit dringlichsten Worten und Gesten Ausdruck. In seiner alkoholischen Not hatte er sich sogar schon an den hiesigen Kreisleiter gewandt. Als er die Antwort bekam, dass heutzutage jedermann an irgendeinem Mangel litte, hat ihn das sehr erregt: »Ich bin nicht jedermann!«

Norman lacht. »So san's, die Künstler! Eh die ihre Hochnäsigkeit verlieren! Ich kann sie nicht leiden. Dabei war Pfitzner zu mir immer nett.«

Kannst du ihm den Durst nachempfinden?

»Was fragst du! Dafür frisst du Zigaretten.«

Wir schweigen.

Hast du je Pfitzners ›Krakauer Begrüßung‹ gehört, die er für Vati komponiert hat?

»Nein. Hat mich auch nicht interessiert. Ich weiß nur noch, dass Vati schrecklich stolz war. So ein Quatsch.«

Für diesen ›Quatsch‹ hat sich Vati bei Pfitzner am 17. August 1944 bedankt: *Hochverehrter Meister! Heute früh erhielt ich zu meiner großen freudigen Überraschung die herrliche Gabe, die Sie die Güte hatten, mir zu weihen.*

»Ist das nicht peinlich? Pfitzner hat es ihm ›gewidmet‹. Er macht gleich eine Weihe draus. Sein ewig hohles Geschwätz!«

Trotzdem liebst du ihn.

»Lies weiter!«

Ja, aber jetzt wird's zum Kotzen: *Die Sonne liegt und lacht über Krakau. In Kressendorf ist süßester Friede: Der Flügel im großen Saal klagt, dass der Meister ihn verließ.*

Norman schüttelt wieder den Kopf. »Man müsste alle seine Briefe vom Datum her mit dem Frontverlauf vergleichen. Wieso fühlt er sich so unangreifbar? Oder versteckt er sich nur? Flieht in die *Krakauer Begrüßung?* Ich weiß es nicht.«

Na ja, Bomi, 1944 warst du im August schon 16 Jahre alt – und wolltest auch nichts vom Schrecken ringsum wissen.

Hätte ich doch damals schon dein liniertes Heft mit festem schwarzem Einband gekannt:

Erst denkst du nur daran, ganz nebenbei
Und bald danach siehst du es schon im Traum
Dann brennt die Sonne und schaut nicht zu
Über Treppen poltern sie und stehn vor deiner Tür
Und schon beim Öffnen schlagen sie dich tot
Wie schnell geht das und stand doch jahrelang schon da.

Für jeden Psychiater ein gefundenes Fressen: *Und schon beim Öffnen schlagen sie dich tot.* Ein Leben lang hast du die Tür zugehalten. Für mich sind deine Gedichte das verbale Notventil deiner ewigen Furcht, dich unserem Vater rational zu stellen. Dieses schwarze Heft ist für mich so überraschend, weil es so deutlich zeigt, wie sehr du doch mit Frankscher Vergangenheit gerungen hast.

Am 10. April schreibt Vati an Hans Pfitzner:
Hochverehrter Meister!
Ich schicke Ihnen heute einige Flaschen Alkohol von dem wenigen, was ich aus Krakau geborgen habe.
»Die hätte er mir überlassen sollen!« murmelt Norman dazwischen.
Mögen sie zu Ihrer baldigen Gesundheit beitragen und möge damit Ihnen die Gewähr gegeben sein, eine neue Reihe glücklicher Schöpfungsjahre zu eröffnen.

»Ich konnte Pfitzners Musik nie leiden. Vati hat mit ihm angegeben. Pfitzner und Richard Strauss, das waren seine Busenfreunde. Übrigens, wenn's um Musik ging, war Mutti abwesend. Die hatte mit ernster Musik nichts am Hut. Komisch: Erklärt hat mir Vati nie, was er an der Musik der beiden findet. Vielleicht hätte ich dann auch größere Freude dran.«

Und wer hat dir was über Gustav Mahler beigebracht? Du hörst ihn dauernd.

»Niemand«, sagt Norman. »Der hat mich von Anfang an gepackt. Wenn ich klassische Musik höre, empfinde ich das nur als schön. Bei Richard Wagners Vorspiel zu *Tristan* denke ich immer, diese Musik kommt aus dem All. Überirdisch! Bruckner mag ich auch sehr. Im Schlafzimmer hab ich alle Bruckner Symphonien. Wenn ich Schnaps trinke, höre ich Bruckner besonders gern. Arien mag ich nicht. Das ist mir zu vermenschlicht.«

In seinem CD Player am Bett finde ich nach seinem Tod Bruckners 9. Ich nehme sie mit nach Hause. Sie stoppt beim Hören immer wieder. Abgespielt.

Norman, neben Gerda Pelz war auch Gundelinde Gräfin Preysing von allen guten Geistern verlassen. Sie schreibt Vati am 16. März 1945: *Gott gebe, dass all das Geborgene einmal mit der ganzen deutschen Regierung wiederum in Polen einziehen möge. Mit sehr vielen Empfehlungen und den allerbesten Wünschen für die Zeit eines baldigen siegreichen Friedens verbleibe ich Ihre …*

Norman lacht höhnisch: »Wie sollte Vati in die Realität finden, wenn sie alle um ihn herum genauso gesponnen haben wie er selbst? Weiter!«

Hetz' mich nicht so!

»Ich will es hinter mich bringen.«

Warum?

»Es ist so traurig. Wenn du solche Briefe und Dokumente bringst, empfinde ich immer den Wunsch, Vati schützend zu umarmen.«

Um ihn vor mir zu schützen?

»Nein, vor sich selbst.«

Willst du, dass ich weiter lese?

»Ja, aber halte dich mit dusseligen Kommentaren zurück.«

Am 19. April 1945 bedankt sich Vati bei May Stock für ein Buch mit Poccis Karikaturen und jammert: *Oh dieses unsterbliche München, man möchte es aus all seinem Schutt und Elend wieder auferstehen machen! Und so lieb derartige Bücher sind und so süß die Verlockungen, mit denen sie uns durch die Zaubergärten unserer romantischen Vergangenheit geleiten: Das Erwachen aus derartigen Betrachtungsstunden ist dann ein umso Furchtbareres!*

»Erstaunlich, wie sich Vati noch zwei Wochen vor seiner Verhaftung durch die Amis eingehüllt hatte«, sagt Norman. »Und doch die Erkenntnis: Es wird das Erwachen geben.«

Siehst du, Bomi, dieses entsetzliche Erwachen gönne ich ihm.

»Gar keine Zuneigung? Ich dachte, du bist ihm nahe in den letzten Monaten seiner Freiheit.«

Ihm schon, nicht seinem Geschreibsel. Er säuselt über Pfitzner und Pocci und bedauert das zerbombte München – in keinem seiner Briefe weder vor noch nach seiner Verhaftung hat Vati je seine Opfer im Generalgouvernement bedauert.

»Vati muss in diesen Tagen furchtbare Angstanfälle gehabt haben.«

Das oberste Gebot in jedem Präparierkurs lautet: Nerven schonen! Das sind oft ganz kleine Äste. Die gehen ganz schnell kaputt. Tja, jetzt ist es zu spät für dich, Bomi: Nerven schonen. Du warst ein Reinfresser. Ich habe dich nie laut erlebt. Du hast nie geschnauzt, gebrüllt. Sarkasmus war deine Stärke, du nunmehr Nacktester aller meiner Geschwister, dort auf dem ewigen Seziertisch. Und doch der Verhüllteste. Der uns mit – zumindest fürs Franksche Hirnpotential – blitzgescheiten Sprüchen zum Lachen brachte und ablenkte vom Gehenkten in der Familie.

Der Plexus cervicalis ist ein großes Nervenbündel, das im Halsbereich aus dem Rückenmark heraus tritt. Für die *Regio* Hals haben die Studenten drei Tage Zeit zum Präparieren. Dein Vater brauchte 46 Lebensjahre, bis sie ihm endlich seine *Regio* abgeschnürt haben.

Das nächste Dokument stammt vom 20. April 1945, Hitlers Geburtstag. Ein Huldigungstelegramm hat er ihm sicher schon am frühen Morgen geschickt. Voll des anbetenden Taumels setzt er sich gleich hin und dichtet für General von Höberts Ehefrau, die am gleichen Tag wie der Führer Geburtstag hatte:

Oh Wien!
So gerne tret ich vor Sie hin
Zu wünschen Ihnen für dies Jahr
Dass Ihrer Rückkehr in das deutsche Wien
Der Frühling leuchte, wie er immer war:

Wenn von dem milden Rebenhügel
Der Gott des jungen Glücks herniederkam
In seiner Hand den goldnen Sommerflügel
Mit dem er Wien auf frohe Fahrten nahm!

»Hör auf, hör auf!« unterbricht mich Norman. »Mein Gott, Vati! Das ist unterirdisch. Lass uns lieber einen goldenen Sommerflügel nehmen!« Er reicht mir eine seiner schweren Dunhill-Zigaretten. Seine Verlegenheit ist deutlich: Soll er über den Wortkitsch des Gedichts spötteln oder seinen Vater bewundern, der seine letzten Wochen vor der Gefangennahme mit Nebensächlichkeiten vertändelte?

Bewunderst du Vati, wie er sich in diesen letzten Monaten verhielt?

»Ich kannte Frau von Höbert. Ihr Ehemann steht auf vielen Fotos aus Krakau in Uniform mit raus gedrückter Hühnchenbrust neben Vati. Ein reizender Mensch.«

Bomi, sie alle waren am Massenmord beteiligt, und du findest sie reizend oder nett!

»Mich haben sie nicht ermordet. Ich konnte mir den genauen Blick auf Menschen bewahren.«

Ich schaue perplex zu ihm hinüber.

»Frau von Höbert war eine reizende Wienerin, das lass ich mir durch den Holocaust nicht kaputt machen.« Er blinzelt zwischen Zigarettenqualm zu mir: »Gut, was?«

Ich stoppe einen Fluch ab, weil er mich mit einer Handbewegung zum Schweigen bringt.

»Natürlich haben in Krakau alle erwachsenen Deutschen gewusst, was los war. Wie soll man das wieder gutmachen? Für mich ist das größte Unwort ›Wiedergutmachung‹. Weil der Mensch unausweichlich die Erde kaputt machen wird. Deswegen ist alles, was der Mensch macht, von diesem Ende her gesehen, schlecht. Wie kann man den Holocaust je wieder gut machen? Schon darin liegt die Blödheit dieses Wortes. Das ist mir schon heute Nacht eingefallen. Großartig! Das muss ich unbedingt dem Niki sagen.« Er lacht.

Ich ziehe die letzten Bundesarchiv Kopien aus der Mappe. Bomi, weißt du eigentlich, dass sich Vati am 28. April noch sein Gehalt für Februar und März 1945 auszahlen ließ, insgesamt 7000 RM? Nicht schlecht. Hat er die aus der geklauten Staatskasse des Generalgouvernements raus geholt, die vermutlich in seinem Andachtsraum neben Leonardo da Vinci und den zwei Rembrandts stand?

»Das ist interessant. Mutti hat er bei seinem letzten Besuch auf dem Schoberhof 50 000 Reichsmark zugesteckt. Woher hatte er die? Er muss wirklich noch eine schwarze Kasse gehabt haben.«

Wer die wohl nach seiner Verhaftung eingesackelt hat?

»Gell, das interessiert dich auch? Diese kleinen Szenen in großer Weltgeschichte.«

Ich glaube, es war Vatis Adjutant Pfaffenroth.

»Glaube ich nicht, der ...«

Ja, ja, der war auch ein zu netter Kerl, unterbreche ich ihn.

»Niki, stell dir doch mal das Szenario vor: Diese kleine Pension, diese letzte ›Gefolgschaft‹ von vier oder fünf Menschen. In Bad Aibling Lilli, die Liebe seines Lebens, die immer deutlicher von ihm abrückte, je näher die Amis anrückten, diese Ausweglosigkeit, und er zahlt sich zwei Monatsgehälter aus, sieht vielleicht durchs Fenster den Bauern auf seinem Haflinger mit dem weißen Leintuch der Kapitulation den Siegern entgegen reiten – furchtbar!«

Vati muss ihn gesehen haben, es gab ja einen kleinen nervösen Aufruhr im Josefstal. Die Nachbarn standen auf der Straße. Ob der Bauer auch zur Pension hingeschaut hat? So im Stil von: ›Gell, da schaugst, Herr Minister! Aus is' und gar is' mit dir Großkopfertem!‹

»Mag schon sein.«

Normans Mitleid tropft. Wenn ich unseren Vater verhöhne, leidet er am tiefsten.

Norman, reden wir über dein Mitleid.

»Nein.« Er dreht sich zum Fenster.

Am 30. April stirbt, wie der Rundfunk meldet, Adolf Hitler den Heldentod in Berlin. Hündisch bis zum Galgen, vereidigt unser Vater sogleich seine letzten Getreuen auf Karl Dönitz, den noch von Hitler installierten neuen Führer. Draußen im Garten von ›Haus Bergfrieden‹. Unter wehender Hakenkreuzfahne. Drinnen erfolgt die sicher ebenso feierliche Unterzeichnung des letzten »Staatsvertrags«, den Generalgouverneur Dr. Hans Frank namens seines »Nebenreichs« abschließt und unterzeichnet. Bomi, ein Dokument, dass die Welt erschüttern sollte: *Zwischen der Regierung des Generalgouvernements – Kanzlei des Generalgouver-*

neurs – und Landgerichtsrat Schüler / Hausintendant Pfaffenroth / Zahlstellenleiterin Schroer / Sekretärin Kraffcyk / Küchenchef Schäfer wird folgender Vertrag geschlossen:

Die Kanzlei des Generalgouverneurs verkauft an die oben aufgeführten Gefolgschaftsmitglieder die in ihrem Eigentum stehenden Betten samt Auflagematratzen, Kopfkissen und Steppdecken sowie Bettwäsche zum Preise von je 100.– RM (Einhundert Reichsmark). Die Gegenstände befinden sich bereits im Besitze der aufgeführten Gefolgschaftsmitglieder, sie erkennen den gebrauchsfähigen Zustand an.

Jetzt lacht Norman richtig herzlich: »Unser Vater beschäftigt sich mit so einem Schmarren. Ich verstehe ihn nicht.« Nach einer Pause fügt er hinzu: »Was für ein armer Hund. Erbärmlich.«

Bomi, am 3. Mai 1945, ein Tag vor der Verhaftung deines geliebten Bettverkäufers, sah ich mit eigenen Augen, wie die Amis mit einem Baggerpanzer locker die letzte Panzersperre auf der Straße von Schliersee nach Neuhaus weg räumten. Sie besetzten das ganze Schlierseer Tal. Und was hinterlässt Vati als Lebenszeichen an seinem letzten Tag in Freiheit? Schreibt er sein politisches Testament?: *Verursacht durch das Schanddiktat des Versailler Friedensvertrags von 1919 gelang es mir und Hitler, eine Partei und eine Diktatur aufzubauen, die unglücklicher Weise ein paar Untaten verüben musste, um den Deutschen wieder ihre Ehre zurückgeben zu können?* Oder ein Eingeständnis seiner persönlichen Schuld?: *An die Welt! Meine über hundert prachtvollen Uniformen und mein gepanzerter Dienstmercedes, vor allem aber mein Luxusleben als König von Polen, haben mir jegliche Humanität ausgetrieben und mich zum Massenmörder werden lassen. Schuld daran sind allerdings hauptsächlich meine Frau Brigitte und meine ebenso beinharte große Liebe Lilli.* Oder vielleicht einen Entschuldigungsbrief an seine Familie?: *Liebe Brigitte, Dir und unseren Kindern habe ich Entsetzliches angetan, ihr werdet ein Leben lang darunter leiden müssen. Nur unser Jüngster, Kuckucksei Niki, wird dank seines überragenden Charakters über uns Verkommene hinaus wachsen?*

»Du alberner Fremdi«, lacht Norman dazwischen.

Oder schreibt Vati gar ein Sendschreiben an die polnische Nation?: *An mein Volk! Meine herzinnigste Bitte: Vergebt mir eure Gemordeten, vergebt mir, dass ich euch eure geliebten (haha!!) Juden vernichtet habe.*

Mitnichten, Bomi! Vati zahlt seiner treuesten Geliebten, der Privatsekretärin Helene Kraffcyk, sozusagen die Lieferung seiner letzten fremd bestimmten Orgasmen mit einem Vorschuss aus:

Empfangsbestätigung.

RM 1135,– als vorschussweise Gehaltszahlung für Juli bis einschließlich September 1945 von der Kanzlei des Generalgouverneurs, Dienststelle Neuhaus, zur Verrechnung mit dem Ministeramt des Reichsminister Dr. Frank, Berlin, erhalten. Darunter die Unterschrift der treuen Seele.

»Sie war sehr sanft. Ich mochte sie«, sagt Norman.

Wusstest du, dass auch sie Vatis Geliebte war?

»Nein, ich wusste nichts. Wie gesagt: Meine eigene Pubertät war mir wichtiger.«

Die hast du bis heute nicht überwunden, wenn ich dich so daher reden höre.

Der 80jährige schaut beleidigt zum Fenster hinaus. Ich spüre, wie ihn Vaters protzendes Sexualleben bedrückt.

Ich lass dich gleich in Ruh, Bomi. Warst du eigentlich jemals in Vatis »Andachtsraum« in Haus Bergfrieden, wo die Rembrandts und der da Vinci hingen, neben vielen anderen Kostbarkeiten aus polnischen Museen und jüdischem Besitz?

»Nein.«

Das Wort »Andachtsraum« ist übrigens von Vatis Krakauer Generalintendanten Friedrich-Franz Stampe überliefert. Er besuchte Vati Ende Februar 1945 im ›Haus Bergfrieden‹. Vati zeigte ihm das Zimmer voller Kunstschätze und nannte es Stampe gegenüber »meinen Andachtsraum«.

Norman nickt. »Er ging sicher täglich hinein und betäubte seine furchtbare Angst vor der nahen Zukunft, indem er sich in die Gemälde Rembrandts und da Vincis versenkte. Großartig.«

Zum Versenken diente ihm auch Raffaels *Bildnis eines unbekannten Jünglings.*

»Ich hab es in Krakau nie gesehen.«

Typisch, du Kunstbanause. Vati hatte den Jüngling im Andachtsraum aufgehängt. Seit seiner Verhaftung ist er verschollen. Und wird bis heute gesucht.

Im *Miesbacher Merkur* war 2005 der Jüngling abgebildet. Menschen, die irgendetwas über den Verbleib wüssten, sollten sich bei Bürgermeister Hirtreiter in Schliersee melden.

Als ich Norman damals besuchte, erzählte er mir lachend, wie er darauf reagiert habe: »Ich war unten beim Friseur Manfred, der fing an, vom Raffael zu reden. Da hab ich ihm gesagt, er möge dem Hirtreiter von mir einen schönen Gruß bestellen und folgendes ausrichten: ›Herr Norman Frank habe sich an dem Raffael so satt gesehen, dass er das Bild mit einer Schlierseer Landschaft hat übermalen lassen.‹«

Bomi, es existiert die Liste. Auf der steht der Raffael: Versendet nach Schloss Seichau und dann weiter nach Neuhaus am Schliersee.

»Warum habe ich den Jüngling dann in Krakau nie gesehen?«

Wegen deiner Pubertät. Was ist mit den beiden Rembrandts, die zuletzt auch im ›Haus Bergfrieden' landeten?

»Sie wurden mir nicht gezeigt. Sie hingen nirgends.«

Was für eine Logik! Sie hingen!

»Ach geh, Schmarren!«

Norman, ich weiß nicht, ob du alle Räume in der Burg kanntest.

»Ich kenne *alle* Räume!«

Und warum hat dir Vati dann nur die ›Dame mit dem Hermelin‹ gezeigt?

»Weil es in seinem Arbeitszimmer hing.«

Nein, das hing im Musikzimmer.

»Es gab gar kein Musikzimmer.«

Norman, ich hab Fotos.

»Nein!«

Also gut: Wo stand der Flügel?

»Der Flügel stand oberhalb, da gab es drei Stufen, da haben wir gegessen, da wurde geraucht, da sind die Fotos von mir gemacht worden. Da hab ich gerne an den Busen der kleinen Bielefeld gedacht.«

Links hinter dem Flügel siehst du auf dem Foto dieses lächerlich kleine Bild von der ›Dame mit dem Hermelin‹!

»Nein!«

Ehrenwort!

»Sigrid versuchte, mit Tabletten Selbstmord zu begehen. Mutti fand sie und hat Vati einen Riesenkrach geschlagen.« Sigrid und Brigitte in Pose auf der Burg.

»Nein. Da stand die sogenannte ›Schöne Madonna‹.«

Verdammt, du hast Recht.

»Siehste wohl! Ich kann mich deshalb so gut an die Hermelindame erinnern, weil links von ihr so ein silberner Knopf war. Vati hat mir erklärt, das sei wegen der Raumtemperatur. So deutlich weiß ich das! Ich mochte es.«

Ich kann mich auch noch an das Gemälde erinnern, aber ich wusste nicht mehr, wo es hing. Ich mochte es nicht. Für mich war das Hermelin eine weiße Ratte.

»Kunstbanause!«

In der ersten Maiwoche 2005 war der Tresor in der früheren Bauernstube des Schoberhofs von der Miesbacher Kriminalpolizei aufgeschweißt worden – in der Hoffnung, dort Raffaels »Bildnis eines unbekannten Jünglings« zu finden. Nix war's. Nur eine Zigarettenkippe der Marke *Gauloise blonde* wurde gefunden.

»Die Deppen«, beurteilte Norman das Unternehmen.

Ich habe eben doch Recht: Mutti hat das Gemälde einem Bauern für

Butter und Brot verscherbelt. Sie hat eben für ihre fünf Kinder alles gegeben. Selbst das Gestohlene.

»Denkste«, sagt Norman und erzählte, dass schon bei Mutti Ende der 40er Jahre amtliche amerikanische und polnische Kunstsucher nach dem Raffael gefragt haben. »Mutti hat denen nichts erzählt.«

Hat sie denn was gewusst?

»Vielleicht«, meint Norman und grinst mich an.

Ich bin wie elektrisiert: Du weißt was!

»Vielleicht.«

Mensch, Bomi, rück' raus damit. Wenn der Raffael noch irgendwo rumflackt, musst du es sagen. Mit betretenem Augenaufschlag geben wir den Polen ihren Jüngling zurück.

»Das geht leider nicht.«

Norman, was ist los? Spinnst du? Wieso geht das nicht?

»Nicht mehr.«

Was geht nicht mehr?

»Es geht eben nicht mehr. Finis operi! Im wahrsten Sinn der zwei lateinischen Worte.«

Er hielt sich stur an sein Verschweigen.

Erst nach seinem Tod, als ich, dieses Manuskript schreibend, in meiner Norman-Sammelkiste auf den handgeschriebenen Zettel mit obigem Dialog stieß, fiel mir plötzlich jene entsetzliche Szene ein, deren Verursacher ich war. Norman hatte 1947 oder 1948 einen langen Brief an irgendeinen Freund geschrieben. Per Hand. Es hat ihn viel Zeit gekostet. Er hatte sorgfältig die drei oder vier Seiten gefaltet, ins Kuvert gesteckt und es in Mutters winziges Wohnzimmer auf die kleine Kommode gelegt, damit der Brief am nächsten Tag zur Post gebracht werden konnte. Danach hatte mich Norman geärgert und zum Weinen gebracht. Den Grund weiß ich nicht mehr. Ich petzte Mutter heulend Normans Gemeinheit, sie stellte Norman zur Rede, der antwortete patzig, Mutter schrie ihn an, nahm plötzlich seinen Brief von der Kommode und zerriss ihn vor seinen Augen.

Nie wieder habe ich Norman blasser gesehen. Und nie wieder in meinem Leben wurde ich vor Scham so rot wie damals.

Schwer schnaufend stand Mutter vor uns beiden.

Norman verließ schweigend die Wohnung. Ich ging, mich dem geliebten Bruder gegenüber unendlich schuldig fühlend, heulend in die Küche – Bomi, ich rufe dich dort drüben im Nichts: Hat unsere Mutter das Gemälde einfach vor Wut zerrissen? Fähig dazu war sie. Innerhalb von sechs Monaten von den Höhen einer Reichsministersgattin und Königin von Polen hinab gestoßen in eine feuchte und kalte Drei-Zimmer-Wohnung! Das hat Nerven gekostet. Dazu einen Ehemann, der sich bis zum letzten Tag seiner Freiheit lieber bei seiner Geliebten Lilli in Bad Aibling aufhielt als bei ihr und den gemeinsamen Kindern. Oder hat sie den Jüngling erst nach Hans Franks Tod kaltblütig verbrannt? Sie suchte immer nach Anzündmaterial. So ein zerknülltes uraltes Ölgemälde auf strohtrockener Leinwand von 1515 brannte sicher wie Zunder. Bomi, gib Antwort!

Ich erinnere mich an einen anderen Zornesausbruch unserer Mutter. Ende der 40er Jahre wollte sie mit meinem Bruder Michael und mir Karten spielen. Weil sie die Regeln nicht kapierte, lachte sie mein elfjähriger Bruder aus. Unsere Mutter warf die Karten auf den Tisch, schrie meinen Bruder an, gab ihm eine wirklich schallende Ohrfeige und stampfte aus dem winzigen Wohnzimmer. Michel heulte, ich heulte, die Karten, die unsere Mutti auf den Tisch geworfen hatte, waren zerknüllt.

Oder versteckt sich der Jüngling in dieser geheimnisvollen letzten Briefkarte, die unsere Mutter nach ihrem zweiten und letzten Besuch im Nürnberger Gefängnis ihrem Mann durch Rechtsanwalt Seidl in die Zelle schmuggeln ließ und auf der stand: *Ich werde genau tun, was Du mir aufgetragen hast.*

Hat er neben den 50 000 RM, die er ihr unter Normans Augen am 3. Mai 1945 in der Bauernstube des Schoberhofs zusteckte, noch geflüstert, wo der Raffael versteckt ist? »Als Notgroschen, Brigitte.« Später war es ihm – im Nürnberger Gefängnis katholisch getauft und seinem Ende entgegen frömmelnd – peinlich geworden, obendrein auch noch als mieser Weltkunstdieb entlarvt zu werden.

Norman, wann hast du Vati zum letzten Mal gesehen?

»Er hat Sigrid und mich zum Kuchen essen eingeladen. Wir sind hingeradelt.«

Wann war das?

»Am 4. Mai. Kurz, nachdem wir ihn verlassen hatten, wurde er verhaftet und in Tegernsee furchtbar geschlagen.«

Norman, Karl Strölin, Nazi-Oberbürgermeister von Stuttgart, der mit dafür sorgte, dass 2000 Stuttgarter Juden in die Vernichtungslager abtransportiert wurden, weshalb ihn später die von Deutschen besetzte Spruchkammer in seinem Entnazifizierungsverfahren als »minder belastet« einstufte, schrieb Mutti am 13. März 1953:

Sehr verehrte Frau Frank!
Haben Sie sehr vielen Dank für Ihre Zeilen vom 11.3.53. Das Buch Ihres Mannes werde ich mit ganz besonderem Interesse lesen. Ich war ja noch mit ihm in Mondorf zusammen, wo er eines Tages in so übel zugerichtetem Zustande eingeliefert wurde.

»Warum liest du mir das vor?«

Als Beweis, dafür dass er wirklich furchtbar geschlagen worden ist.

»Ich weiß schon mein Leben lang von diesem Martyrium.«

Was für ein hohes Wort!

»Was für ein niedriges Wesen bist du! Ohne jede Empathie. Kann es sein, dass deine ganze Anklägerei nur daher kommt, dass du von uns fünfen das einzig ungeliebte Kind warst? Und Vati dich nicht für seinen eigenen Sohn hielt? Wer Mitleid mit den Opfern der Deutschen hat, sollte auch Mitleid mit Tätern haben, wenn sie, wie Vati in Tegernsee, unmenschlich behandelt werden.«

Dieses Mal verlasse ich schweigend Normans Zimmer und besauf mich bei Jianni, dem prächtigen Griechen unten im Nebenhaus.

Obwohl verärgert, lass ich von Jiannis Frau eine riesige Bulette braten, die Norman sehr mag. Ich bringe sie ihm auf vorgewärmtem Teller, drücke ihn auf seinen Schoß und raunze: Das ist als Dank dafür, dass du dich inzwischen schweigend bei mir entschuldigt hast.

»Hab' ich nicht.« Er nimmt die von Jianni mitgelieferte Gabel, schneidet riesige Teile ab und verschlingt schlangengleich die deftige Kost.

Was genau waren Vatis Worte beim Abschied von Sigrid und dir?

»Als wir noch am Tisch saßen, sagte er: ›Ich glaube nicht, dass außer mir noch ein Reichsminister bei Kaffee und Kuchen in Freiheit sitzt.‹«

Erinnerst du dich, was es für ein Freiheitskuchen war?

»Nein.«

Hast du ihn gerne gegessen?

»Ja, ja.«

Du warst 16 und hast schon Kaffee getrunken?

»Ich hatte ja auch schon den Wehrpass. Ich rauchte und trank Wein, wieso also keinen Kaffee? Merkwürdig bei diesem Treffen war, dass Vati die bevorstehende Verhaftung geahnt haben muss, denn er drängte Sigrid und mich zum Aufbruch.«

Wie hat euch Vati zum Aufbruch gedrängt?

»Nicht sehr. Aber doch deutlich.«

Seine letzten Sätze noch in Erinnerung?

»Nein. Vielleicht so was wie: ›Ihr geht jetzt besser, weil ich noch was zu erledigen habe.‹«

Habt ihr euch umarmt?

»Nein. Das machten wir nie.«

Die Hand gegeben?

»Ja.«

Hat Sigrid ihm einen Kuss gegeben?

»Weiß ich nicht. Vielleicht hat Vati sie doch geküsst.«

Hast du ihn dünn oder dick in Erinnerung?

»Dick! Bevor wir Weihnachten 1944 nach Kressendorf fuhren, stand er nackt im Bad der Burg, und ich schrieb in mein Tagebuch: *Vati sieht aus wie Nero, weiß und pampig.*«

Er hatte keine Scheu, sich nackt vor dir zu zeigen?

»Nein. Das war mir peinlich.«

Das glaub ich dir, so wie ich dich kenne.

»Als wir den kleinen Waldweg oberhalb seiner Dienststelle entlang radelten, sahen wir den Jeep kommen.«

Norman dreht den Kopf zum Fenster. »Sein Weg nach Golgatha begann.«

»DIE LUFT WIRD DÜNN ABER REIN«

Lieber Vati,
heute jähren sich die furchtbaren und damals noch unverständlichen Ereignisse zum ersten Male. In meinen Ohren hörte ich den ganzen Tag über noch einmal das Schießen der Flak, die kurz hinter dem Schoberhof stand, so dass er bedenklich wackelte, der Gute. Aber auch wir erzitterten zum ersten Male, als wir uns die Frage stellten: Was wird werden?

So oft haben wir über das Ende gesprochen, aber dass das Ende für uns anders aussehen würde und musste, daran glaubten wir nicht. Mutti wundert sich noch heute über ihre Bewusstlosigkeit der Lage gegenüber. Sie sieht sich immer noch aus dem Fenster hängen, um nur ja nicht die mit Freude erwarteten Amerikaner zu verpassen. Und dann waren wir umgeben von fremden Uniformen und Lauten. Alles, was Deutsch war, sah man nicht mehr, und die deutschen Laute klangen fremd und gemein. Erst viele Tage später, nach der Plünderung des Schoberhofs, wussten wir, dass das Wort Friede auf uns keine Anwendung fand. – Am Tag, als die Amerikaner kamen, fuhren Sigrid und ich mittags mit dem Radl zu Deiner Dienststelle. Hier saßen wir alle um einen Tisch, und ich wurde mächtig rot, als Sigrid von meinen Versuchen, Englisch zu sprechen, erzählte. Am nächsten Tag warst Du weg. Nicht einmal Abschied haben wir genommen. »Also, auf Wiedersehen!« waren meine Worte. Genau so, als ob wir uns Morgen am Frühstückstisch wieder treffen würden. – Auch Du wirst alle diese Einzelheiten noch im Kopfe haben, und so will ich nicht weiter von diesem Tage sprechen.

Norman, das schriebst du am 4. Mai 1946 an Vati.

»Großartig meine Schilderung!«

Angeber! Was auffällt, ist deine auch in der Niederlage deutsch-nationale Haltung: *Alles, was Deutsch war, sah man nicht mehr, und die deutschen Laute klangen fremd und gemein.*

»Ich empfand es so. Die Enttäuschung war groß, dass für uns das Wort Frieden tatsächlich nicht galt.«

Deine heutige Erinnerung an euer letztes Treffen mit Vati widerspricht der in deinem Brief an Vati: Die Amis müssen demnach schon am 3. Mai 1945 ins Schlierseer Tal eingerückt sein. Du hast schon mit ihnen zu reden versucht. Habt ihr wirklich den Jeep gesehen, mit dem Vati abgeholt worden ist?

»Ja. Du musst damit leben.«

Wie verlief deine erste Begegnung mit den Amis?

»Als die Amis zum Schoberhof kamen, saß ich mit Oma in der Küche. Da kam ein Ami rein mit geschultertem Gewehr und sagte herzlich: ›Hi, Ma'm!‹ Oma schaute ihn an und sagte ganz verwirrt: ›Mein Herr, ich weiß im Moment nicht, wo ich sie hintun soll!‹ Ich hab so lachen müssen. Der Soldat auch.«

Wie waren die Amis zu uns?

»Sie haben zugelassen, dass der Schoberhof geplündert worden ist.«

Von polnischen und ukrainischen Zwangsarbeitern. Haben die das nicht verdient?

»Unrecht kannst du nicht mit Unrecht vergelten.«

Hast du die Plünderung miterlebt?

»Als sie losging, bin ich zur Bodenschneid in den Wald gegangen.«

Mit dem Strick in der Hand?

»Niki, manchmal bist du einfach nur dumm mit deinen aufgesetzt schnappigen Fragen. Lass doch mal was an dich ran kommen.«

Vergrätzt schweigend lehne ich mich zurück.

»Als ich nach Mitternacht wieder auf den Schoberhof kam, packte mich ein betrunkener Pole in amerikanischer Offiziersuniform, drückte mich an die Wand des Nebenhauses und holte mit seiner leeren Weinflasche aus, um mir den Schädel einzuschlagen. Da hab ich ihn mir genau angeschaut. Er hat von mir abgelassen. Ich war wachsbleich.«

Mutti, Gitti, Michel und mich hat einen Abend vor der Plünderung ein echter Ami an die Wand vor der Küche gestellt und wollte uns, betrunken, wie er war, erschießen. Den hat Mutti so zusammen geputzt, dass der erschrocken das Gewehr sinken ließ. Mutti war toll.

»Vielleicht war es derselbe Ami, der meine Büste mit Vatis Offizierssäbel attackiert und ihr die Nase und das rechte Ohr abgehauen hat.«

Ist die Büste nicht auch geklaut worden?

»Nein, ich hab sie dem Fundus des Bayerischen Fernsehens gegeben.«

Jetzt, Bomi, aber das kann ich dir nicht mehr erzählen, steht dein wunderschöner Gipskopf links auf der Fensterbank neben meinem Schreibtisch. Der BR wollte ihn nicht mehr, Freunde von dir retteten und schenkten sie mir. Übrigens hat die Nase nur einen Kratzer abbekommen, das Ohr sieht schlimmer aus. Jeden Tag freue ich mich daran. Genauso wie am daneben stehenden letzten Foto, das ich drei Tage vor deinem Tod von dir gemacht hatte: Unter Vatis Bild auf deinem Bett sitzend, hältst du mir lächelnd die Schnapsflasche entgegen.

»Der Schoberhof wird geplündert.« Brigitte versteckte geraubten Schmuck und die drei Jüngsten über Nacht bei der Nachbarin. Normans Bildnis wird gestohlen.

Uns drei Kleinen hat Mutti zur netten Frau von L. in ihr Haus unten am Schliersee mitgenommen. Sie hat ihr gesagt: ›Der Schoberhof wird geplündert.‹

›Ich weiß‹, hat Frau von L. geantwortet, ›mein ukrainisches Dienstmädchen macht auch mit.‹

Sie hat Mutti und uns erlaubt, auf dem Dachboden in einer Kammer zu schlafen. Aber keinen Mucks dürften wir machen. Um vier Uhr früh müssten wir uns wieder davon schleichen. Frau von L. hatte Angst vor ihrem Dienstmädchen: Wenn die erfährt, dass sie die Familie des Polenschlächters versteckt hat!

»Schau mal an, wie sich die Zeiten blitzschnell geändert haben: Jetzt waren Zwangsarbeiter das räuberische Herrenvolk.« Norman schüttelt missbilligend den Kopf.

Bomi, ich habe vor zwei Wochen die Schwiegertochter von Frau von L. angerufen. Sie bestätigte meine Erinnerungen an die Nacht der Plünderung. Sie fügte aber noch etwas hinzu, was ich vergessen hatte: »Ihre Mutter gab meiner Schwiegermutter eine prall gefüllte Handtasche und bat, sie die nächsten Wochen über zu verstecken. Im Sommer 1945 rief Ihre Mutter dann an und wollte die Tasche zurück haben. Bevor meine Schwiegermutter sie ihr brachte, schaute sie Gott sei Dank hinein: Die Tasche war prall gefüllt mit Gold- und Silberschmuck.«

Na, Bomi, wat sagste nu?

»Ich weiß nichts von dieser Tasche. Aber ich spüre diesen befremdlichen Ton des Triumphs in deiner Stimme, wenn du der Familie Frank wieder etwas Verbrecherisches anhängen kannst.«

Ich rede schnell weiter: Erinnere dich, dass auch die Schublade in Vatis Nachtkästchen auf dem Schoberhof voller Schmuck war. Hast du mir selbst erzählt.

»Ja.«

Woher kam der Schmuck?

»Den haben uns unsere polnischen Untertanen aus glühender Dankbarkeit geschenkt. Ich konnte ja kaum durch Krakaus Straßen schlendern, ohne dass mir Juden und Polen Halsketten, Ringe, kleine Goldnuggets zugesteckt hätten. Wir Franks waren eben beliebt!«

Grinst mich an.

Mir hat in Krakau nie jemand was zugesteckt.

»Dich mochten sie nicht. Sie fanden dich schon damals anbiedernd.«

Meinem Bruder Michael und mir hatte die Plünderung des Schoberhofs nichts ausgemacht. Einen weitaus nachhaltigeren Eindruck machten mir die ersten Amisoldaten. Sie schenkten uns eine spezielle Eiscreme oder Schokolade und kleine Notverpflegungspäckchen mit Keksen. Wir verfügten über ein Endkampf taugliches Arsenal an Waffen, denn die ach so tapferen SS-Soldaten hatten sie auf ihrer Flucht in Zivilkleidung nach Österreich im Schoberhof zurück gelassen. Von wegen *Unsere Ehre heißt Treue!* Ein herrlich wildes Leben bescherte dieser Frühsommer 1945 Michel und mir. Die Kirchberger Bäuerin gegenüber dem Schoberhof veränderte allerdings ihren Ton. Sie schrie mich irgendwann im Mai 1945 äußerst grob an, was mich einen Tag später veranlasste, einem Amisoldaten, der mich in gebrochenem Deutsch fragte, wo er Eier bekommen könnte, das Eierversteck der Kirchbergerin zu verraten. Hat die geflucht und geschimpft, als der Ami mit zwei Lagen Eiern wieder in seinen Jeep stieg und davon fuhr. Ich grinste sie frech an.

»Tja, wer einmal Dienerschaft hatte, lässt sich nicht gleich unterkriegen«, fügte Norman an. »Ich ließ mich auch nicht unterkriegen.«

Du meinst deine eigene Verhaftung?

»Ja.«

Das weiß ich noch genau, weil Mutti von Stunde zu Stunde ängstlicher wurde. Du bliebst verschwunden. Erst abends kam die Nachricht, dass du verhaftet worden warst.

»Das war am Pfingstsamstag 1945«, fängt Norman an zu erzählen. »Ein Jeep kam, und der Fahrer winkte mich und einen zufällig neben mir stehenden jungen deutschen Soldaten unweit vom Schoberhof herbei. Neben dem Fahrer saß noch ein Amisoldat. Wir mussten uns auf den Kühler setzen und an den beiden Funkstangen festhalten. Wir fuhren zum Tennisplatz in Schliersee, auf dem schon viele andere Männer, meist Soldaten, lagerten. Es war Nachmittag. Ohne uns zu befragen, haben sie uns auf den Court gebracht, um den ja die hohen Zäune standen. Außerhalb patrouillierten Amisoldaten. Ohne Essen und Trinken blieben wir die ganze Nacht durch auf dem Platz. Ich hab geraucht, was ich noch bei mir hatte.«

Wie hast du dich gefühlt?

»Gefühle: neutral. War mir alles wurscht. Ganz Deutschland war ja damals verhaftet. Für mich also nichts Besonderes. Am nächsten Mittag sind wir ins Kreuther Lager südlich des Tegernsees transportiert worden.«

Sei doch genauer: mit Bus, Lastwagen oder Jeeps?

»Weiß ich nicht mehr. Vor dem Lager sah ich als erstes, dass das Tor, durch das wir rein fuhren, nicht bewacht war. Die Wiese dahinter war mit Draht eingezäunt. Rechts und links hinter dem Eingang standen Baracken. Wir mussten uns vor der Einweisungsbaracke aufstellen. Sie stand unter deutschem Kommando. Ich kam in ein Büro mit einem langen Tisch, vor dem man seinen Namen sagen sollte. Dahinter saß ein preußischer Offizier und einige andere, die sich aber nicht zu Wort meldeten.«

War da kein Ami als Aufpasser dabei?

»Nein. Der Offizier schnarrte mich im typischen Kasernenhofton an: ›Sie gehen ins Hitlerjugendcamp!‹ Der Soldat, der mich vom Schoberhof her begleitet hatte, sollte ins normale Lager. Er war vielleicht fünf Jahre älter als ich mit meinen 17. Wir sind wieder raus gegangen, und sofort sagte ich zu ihm ›Das Tor ist nicht bewacht. Wir hauen gleich wieder ab.‹

Darauf er: ›Das kann man doch nicht machen!‹

›Das wirst du gleich sehen. Kommst du mit oder nicht? Ich gehe.‹

Zögerlich kam er hinter mir her zum Tor, durch das wir herein gefahren waren. Draußen sah man keine Bewacher. Die Amis konnten ganz sicher sein, dass die Deutschen mit ihrem Kadavergehorsam nie auf den Gedanken kommen würden, einfach wieder abzuhauen. Wir sind im normalen Spazierschritt durchs Tor gegangen, zu einem Bauernhaus. Dort haben wir die Bäuerin gebeten, uns hinten durchs Fenster raus steigen zu lassen. Über freies Land sind wir dann ganz ruhig davon geschlendert. Und weißt du, was mich zu dieser Flucht gebracht hat?«

Nein.

»Dieser schnarrende Offizier! Der kam mir gerade recht! Eben mal wieder einen Weltkrieg verloren und gleich wieder los schnarren! Niki, ich habe nur einen Krieg miterlebt. Nach dessen Ende war meine Definition: Endlich haben wir so richtig verloren, mit Mann und Maus, um Gnade winselnd. Deswegen ja auch meine Reaktion auf diesen Schnarrer: ›Sie gehen ins Hitlerjugendlager!‹ Dieses Arschloch!«

Ich weiß nicht, ob ich mich das getraut hätte. Wie hat sich denn der Soldat an deiner Seite verhalten?

»Der war schockiert. Die Verpflichtung, in jedem Fall Gehorsam zu zeigen, war in ihm drin. Er war ein typischer deutscher Soldat. Verblödet.

Ein schlichter Uniformträger.«

Immerhin hat er sich überwunden und floh an deiner Seite. Weißt du noch seinen Namen?

»Nein. Warum auch? Jedenfalls wurde es dunkel. Wir gingen zur Bodenschneid. In eine Forsthütte sind wir eingebrochen und haben dort geschlafen. Richtige Betten gab es da drin. Zu essen hatten wir nichts, Wasser tranken wir aus den Bächen. Am nächsten Morgen nahmen wir den normalen Abstieg nach Neuhaus. Dort haben wir uns getrennt. Ich bin links über den Fehlehang zum Schoberhof gegangen.«

Ich habe dich kommen sehen und rannte zu Mutti, weil ich ihr als erster ihren Liebsten ankündigen wollte. Sie stürzte hinter mir heraus auf die Wiese und umarmte dich.

»Wir haben uns nicht umarmt.«

Doch, ich schwöre es dir. Ich kann mich genau daran erinnern. Weil ich neidisch war.

Norman lacht mich aus, zieht wieder mal lange an seiner Zigarette. Ich hebe wie zum Start meine zehn Finger über der Tastatur: Norman, ich bin bereit. Wenn du lange inhalierst, entfleucht deinem brüchigen Mund meist eine allumschließende Schlusssentenz. Ich warte.

»Diese Flucht war für mich die triumphierendste Stunde meines Lebens. Oft denke ich, wenn ich damals brav ins HJ Camp gegangen wäre, wäre es mir dort nicht gut ergangen.«

Sippenhaft, weil Papa Massenmörder?

»Ja. Aber das war nicht der Beweggrund. Ausgangspunkt für meine Flucht war, wie gesagt, dieser schnarrende Offizier. Meinen Respekt vor solchen Typen hatte ich schon in Berlin und Krakau verloren. Arschkriecherei nach oben und Treterei nach unten hatte ich dank der hohen Stellung unseres Vaters lange genug beobachten können. Das hat mich schon sehr geprägt.«

Norman, diese mutige Flucht hätte doch deine Befreiung von Vati werden können. Im wahrsten Sinne des Wortes bist du erstmals deinen eigenen Weg gegangen.

»Gibt es das eigentlich: Befreiung vom Vater?«

Jetzt denke ich lange nach. In unser beider Hirn loht mächtig unsterbbar der Reichsminister Dr. Frank.

Ich weiß es nicht, Bomi.

»Ich auch nicht«, nickt er mir freundlich zu. »Wenn wir beide gescheiter wären, würden wir nach dieser Frage einen wissensreichen brüderlichen Dialog starten, der uns beide auf eine neue Ebene der Auseinandersetzung mit unserer Herkunft hieven könnte. Aber wir sind zu dumm. Wir drehen uns beide wie blind gebundene Esel am Laufbalken einer Getreidemühle im Kreis. Immer im Kreis.«

Schweigend trinken wir. Er seinen groben Bauernschnaps, ich meine feine Williamsbirne.

Am 4. Mai 1945 war Vati verhaftet worden. Wie ging's weiter?

»Wir hörten nichts mehr von ihm. Dass es einen Prozess in Nürnberg gegen die hohen Nazis geben würde, erfuhren wir aus der Zeitung. Anfang November 1945 brachte Vatis Anwalt dann erstmals ein Lebenszeichen von ihm zu uns, Briefe.«

Habt ihr euch in der Familie zusammengesetzt und über den anstehenden Prozess geredet?

»Nein.«

Man redet doch miteinander, wenn plötzlich der Vater und Ehemann vor Gericht gestellt wird?

»Nein. Mutti vielleicht. Aber mit wem sollte ich reden? Ich glaube, keiner wollte seine ureigensten Gedanken äußern.«

Die alle schwarz waren. Hat man dich nicht bedauert?

»Gar nichts. Ganz normal weiter gelebt.«

Ist ja 'ne reiche Ernte, die ich einfahre!

»Niki, da ist nichts. Mutti war nicht trostbedürftig. Sie war enorm stark.«

Woran hast du gemerkt, dass sie nicht trostbedürftig war?

»Weil sie nicht davon gesprochen hat.«

Na ja, ob das ...

»Nein!« negiert er schärfer. »Vielleicht hat sie mit ihren Freundinnen geredet, uns jedenfalls wollte sie von ihren Sorgen nichts wissen lassen. Als Ende Mai oder im Juni 1945 in der ›Neuen Zeitung‹ Fotos von Auschwitz und Treblinka erschienen, da sah ich schwarz für unseren Vater. Die haben sich sehr beeilt, die Journalisten.«

Höre ich da eine Abneigung gegen den Boten schlechter Nachrichten heraus? Warum sollten die Journalisten das Entsetzliche verschweigen? Es waren Fotos von KZ Leichen. Daran kann ich mich auch erinnern. Für mich war es der Schock meines Lebens.

»Als ich die Fotos sah, wurde mir klar, dass Vati in größter Gefahr ist.«

War das für dich neu, was die Fotos aus Auschwitz oder Treblinka zeigten?

»Ja. Meine Freunde waren genauso erschüttert. Und die Bauern rings um den Schoberhof. ›Das sollen wir gemacht haben?‹«

Kannst du dich an kein einziges Gespräch über diese Fotos erinnern ...

»Nein«, unterbricht er jetzt nahezu schneidend.

Sag doch nicht dauernd Nein!

»Weil da mein Gedächtnis endet. Wir hatten Hunger. Alle hungerten. Das war damals Schicksal. Die Bauern natürlich nicht. Mutti zeigte ihre Geschicklichkeit im Kochen. Aus Nichts hat die 'ne Suppe gekocht. Ich hab Holz aus dem Wald geholt. Das war halt so. So wie alle Deutschen, die in Ruinen saßen: Was hat uns Auschwitz interessiert!«

Zum Hungern passt dein witziger Satz, den Mutti in ihrem Brief an Vati im Gefängnis zitierte: *Schade,* hast du zu ihr gesagt, *dass zu uns niemand sagt: ›Ihr werdet eingesperrt bei Wasser und Brot!‹ Wie schön wäre das.‹*

Norman lächelt. »Ich hatte wirklich immer Hunger!«

Warst du deshalb sauer auf die Welt? Ein Schnösel von Reichsministersohn muss plötzlich hungern?

»Nein. Für uns war der Alltag während des Prozesses wirklich viel wichtiger. Wo kriegt man Zigaretten her. Wo was zu essen. Nur abends«, unterbricht er sich, und sein verfaltetes Gesicht zeigt plötzlich Lebendigkeit, »abends interessierte uns anderes! Um 19 Uhr saßen Mutti und ich gespannt vor dem Radio, um den Bericht aus Nürnberg zu hören. Immer von Gaston Oulmàn. Ein sehr netter Mann, der uns mehrmals besuchte. Oulmàn war Jude. Er schilderte mit eingefügten Originalton Passagen aus dem Gerichtssaal, was sich an diesem Tag in Nürnberg zugetragen hatte.«

Und danach seid ihr beiden, ohne ein Wort zu wechseln, still auseinander gegangen?

»Ich kann mich an keine Diskussion erinnern. Ich sehe Mutti auch eher schreiben als reden. Geschrieben hat sie mit Leidenschaft.«

Hat Mutti damals je sehnsüchtig geseufzt: »Ach, die alten Zeiten waren herrlich!« oder »Das schöne Krakau!«?

»Nein. Nie. Sie war immer nach vorne gewandt.«

Während du hungertest, breitete Vati am 20. September 1945 im Nürnberger Gefängnis seinen Liebeskummer in Reimen aus:

Zu spät
v. Hans Frank
Du hältst den Brief – das Rosenblatt – das Bild –
In schwerer Nacht die Seele nach Dir rief –
Der Traum, die Ahnung dieser Tage hielt
Dich schon in Spannung – hart und tief.

Sie musste weichen vor dem Wahn in Dir
Und jetzt? Und diese Nacht? Nun neigt
Sich keine Liebe mehr – kein süßes Wesen hier
Wo rings die kalte Leere schweigt.

Zu spät! Nichts holt sie Dir zurück
Die holden Stunden mit dem reinen Glück
Zu spät! Du bist der Gräber und das Grab zugleich!
Dahin – dahin
Und Deine Lippen werden bleich.

»Das kann nur Lilli sein, die er hier andichtet! Mutti war ihm nie ›reines Glück‹. Und ›holde Stunden‹ ist so ein abgedroschener Topos. Vati hatte jede Menge Klischees im Hirn. Das einzig Originelle scheint mir das mit Gräber und Grab. Diese Zeile hätte er als Schuldeingeständnis vor Gericht deklamieren sollen.« Norman ist wieder auf der Witzebene angelangt.

In seinem Schwarzen Heft finde ich Normans eigenes *Zu spät:*

SCHULD
Geblähter Wahn,
geblümte Zunge,
zerborsten nun an dem:
Zu spät!

Bomi, hörst du mich, wo immer du jetzt bist: Glänzende Beschreibung deines Charakters und Lebens!

Im August 1945 mussten wir den Schoberhof verlassen, das weiß ich noch.

»Ja. Strengstens wurde von den Amis kontrolliert, was wir mitnahmen. Als wir bei Kleinheisterkamp im leeren Haus an der Dürnbachstraße ankamen – das war ja der erste Fluchtpunkt – hat Mutti alles, was wir hatten, auf dem Boden ausgebreitet. Ich weiß noch ganz genau, was ich damals dachte: Wenn jetzt die ewige Nacht herein bricht, ist mir das auch egal. Plötzlich habe ich das wie eine Vision gesehen: Jeden Tag Dunkelheit. Es wird nicht mehr hell. Und es stimmte: Von diesem Tag an ging es für Familie Frank ins Dunkle hinein.«

Ein Schock für dich, für mich aufregend. Am nächsten Tag mussten wir das Haus verlassen, und Mutti wusste nicht mehr, wohin. Wir setzten uns im Regen auf die Wiese am Neuhauser Bahnhof. Wo warst du eigentlich?

»Ich war ja zwangsverpflichtet von der Gemeinde.«

Auf der Wiese entdeckte uns die Mutter deines Freundes Jörg und nahm uns Gott sei Dank in die gerade leer gewordene Erdgeschoßwohnung ihres Hauses auf. Sie hatte ihre Verwandten, die aus dem Ruhrgebiet dorthin evakuiert worden waren, gerade zum Zug gebracht, als sie Mutti und uns auf der Wiese sitzen sah. »Das ist doch Frau Minister Frank!« soll sie voller Mitleid gesagt haben.

»Für Mutti war das wohl der absolute Tiefpunkt ihres Lebens. Vor den Augen der Neuhauser sitzt sie mit ihren drei jüngsten Kindern und ein paar Koffern auf einer Wiese im Regen und weiß nicht mehr wohin. Sie, die Jahre lang stolz im Horch mit Chauffeur an der Dorfbevölkerung vorbei gefahren war.« Er wendet sich zu mir: »Gestatte dir wenigstens jetzt ein bisschen Mitleid.«

Ich gestatte.

Norman, ich war damals sechs Jahre alt. Für mich war wichtig, dass ich meine Pistolen und die Munition aus dem Garten des Schoberhofs retten konnte. Doch ich kam zu spät: Als ich mich zwei Tage nach unserem Rauswurf mit Bruder Michel hin schlich, war unser geliebtes Arsenal schon aus der unterirdischen Röhre gestohlen worden. Auch Michels blitzsauberes Maschinengewehr und sein SS-Dolch!

Während des Nürnberger Prozesses und noch Jahre danach wohnten wir in der Dürnbachstraße 7 in Neuhaus am Schliersee, ich zufrieden, Mutti verzweifelt. Du schriebst Vati ins Gefängnis: *Wir leben hier sehr nett. Ich glaube, es würde Dir auch gefallen. Weißt Du, so eine janz kleine gemütliche Wohnung und nur die Familie ist doch das Schönste. Nur Du bist eben zurzeit abwesend.*

»Oft baut ein kleines ›j‹ eine neue Welt«, spöttelt er.

Ich sehe in seinen Augen intensives Denken an die unglücklichen Jahre, die er in der Dürnbachstraße verbringen musste.

Hör mal, wie Mutti ohne »j« Vati unsere neue Bleibe und ihr Leben beschrieb: *Hans, so armselig habe ich in meinem ganzen Leben noch nicht gelebt. Waschen, putzen, kochen, frieren, sparen, hungern und nicht wissen, wie bekleiden. Das ist ein bissel viel auf einmal. Der Absturz konnte auch nur einem Steinbock passieren. Ja, ja, wer hoch steigt, fällt tief.*

»Toll, wie Mutti sogar einen kleinen Spott mit der Steinbock Passage in ihre Schilderung bringt. Sie ließ sich trotzdem nicht unterkriegen.«

Ich hole wieder Normans Brief an Vati hervor. Jetzt hör dir mal an, was unsere Schwester Sigrid noch in deinen Brief hinein gequetscht hat: *Mein lieber Vati! Täglich denken wir an Dich, und alle unsere besten Wünsche sind bei Dir.* Was heißt hier *beste Wünsche,* Norman? Geschwafel! Warum kann außer Mutti kein Frank konkret schreiben? *Hier ist so ziemlich alles gleich geblieben; nach wie vor* … Ich sehe gerade, dass Sigrid noch eine treue Anhängerin des Semikolons war.

»Vermutlich ihre einzige echte Leidenschaft«, wirft Norman ein.

Nach wie vor ist die Familie beisammen, und die äußeren Veränderungen können uns nichts anhaben. Polen verloren, Schoberhof verloren, Mercedes, Salonwagen und Horch verloren, Einkünfte verloren, dafür gewonnen: Überall in den Zeitungen erste Fotos von Leichenbergen aus deutschen Vernichtungslagern im Generalgouvernement! Gott sei Dank kann uns das alles *nichts anhaben. Ich küsse, Dich, mein lieber Vati. Wir sind alle wieder sehr stolz auf Dich. Herzlichst Deine Sigrid.*

Wieso *wieder sehr stolz?* Weißt du, was Sigrid damit meint?

»Ich habe nie gewusst, was Sigrid meint.«

Macho, billiger!

»Vielleicht meint Sigrid mit dem *wieder sehr stolz,* dass Vati durchs Gefängnis zur Familie zurückgekehrt ist. Ich weiß ja, wie sie Vatis Geliebte Lilli gehasst hat und ganz auf Muttis Seite war.«

Dann ist das per Brief eine kleine Ohrfeige für unseren Vater?

»Kann schon sein.«

Du siehst also, wie Sprache klamm heimlich böse einsetzbar ist.

»Ich beneide Sigrid um ihre Kunst.« In einem sarkastischen Ton kommt das daher.

Kannst du dich noch erinnern, wie ich dir half, nach Kriegsende diese riesigen Granathülsen auf einen Lastwagen zu werfen?

»Ja. Vor allem, wie sie dir immer wieder runter fielen.«

Warum hast du das eigentlich gemacht?

»Ich war doch von der Gemeinde zwangsverpflichtet worden.«

Andere junge Männer auch oder nur schandbare Sippenhaft für die Franks?

»Viele andere auch. Zunächst musste ich Munitionshülsen von Granaten einsammeln, die von einem SS-Geschütz noch bis 3. Mai 1945 nach Schliersee und Hausham abgefeuert worden waren. Dann musste ich zum Beton herstellen Sand sieben. Jeden Tag im Einsatz.«

Und alles ohne Diener!

»Es war auch eine Gaudi. Wir haben das nicht als Strafe empfunden, nicht als Demütigung, überhaupt nicht. Der Sommer war sehr heiß. Ich war auch oft im Bad. Ich weiß noch, wie ich mit dem Uli zusammen bei der Panzersperre zwischen Schliersee und Neuhaus die Trümmer wegräumen musste, da sagte er: ›Im Radio hab ich's gehört: Heute hat dein Vater Selbstmord begangen.‹ Da hatte ich keine Empfindung. In der damaligen Zeit war das halt so. Es wurde dann später im Rundfunk wieder richtig gestellt. Wenn ich das jetzt zusammenfasse, und ich liebe Zusammenfassungen: Auch der Schmerz muss gelernt werden.«

Jedenfalls bist du als Sohn des nunmehr im Gefängnis einsitzenden Hauptkriegsverbrechers einigen Schikanen ausgesetzt gewesen.

»Überhaupt nicht.«

So, so. In deinem Brief an Vati vom 16. August 1946 klingt das ein bisschen anders: *Die Schwierigkeiten, die man mir von Seiten der Gemeinde macht, haben zurzeit ihren höchsten Grad erreicht. Man hat mir die Lebensmittelkarten gesperrt, und diesen radikalen Mitteln muss sich heute jeder Mensch (außer den Schiebern) beugen. Doch mein Antrag auf Freistellung läuft noch, und wie man mir versichert hat, wird er wohl Erfolg haben. Trotz allem empfinde ich dies als eine gerechte Strafe für meine Bummeljahre.*

»Das ist schon komisch mit meiner Erinnerung. So ein Jammerton«, redet Norman dazwischen »dabei ging es mir gut. Auch mit meinen Freunden. Es ist mir nie passiert, dass ich zurückgewiesen worden wäre, weil ich ein Frank-Sohn war. Sogar Fremde kamen während des Nürnberger Prozesses auf mich zu und trösteten mich. Ich glaube, wir Frank-Kinder waren sogar beliebt. Weil wir nie hochnäsig waren.«

Bomi, du hättest mich nicht unterbrechen sollen. Hier folgt, was du damals an Vati schriebst: *Um mich herum ist es ziemlich einsam geworden. Meine »Freunde« haben sich größtenteils verabschiedet. Jeder hatte einen anderen Grund. Die Luft wird dünn aber rein. Nur die Umstellung war etwas schwierig.* Wie gut du verdrängt hast.

»Hm«, macht er.

Ellabätsch, sage ich. Erwischt! Zu deiner damaligen Seelenlage passt auch Muttis Brief an Vati vom 26. August 1946: *Alle haben wir einen Schock erlitten durch die Plötzlichkeit, mit der das Unheil kam. Aber man muss doch wieder einen Weg zu den Wirklichkeiten des Lebens, zu sich selber und den wahren Werten des Lebens finden. Norman hat ihn gefunden, und er war wirklich welt- und lebensfremd. Vielleicht hat ihn die Erkenntnis der Erbärmlichkeit des äußeren Scheins noch tiefer getroffen. Und Norman hat auch die Führung des Vaters entbehren müssen zu einer Zeit, wo er Dich am dringlichsten gebraucht hätte resp. braucht.*

»Ja, gebraucht hätte ich ihn! Aber lebensfremd war ich nie.«

Pah! Lache ich ihn aus. Verdrängung bedingt lebensfremd sein oder umgekehrt.

»Wortschaumschläger wie Vati!«

Norman, um uns jetzt aus dieser Drehleier zu befreien: Zur Aufheiterung der Brief, in dem Hansi, der Sigrid geschwängert und sie später auch vorübergehend geheiratet hat, unsere Mutter um 50 000 Reichsmark erpresst, sonst würde er Muttis Schmuckversteck an die Amerikaner verraten.

»Vati hatte ihn von Anfang an durchschaut. Was mir eben einfällt: Hansi muss von Sigrid erfahren haben, dass Vati unserer Mutter beim Abschied 50 000 RM zugesteckt hat. Die wird sie ihm dann wohl gegeben haben.«

Um nicht die Tasche voll geraubten Schmucks hergeben zu müssen – was für Charaktere!

»Hansi hat sich auch gleich bei der *Freiheitsaktion Bayern* als glühender Nazifeind eingebracht. Von den Führern der ›FAB‹ wurde ich zu einem Gespräch in ihr Büro beim Schnapperwirt bestellt. Nur alte fette Bayern saßen da herum.«

Der Hansi nicht?

»Nein. Einer dieser Fettsäcke wollte mich zusammenscheißen: ›Ich habe gehört, Sie sind jeden Tag beim Baden?‹ Da kam sofort meine freche Antwort: ›Ich habe es nur mit Amerikanern zu tun. Und denen ist das vollkommen egal.‹ Da waren die alle betroffen und bedeppert. Ich bin dann auch gleich grußlos hinaus. Sie wussten, ich hab die Trumpfkarte Amerika ausgespielt. Und ich hab ihnen ihre eingebildete Macht genommen.«

Norman, ich verstehe dich nicht: So ein großartiger Auftritt. Genau wie deine Flucht aus dem Gefangenenlager. Plötzlich konntest du selbstbewusst und mutig agieren. Warum hast du dich dann dein ganzes Leben über doch weggeduckt?

»Habe ich nicht. Ich war immer ich selbst. Nie habe ich meine Zigarettenmarke gewechselt oder meine Schnapssorte.«

Du willst also auch im geschätzten 25. Jahr meiner Befragung nicht ehrlich darüber sprechen. Zum Beispiel auch nicht darüber, dass du sogar Dialogpartien in deinem Hirn gespeichert hast – allerdings nur von deinen starken Auftritten.

»Was weiß ich«, unterbricht er grantig, »hör auf, in mir rumzufummeln. Ich erinnere mich eben positiver, als ich damals geschrieben habe.

Er schweigt.

Na? Muntere ich ihn auf. Aber er bleibt stumm. Ich greife zu meiner Aktentasche, die neben meinem Stuhl liegt.

So, Bomi, jetzt geht's richtig los. Siehst du diese Mappe mit Briefen und Dokumenten. Sie alle behandeln den Prozess gegen unseren Vati, unsere damalige Seelenlage, auch die seinige, unsere Lügen und die seinen, unsere Hoffnungen und die seinen. Es war eine verbal kaschierte Interaktion entsetzlicher Zukunftsangst, zugestellt per Post. All dieses Papier werde ich dir jetzt, Datums mäßig geordnet, um deine Gummilapperlohren hauen, damit du dich endlich stellst!

»Finis operi!« greint er. Doch es ist nicht mehr ernst gemeint. Schon Tage zuvor hatte ich gemerkt, wie er immer begieriger wurde, in sein eigenes Leben einzutauchen und es aufgeschrieben zu sehen. Natürlich mit Rückfällen in Widerborstigkeit. Ich fand morgens kaum leserlich gekritzelte Zettel vor:

Niki, lass mich. Norman

Oder:

Lieber Niki, bin deprimiert ins Bett. Verzeih' Deinem Norman

Selbst das Apostrophzeichen hatte er nicht vergessen

Bomi, ich fange gleich mal mit deinem ersten Brief ins Nürnberger Gefängnis vom 3. November 1945 an: *Deine lieben Briefe und Karten haben wir vor drei Tagen erhalten.* Merkst du deine Unaufrichtigkeit? Wieso *liebe Briefe und Karten?* Hat er nur schmusiges Zeugs geschrieben oder vom erinnerungsseligen Stadtrundgang in Nürnberg unter Bewachung? Das sind doch diese Hohlwortformeln, die ich schon damals als Bub nicht mochte. Weiter: *Das waren die ersten, sehnlichst erwarteten Nachrichten von Dir!* Na also, es geht doch. Aber schon kommst du wieder unecht daher: *Damit wurde uns ein kleiner Teil der Sorgen um Dich genommen.* Das, Norman, ist Rentnerdeutsch. Du warst damals 17 Jahre alt, da lebt man doch sprachmäßig eher in der Sturm und Drang Periode, zumindest ist man direkt! Die einzige Entschuldigung: Du hast Vatis Laberstil bewusst übernommen. Dein »auch« im nachfolgenden Satz weist auf Vatis gleichfalls verlogenen Briefinhalt hin: *Auch wir blicken voll Vertrauen in die Zukunft und sehen uns alle wieder zusammen.* Gut, damals wusste noch keiner, wie die Gerichtsverhandlung laufen würde. Dennoch: Für mich ist da keine Wahrheit drin, nur Angst vor der Wahrheit.

»Ich hoffe, einen gerechten Richter zu finden« Hans Frank 1946 im Nürnberger Gefängnis (hinten) mit anderen Angeklagten, darunter Speer und Ribbentrop.

»Vielleicht hast du Recht. Wirklich habe ich Vati nie geschrieben. Ich flüchtete mich wie die übrige Familie von Anfang an in Hoffnungsprosa.«

Dabei hattest du doch Angst?

»Riesenangst!«

Mutti schrieb Vati am 16. November 1945: *Mein lieber, geliebter Hans! Nur noch wenige Tage sind es bis zum Beginn Deines Prozesses. Ich höre noch Deine Worte – es waren so ziemlich die letzten, die Du vor Deinem Weggehen sprachst: »Ich hoffe, einen gerechten Richter zu finden.« Ja, lieber Hans, das wollen wir alle hoffen und glauben. Behalte immer Dein Gottvertrauen. Wir wollen's auch. Und so stellen wir uns alle unter seinen Schutz. Er meint es ja immer am besten mit uns.*

»Muttis Frömmigkeit war gespielt. Ein Ersatz für die verlorene Stellung. In der Religion kamen diese geschassten Hohen Reichsdamen wieder zusammen. Der liebe Gott war für sie ein Surrogat Hitlers.«

Also Bomi: Beim ersten Hauptkriegsverbrecher Prozess der Weltgeschichte wird Vati in drei von vier Punkten angeklagt: Verschwörung zu einem Angriffskrieg, Kriegsverbrechen und Verbrechen gegen die Menschlichkeit. Mutti hoffte gläubig mit dem Surrogat. Und du?

Norman hebt hilflos die Schultern. »Ich würde lügen, wenn ich zu Beginn des Prozesses in Nürnberg schon gedacht hätte, dass Vati sterben könnte. Trotz der Fotos von den KZ Opfern in der *Neuen Zeitung* im Sommer 1945, wo ich doch zu Mutti gesagt hatte: ›Jetzt sind wir dran!‹«

Am 25. November 1945 schriebst du Vati ins Gefängnis: *Wir verfolgen nun täglich die Berichte über den Prozessablauf. Ich kann Dir gar nicht sagen, wie sehr ich mich über Deine Haltung gefreut habe. Lass Dir sagen, wie stolz ich auf meinen Vater bin! Ich danke Gott, dass er mir so einen Mann als Vater gegeben hat, und ich werde versuchen, ihm annähernd gleichzukommen! So kindlich mir das auch im Augenblick vorkommt, aber es sind nun einmal meine Gefühle und die muss ich Dir sagen.*

Norman, ich kann dir nachweisen, dass sich Vati bis zu diesem Zeitpunkt im Prozess nur einmal geäußert hat: »Ich bekenne mich nicht für schuldig« antwortete er am Mittwoch, dem 21. November 1945 auf Befragen des Gerichts in verdrehtem Deutsch. Wieso warst du stolz auf ihn?

»Ich weiß es nicht mehr. Ich mag nicht drüber reden.«

Schon wird es wieder kritisch. Er schaut auf die Dokumentensammlung. Jeder Brief ist von mir in Klarsichthülle verpackt worden. »Das blöde Zeug«, murmelt er und deutet auf den Stoß.

Wieso? Es geht doch um deinen Stolz auf sein »Nicht schuldig«?

»Warum sollte ich nicht stolz sein? Ich wusste von nichts.«

Du hattest doch schon die Fotos von Auschwitz und Treblinka in der *Neuen Zeitung* gesehen und danach gesagt, dass du für Vati schwarz siehst?

»Niki, was weißt denn du!«

Klägliche Reposte, Bomi. Hast du eigentlich später im Leben weiter den Wunsch verfolgt, ihm *annähernd gleichzukommen?*

»Nein.«

Wann hast du eigentlich von Vatis Selbstmordversuchen erfahren?

»Weiß ich nicht mehr.«

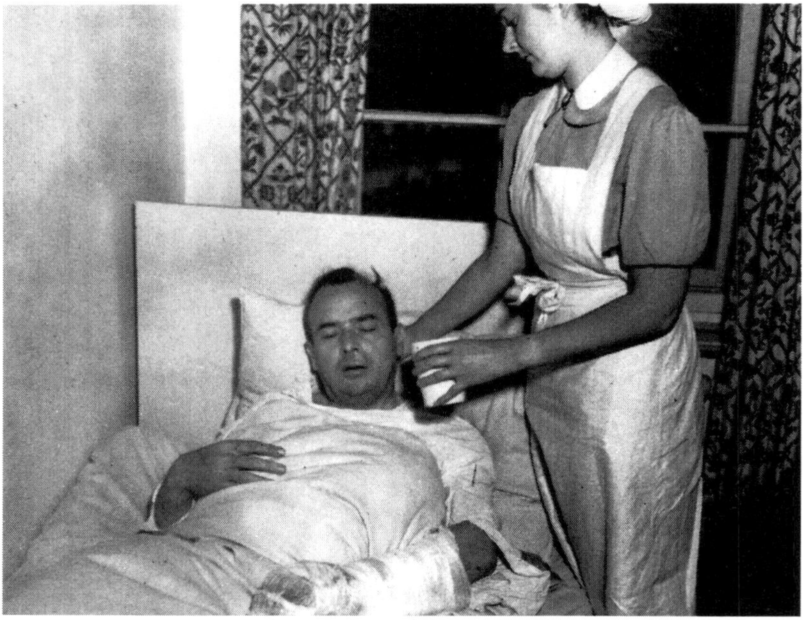

»Ich hätte mich schon in Polen umgebracht.« Frank schnitt sich nach der Verhaftung die Pulsadern der linken Hand auf, später noch in Kehle und linke Armbeuge.

Aber ich. Aus einem Brief von Vatis Anwalt Dr. Alfred Seidl an Mutti vom 28. November 1945: *Er wurde zunächst nach Tegernsee gebracht und dort einem ersten Verhör unterzogen. Die damit verbundenen Aufregungen und insbesondere die Tatsache, dass Ihr Mann sich von Ihnen und den Kindern nicht mehr verabschieden konnte, hatten zur Folge, dass Ihr Mann offenbar die Nerven verloren hat. Er machte in Tegernsee einen ersten Selbstmordversuch dadurch, dass er sich die Pulsadern der linken Hand aufschnitt. Er wäre wahrscheinlich verblutet, wenn nicht im letzten Augenblick noch jemand dazu gekommen wäre. Ihr Mann wurde daraufhin in einem Lazarett in Tegernsee operiert. Am nächsten Tag wurde er mit einem Sanitätsauto in ein amerikanisches Feldlazarett bei Augsburg gebracht. Dort blieb er nur eine Nacht. Am folgenden Tag wurde er in ein politisches Untersuchungslager bei Augsburg überführt. Dort fand die zweite Vernehmung statt. Dabei machte Ihr Mann den zweiten Selbstmordversuch und zwar dadurch, dass er sich einen Schnitt in den Hals und in die linke Armbeuge beibrachte. Es folgte eine zweite Operation, nach welcher er in das Reservelazarett beim Nymphenburger Schloss in München überführt wurde.*

Norman schweigt, schaut zum Fenster hinaus. »Komisch, er hat dem Seidl nichts vom Spießrutenlauf in Tegernsee erzählt.«

Oder doch, und Seidl wollte unsere Mutter nicht aufregen. Vielleicht auf Vatis Anraten hin.

»Kann sein.«

Wieder Pause.

»Der und die Nerven verlieren, weil er sich nicht von uns verabschiedet hat! Pah! Der war doch eh lieber in Aibling bei seiner Lilli! Nein, nein, ihn trieben nur die entsetzlichen Schmerzen nach dem Spießrutenlauf in den Selbstmordversuch. Vielleicht kapierte er auch plötzlich, dass es um seinen Kopf ging!«

Offensichtlich wütend reibt sich Norman mit dem Rücken an der Sessellehne.

Norman, du bist ja richtig sauer auf Vati. Schau schnell auf die Straße raus, da haben ihn die Amis am 4.Mai 1945 gegen 14 Uhr vorbei gefahren zum Spießrutenlauf. Hab wieder mehr Mitleid mit ihm.

Er blickt mich ob meines Spotts verächtlich an. Dann nehmen wir uns beide aus der Glasschüssel ein Stück Niederegger Marzipan. Schweigen uns lutschend an.

Norman, versuche ich ihn mit wahllos erinnertem Witz hoch zu stemmen: Norman, kennst du den Leib- und Magenspruch aller Scheidungsanwälte?

»Nein«, grummelt er belästigt.

Frauen dürfen überall stehen, nur nicht im Grundbuch.

So etwas mag er. Gleich hellt sich seine verknautschte Miene wieder auf.

Die Nerven und Geschmackssensoren deiner Mundhöhle verhalfen dir beim Niederegger Marzipan oder beim Schnaps trinken zu wohligem Gefühl. Das Rauchen nicht weniger. Aber auch die Sprache? Die Worte, die du sagtest? Nicht nur die kurzen, trockenen Witze, die du liebtest. War dein Abwehrsatz »Meine Pubertät war mir wichtiger« auch ein Wohlfühlsatz?

Verflucht, Norman, sie sollen dir endlich den Gaumen aufmeißeln!

Sie tun es: Deine Kiefer waren stark geschrumpft, weil du kaum mehr Zähne hattest und die Mühe scheutest, ins Haus gegenüber zum Zahnarzt zu gehen, um dir neue einsetzen zu lassen.

»Da hätte ich eine Treppe rauf gehen müssen.«

Verdammt, Norman, du richtest dich faul in deiner Zahnlosigkeit ein, hatte ich ihn beschimpft. Vergeblich. Was ich erntete war ein: »Schau du dich doch an mit deinem Zahnverhau! Du müsstest ja zum Schmied, um das zu richten.«

Das wichtigste Geschmacksorgan soll das Riechorgan sein, nicht die Zunge. Hast du deshalb auf den Duft deines Körpers geachtet? Oder geschah auch das Besprühen nur aus selig machender Erinnerung an Vaters Tarr Geruch, den du als Kind so geliebt hast?

Aller Druck durch Muskeln auf Knochen verhindert, dass der Knochen *atrophiert,* also verkümmert, weiß ich. Du hast nie genug gekaut, Norman, in deinem Leben. <u>An</u> deinem Leben hast du allerdings genug zu kauen gehabt.

»Witzig, witzig«, hör ich dich verächtlich sagen, obwohl du schon längst tot bist.

Was du Vati am 7. Dezember 1945 ins Gefängnis geschrieben hast, gehört für mich zur unendlichen Geschichte unbeabsichtigter Beleidigungen und Drohungen zwischen uns Menschen. So, wie man Geburtstagskinder spätestens ab ihrem 65. Lebensjahr an ihr nahes Ende zu erinnern pflegt, indem man ihnen wünscht, dass sie »noch recht lange leben« mögen, beendest du deinen Brief so: *Du hast sicher unsere Gedanken gefühlt. Ich glaube, Du wärest beruhigt gewesen, wenn Du uns so gesehen hättest. Wenn wir nur auch beruhigt sein könnten!* Zack, das hat gesessen! Der arme Vati in seiner vergitterten Betonbruchbude von Zelle. Und dann schriebst du noch drunter: *Es grüßt Dich vielmals Norman, Dein Todesengel.*

»Was?« schrickt Norman auf.

Ich lache. Nein, nein, der *Todesengel* stammt von mir. Du hattest nur geschrieben: *Dein Norman.* Aber kapierst du, wie du – trösten wollend – ihn wieder ins schwarze Loch der Angst geschleudert hast!

»Ja.«

Junge, wir machen Fortschritte!

»Wohin?«

Am nächsten Tag mach ich rücksichtslos weiter, bringe Norman dahin, dass er sich vor Sehnsucht und Verzweiflung krümmt. Ich lese ihm vor, was unser Vater – an niemanden gerichtet – mit Bleistift zu Papier gebracht hat. Vermutlich ist es über seinen Verteidiger Dr. Alfred Seidl unzensiert auf unsere Mutter gekommen: *Heute, den 23. Dezember 1945, sitze ich allein in meiner Nürnberger Gefängniszelle. Durch die Türe fällt der Lichtstrahl einer hellen Lampe, die meinen kärglichen Tisch beleuchtet, den ich mir vor mein Eisengestell-Bett, auf dem ich sitze, gerückt habe. Auf dem Tischlein – aus ganz dünnen schwachen und stets schwankenden Holzstäben mit Pappkartonplatte bestehend – habe ich weiße Papierbögen so gebreitet, dass die Illusion eines Tischtuches entsteht. Ich schaue auf eine Buntkarte, die ich von meiner Mutter mit lieben Zeilen zum Feste erhalten habe – die heilige Familie um die Krippe unter einem lichterstrahlenden Christbaum darstellend – und die ich mir wie ein Bild aufstellte. An sie lehnt sich eine kleinere Karte – die Hirten, den Stern demütig anbetend – mit der Aufschrift ›Christmas greetings‹, welche ich gestern, als ich vom Spaziergang zurückkehrte, in meinem Räumchen als zarten Gruß eines unerkannt bleiben wollenden Amerikaners vorgefunden hatte. Draußen ist es Nacht. Das düstere Gebäude liegt in Ruhe. Und meine Gedanken machen sich auf und tragen mich in das Zauberreich meines hohen Lebensglücks: Schoberhof!*

»Ich mag das nicht, Niki. Hör auf!«

Aber wir wollten doch dein Leben aufschreiben!

»Eben: Mein Leben!«

Deines ist ohne Vatis Leben nicht zu verstehen. Wenigstens den Schluss musst du noch ertragen. Er hat ja die Blätter mit *Weihnachten am Schoberhof* überschrieben: *Schoberhof – sag‹: Denkst Du unser so wie wir Deiner? Wenn es einen Hausgott gibt, dann bist Du einer und ja, gelt, Du holst uns alle wieder zusammen um Deinen altgrünen Kaiser Maximiliansofen in die alte Stube und singst uns dann wieder Deine herrlichen sausenden und säuselnden Melodien, wenn Du dem Sturm der Berge lauschst und Du behaglich-selbstsicher, uralt und klug Dich unter den tiefen Schnee behaglich einkuschelst, die weiße Haube über Dich ziehst, und wir alle in Dir zusammenrückten wie die kleinen winzigen Küken unter der Glucke.*

Norman starrt vor sich hin. Sein Adamsapfel unter der faltigen Kuhhalshaut macht Klimmzüge. Ich spüre Tränen in den Augen. Dieser Hundsfott von Vater packt uns an unserer schwächsten Stelle: Dem Schoberhof. Das wirkt auch noch nach über einem halben Jahrhundert.

»Er hat zwei Mal kurz hintereinander das Wort ›behaglich‹ benutzt. Das ist schwach«, kraxelt Norman mit Beckmessers Hilfe aus unserem Erinnerungstief. »Weißt du, wie Vati die Brecherspitze genannt hat, die hinter dem Schoberhof aufragt?«

Nein.

»Den ›Lehnstuhl Gottes‹.«

Schön. Das ist die einzige poetische und zugleich präzise Beobachtung, die Vati je kundgetan hat.

»Ja. Sonst ist alles Kitsch, was er geschrieben hat.«

Gell, Norman, alles schale Rettungsversuche unsererseits, um Verlustgefühlen zu entgehen?

Er antwortet nicht darauf.

Mochte eigentlich Mutti den Schoberhof?

»Schon. Aber mehr war sie doch in der Niederlausitz zu Hause. Der schöne Satz ihres ehemaligen Geliebten Strüver: ›Brigitte, Landschaft muss liegen, darf nicht stehen‹ passte wohl auf ihr distanziertes Verhältnis zum gebirgigen Oberbayern.«

Auch diese witzige Information hält mich nicht davon ab, meinen Bruder weiter zu quälen. Hier, Bomi, eine Art Mitteilung von Weihnachten 1945. Vati hatte aus der Zelle heraus handschriftlich seinen Verteidiger Dr. Alfred Seidl angewiesen, *folgende Gedanken* an seine eigene Mutter und seine fünf Kinder weiterzugeben. Er hatte sie durchnummeriert. Nr. 3 bist du: *Dir, meinem lieben Sohn Norman, wünsche ich von Herzen alles Gute zu Weihnachten und danke Dir für alle Deine Treue und Liebe, die Du mir erweist. Ich danke Dir auch besonders dafür, dass Du Deiner armen vielgeplagten Mutti so treu hilfst. Hoffentlich sehen wir uns im Neuen Jahr wieder. Herzlich umarme ich Dich in treuer Liebe. Dein Vater.*

»Mit der treuen Liebe meinte er, dass ich während des Scheidungskriegs zu ihm und nicht zu Mutti gehalten habe.« Norman nickt, plötzlich sehr zufrieden.

Du braver Bub, von wegen *Hilfe für Deine arme vielgeplagte Mutti!* Weißt du, wer dich damals am genauesten durchschaut hat?

»Mein Hund Tommy.«

Nein. Unsere Schwester Sigrid.

Ich hole ihren Brief vom 14. Januar 1946 hervor, lese los. Norman hört Dunhill rauchend zu.

Mein lieber Vati!

Bei uns will es gar nicht mehr aufhören zu schneien. Und ausgerechnet heute war wieder Norman an der Reihe mit Schneeschaufeln. Er hat fürchterlich geschimpft, denn er ist schrecklich faul.

»Alte Petze!« wirft Norman ein.

Finde ich auch.

»Sigrid hat Vati öfter so blöde Briefe über mich ins Gefängnis geschrieben, in denen sie meine Faulheit anprangerte. Vati ist in seinen Briefen an mich nie darauf eingegangen.«

Warum eigentlich nicht?

»Vielleicht hatte er mich innerlich aufgegeben.«

Es tut mir immer so leid, wenn ich in einem Brief von Dir an Norman lese, wie sehr Du Dich freust, dass Norman Mutti so sehr hilft. Es ist gar nicht wahr.

»Warum hat sie das geschrieben? Vati kämpfte um seinen Kopf!« Norman wird wütend.

Bomi, vielleicht spürte sie, dass Vati dich bevorzugte.

»Bei solchen Briefen einer Tochter würde ich auch den Sohn bevorzugen.«

Norman macht halt immer noch seine beliebten Sprüche und Witzchen, die ihn ja, wie Du weißt, alle Herzen im Sturm erobern lassen. Er wird wohl nie ganz aufwachsen – er ist und bleibt der kindliche Träumer und Phantast und vor allen Dingen der »Familienoptimist«. Jeden Morgen muss er Milch holen und erledigt dieses Geschäft mit der Miene eines gräflichen Kammerdieners, dem es unverantwortlicher Weise zugemutet worden ist, das Zimmer zu kehren.

Bomi, und jetzt kommt's ...

»... mal wieder«, unterbricht er in abfälligem Ton.

Norman hat seinen Krakauer Traum noch immer nicht zu Ende geträumt und wird sich wohl niemals so ganz daran gewöhnen können, dass es keinen Herrn Nickl und kein Frl. Hilde mehr gibt, die ihn mit zarten Worten und liebevollen Handgriffen vor der Kälte und Grausamkeit des Lebens bewahrten, und ihm das Gefühl der Ruhe und Behaglichkeit förmlich einsuggerierten. Der gute Bomi! Er ist ja eigentlich von uns fünf am schlechtesten dran! Aber es ist so gut, dass er es nicht gewahr wird. Trotzdem, lieber Vati, möchte ich Dich sehr herzlich bitten, doch einmal ein paar Zeilen an Deinen großen Sohn zu richten, mit der Bitte – ganz zart muss man mit Bomi umgehen – doch wirklich der Mutti etwas mehr Stütze zu sein. Wenn Du etwas an Norman schreibst und ihm sagen lässt, so ist das für ihn wie das Evangelium. Er ist so stolz auf Dich und hängt sehr an Dir.

Ich finde das prima, was Sigrid über dich schreibt. Der Herr gräfliche Kammerdiener, der den Krakauer Traum bis heute, bis in sein 81. Lebensjahr hinein, träumt. Stimmt's?

»Sigrid hat sich als 17 Jährige vom Hansi ein Kind machen lassen. Vati konnte Hansi nicht ausstehen. Sigrid fühlte, dass Vati auch sie seitdem verachtete. Ich glaube, er hat ihr nie auf diesen Brief geantwortet.«

Triumph! Triumph?

»Ich hab mir im Leben nichts zu Schulden kommen lassen.«

Was ist dann mit dem Krakauer Traum?

»Stimmt nicht. Ich hab nie geträumt.«

Würdest du Vati umarmen, wenn er jetzt zur Tür rein käme?

»Wir haben uns nie umarmt.«

Sehnsucht nach ihm?

»Ja.«

Ha, sage ich und wende mich wieder dem Brief zu. Nicht nur dich hat Sigrid durchschaut, sondern auf feinste Weise auch mich. Sie beschreibt, wie wir am 13. Januar 1946 Gittis elften Geburtstag feierten. Sei bitte nicht neidisch auf mich, Norman: *Niki saß wie immer still und gesättigt an Muttis Seite, und nur die wunderschönen großen Augen strahlten in dem kleinen ernsten Kindergesichterl mit der klaren hohen Stirn. Ja, der Niki ist ein hübscher Knabe geworden, der ruhig und überlegend seinen Weg geht und die Menschen und das Geschehen um ihn herum mit seinem klaren Verstand genau betrachtet und sich seine Gedanken darüber macht. Ich denke mir oft, dass er Dir sehr ähnlich ist.*

»Hähä«, unterbricht Norman gespielt höhnisch.

Höre weiter, Bruderherz: *Nur glaube ich, dass Niki später einmal, wenn er erwachsen ist, eine bessere Menschenkenntnis haben wird, als wir Franks alle zusammengenommen jemals hatten und haben werden.*

»Du bleibst ein Fremdi in unserer Familie. Deine Menschenkenntnis ist moralinsauer.« Jetzt ist er ernster. »Komm, lass uns einen trinken.« Er wedelt mit seinem leeren Stamperl.

Das hab ich nun davon, dass ich dein Leben aufschreibe, sage ich und geh zu Gerk zwecks außerordentlichen Nachmittagsschnapses. In einer unauffälligen Tüte schmuggle ich das hitzige Getränk in Normans Wohnzimmer. Wir verstecken den Obstler nach dem Einschenken hinter dem Vorhang an der Seite seines Vati-im-Jeep-Vorbeifahr-Fensters. Ich nehme noch von meiner Williamsbirne, die er nicht mag.

»Nein, nein, du bist schon ein echter Hans Frank Sohn«, sagt er, nachdem ich mir wieder die Wolldecke um die Schultern gelegt und mich vor mein Laptop gesetzt habe. Er ist auf Versöhnung aus.

Du bist auf Versöhnung aus?

»Ja. Prost.«

In Muttis Papier Wust habe ich, von ihr auf ihrer Erika-Schreibmaschine geschrieben, etwas gefunden, was ich dir oder Vati zuordne. Da es vor Muttis Tod im März 1959 abgeschrieben worden sein muss, wäre es bei deiner Autorenschaft ein frühes Eingeständnis des Scheiterns, bei Vatis für uns nachgerade sensationell. Hör zu: *Ich bin mir durchaus drüber im Klaren, dass alles, was ich tue, falsch ist. Auch bin ich bereits in dem Stadium, wo der normale Mensch seine Fehler einsieht, doch fehlen mir Kraft und Mut, dieselben gutzumachen oder sonst auf einen besseren Esprit zu subvenieren.*

»War ich nicht!«

»›Subvenieren‹ deutet auf dich als eitlen Jugendlichen.

»Nein. Ich fand nie, dass ich viel falsch gemacht habe in meinem Leben.«

Onkel Richard Schneider-Edenkoben schrieb unserer Mutter am 5. Juli 1949 bitter Böses über deinen Charakter: *»Normans Faulheit, sein Spielerwagemut, sein abenteuerlicher Optimismus, alles wäre begreiflich und ist in gewissem Sinne auch verzeihlich – unter anderen Umständen. Nach all dem, was euch geschehen ist, hat Norman Pflichten, heilige und unabdingbare Pflichten. In erster Linie Dir gegenüber, Dir hat er von früh bis spät zu helfen, Dir Dein Leben zu erleichtern, wo er nur kann. Er hat ebenso heilige Pflichten dem Andenken seines Vaters gegenüber. Gerade weil er der Sohn seines Vaters ist, das verpflichtet ihn zu vorbildlicher Haltung und zur besten Leistung, zu der er im Stande ist. Dass Norman anscheinend so pflichtvergessen ist, das ist, was mich erschüttert. Ich hätte mich für Normans innerlich vornehme Gesinnung verbürgt. Ich hätte jeden Eid geschworen, dass er Haltung und Rückgrat hat. Dass er seinen angeborenen Hang zur Bequemlichkeit und seine kronprinzliche Verweichlichung selbstverständlich in den letzten harten Jahren durch straffe Zucht überwunden hätte. Ich hätte ihm wirklich mehr Haltung, mehr Geschmack und mehr Takt zugetraut. Selbstmordgedanken!!! Dass er nicht einsieht, wie verächtlich das ist …«*

»Hör auf!« unterbricht er.

Du hast das Schlimmste eh schon gehört. Was war denn damals los?

»Weiß ich nicht mehr.«

Du wolltest damals Selbstmord machen. Hast du <u>das</u> Mutti erzählt?

»Das mit dem Selbstmord war früher, 1947.«

Wieso erzählst du deiner Mutter vom misslungenen Selbstmordversuch? Du kennst sie doch! Ein vollendeter Selbstmord ihres liebsten Kindes, das hätte ihr imponiert!

»Hör ich da eine gewisse Eifersucht? Nach meinem Ableben endlich Muttis Liebe teilhaftig werden? Onkel Richard schreibt von *Selbstmordgedanken!* Damit habe ich Mutti öfters bedroht. Hat funktioniert. Ich glaube nicht, dass ich ihr von meinem wirklichen Selbstmordversuch berichtet habe.«

Was waren wir doch für eiskalte Kinder.

»Was war sie doch für eine eiskalte Mutter!«

Nur bis zur totalen Kapitulation am 8. Mai 1945. Ab dem 9. Mai kämpfte sie für unser Überleben.

»Als Demokratin.«

Wir lachen.

Bomi, für Mutti waren Absturz, Plünderung, Rauswurf und Verhaftung ihres Mannes einfach zu viel. Dabei hatte sie damals ihr Idealgewicht erreicht, allerdings jenes als 17 Jährige: 48,5 Kilo. Mutti brach zusammen und wurde ins Krankenhaus gebracht. Für mich eine ekelhafte Zeit. Nicht, dass ich Mutti emotional vermisst hätte, nein, ihre Schwester, unsere Tante Else, führte das Hausregiment. Gitti, Michel und ich litten unter pingeligstem Ordnungsfanatismus.

Aus dem Krankenhaus Spielberg schrieb sie am 24. Februar 1946 an Vati in Nürnberg: *Eben habe ich mich vors Ofenloch gekauert, um in den Kamin hinauf einige Zigarettenzüge zu blasen!! Schwester darf nichts riechen!* Bomi, das ist aus der Königin von Polen geworden! *Von Norman und Sigrid habe ich bislang noch keine Zeile bekommen. Ich will jetzt aufhören, mich damit zu quälen, weil ich weiß, dass sie eines Tages wieder zu sich kommen werden. Sie sind verrannt. Beide wissen noch nicht, wie schwer das Leben auch für sie noch kommen wird, es kann gar nicht ausbleiben. Tim hatte den Gedanken erwogen, ob Norman nicht Kardinal werden sollte mit seinem Aussehen! Er meint, Norman würde einen guten Diplomaten abgeben, und Kardinal sein sei auch eine diplomatische Tätigkeit! Das mag schon sein, aber da gehören wohl andere Voraussetzun-*

gen dazu. Und jetzt merke auf, Bomi: *Ja, wenn's um Niki ginge, da hätte ich eher Hoffnung.*

Norman lacht los: »Meine Güte! Nach Vati nun auch Mutti! Du und Kardinal! Was hat die katholische Kirche für ein Glück gehabt, dass dieser Kelch an ihr vorüber gegangen ist.«

Norman schwamm den Sommer 2009 über schon mit anderen Leichen geruhsam im Tank der Münchener Anatomie, als ich zu einer Podiumsdiskussion auf den Evangelischen Kirchentag in Bremen eingeladen wurde. Zu gerne hätte ich ihm von meiner Begegnung mit dem 87 Jährigen Auschwitz Überlebenden Michael Goldmann erzählt. 1996 war er mit seiner Familie nach Krakau gefahren und hatte dort das seit Urzeiten berühmte Restaurant »Wierzinek« am Großen Marktplatz besucht. Es war auch während der deutschen Besatzung geöffnet, natürlich nur für Deutsche. Goldmann fragte im Kreis von Ehefrau, Kindern und Enkeln den Kellner: »Welchen Tisch hat Generalgouverneur Frank immer reserviert?« Der Kellner zeigte auf einen Ecktisch. »Den will ich haben!« forderte Goldmann und machte es sich mit seiner Familie bequem. Er strahlte mich an: »Herr Frank, an diesem Tisch schloss sich mein Lebenskreis. Ich, der kleine Jud aus Kattowitz, hab Ihren Vater am Ende doch noch besiegt, diesen furchtbaren Generalgouverneur.«

Norman, weißt du was? Ich freute mich bis ins Innerste meiner Seele mit ihm. In diesem Moment triumphierte selbst ich über Vati.

Bomi, wie schön hätte Goldmanns Erzählung zu Muttis Brief an Vati gepasst, den ich dir im März 2009 vorgelesen habe: *Heute Abend hörten wir im Radio, dass Du Dr. Bühler und Polen als Zeugen erbittest. Dass Du drüben das Beste anstrebtest und mit den SS-Anordnungen nichts zu tun hattest, ja, Hans, dafür gibt es genug Zeugen.*

»Der Bühler war ein netter Kerl. Und seine Frau hat sicher furchtbar gelitten, als er in Polen hingerichtet wurde.«

Die Kinder auch. Ich hab Frau Bühler mal besucht. Als Vatis amtlicher Stellvertreter hat er an der Wannseekonferenz teilgenommen. Danach berichtete er Vati brühwarm von der Organisation der Endlösung. Und unser Vater?

»Hat mitgemacht. Ich weiß, Niki. Trotzdem, der Bühler war wirklich nett und sehr bescheiden.«

Norman, ich kann solche Menschen nicht aufteilen. Ich sehe sie immer von ihrer finstersten Seite.

»Ich sehe Menschen als Gesamtkunstwerk.«

Ich lese lieber laut weiter. Muttis Träumereien, von denen sie, Radio hörend, Vati ins Gefängnis berichtete: *Und ich sitze dann im Geiste mit Dir im Musiksaal – zumeist natürlich in Krakau, und ich fühle Dich direkt neben mir. Dann aber kommt das entsetzliche Erwachen, und ich weine und weine. Heute merkte ich zum ersten Mal, dass ich vor lauter Schmerz ganz herzlich geworden bin.*

»Das kann nicht wahr sein!« Norman schaut verblüfft zu mir.

Doch. Hier hast du den Brief.

»Ich glaub' dir.« Norman lacht los. »*Vor lauter Schmerz herzlich geworden!* Sie war schon eine Nudel, unsere Mutter! Irgendwie ist das ja auch noch eine Liebeserklärung an Vati.«

Versteh ich nicht.

»Mutti wusste um ihre Kälte. Vati fürchtete ihre Kälte. Und jetzt zeigt sie sich ihm sozusagen geläutert. Nur: Es hat nichts genutzt. Die richtigen Liebesbriefe aus seiner Zelle schrieb er an Lilli.«

Lilli stinkt dir, was?

Er zuckt die Schultern.

Bomi, wenn ich eine Bewegung imitieren müsste, die dich genau beschreibt, würde ich dein Schulterzucken machen.

Jetzt lacht er wieder, Gott sei Dank.

»Was mir einfällt: Warum hat Vati damals in Nürnberg mindestens drei Mal von Mutti gefordert: ›Norman soll unbedingt Frau Grau‹ – also seine Lilli – ›in Bad Aibling besuchen!‹ Ich ärgere mich, dass ich das nicht gemacht habe. Vielleicht hätte ich dort eine persönliche Erinnerung an Vati bekommen. Oder vielleicht Raffaels Bildnis eines jungen Mannes.«

Das Lachen wird dir vergehen, wenn du Mutti weiter hörst: *Seit Mitte des Jahres 42 bin ich nur noch aus Leid und Schmerzen zusammengesetzt.*

»Was sollte Vati damit anfangen? Das war böse von ihr. Mitte des

Jahres 1942 tauchte eben Lilli auf, und er war plötzlich der glücklichste Mensch der Welt.«

Inmitten des Grauens.

»Ja, ja, ja«, bügelt er mich als Gebetsmühle ab, indem er seine rechte Hand entsprechend ums Gelenk dreht.

Werd nicht patzig, sondern höre Mutti zu: *In meiner damaligen seelischen Not wünschte ich mir für uns schwere Zeiten, um Gelegenheit zu haben, Dir meine Liebe zu beweisen.*

»Ihr Wunsch ist weiß Gott in Erfüllung gegangen.«

Und dann hat sie wie folgt gelitten: *Ach, mein lieber Hans, ohne Dich gibt es für mich kein Glück und keine Freude mehr. Seit Du von mir gingst, lebe ich eigentlich gar nicht mehr mein eigentliches Leben. Du musst leben.*

Norman, vermutlich war es dieser Tag, an dem Mutti so heulte, dass du sie umarmt hast und ihr sagtest: »Mutti, Vati kommt bestimmt wieder.«

»Kann sein. Aber umarmt habe ich sie nicht.«

Mutti schrieb aber, du habest sie umarmt.

»Ich habe Mutti nie umarmt!«

Basta, füge ich höhnisch dazu.

Hans, wenn ich ein Bild von Dir aus dem Gerichtssaal in den Zeitungen sehe, freue ich mich immer, weil Du noch mit am besten aussiehst, und Du hast jetzt einen so entspannten Ausdruck, direkt harmonisch. Ja, Hans, wenn wir nur unseren seelischen Frieden haben. Alle unsere guten Taten werden uns nachfolgen, und wie viel Gutes hast Du getan, Du warst jedem ein Freudenbringer! Mit wie viel Idealismus bist Du an alles herangegangen, und wie bist Du betrogen worden. Das kann auch so leicht kein anderes Land mit einer anderen Staatsführung verstehen. Sie müssen sich doch nun selbst überzeugt haben, dass nicht ihr, wenigstens nicht alle, die Betrüger, sondern die Betrogenen wart. Es gibt schon noch eine Gerechtigkeit, lieber Hans, meist sogar in dieser Welt.

»Mutti hat Vati in seinem Wahn, zu Unrecht angeklagt zu sein, immer wieder bestärkt.«

Ist ja klar: Wird er schuldig gesprochen, ist sie es auch. Das passte ihr nicht.

»Da hast du Recht.«

Und wie hast <u>du</u> auf Fotos von ihm reagiert?

»Wenn ich ihn in der Wochenschau sah, freute ich mich genauso wie Mutti über sein erstaunlich gutes Aussehen. Aber bis heute mit 80 waren es immer die Umstände, die mich leiden lassen. Dass er verprügelt wurde. Seine Angst, an die Polen ausgeliefert zu werden. Dieser schreckliche Transport quer durch Deutschland nach Mondorf in Belgien, mit einem verwundeten Hans Frank, der nach einem Spießrutenlauf zwei blutige Selbstmordversuche verübt hatte. Da tut er mir so entsetzlich leid. Da bin ich nur noch sein Sohn. Am 4. Mai 1945 gegen 14 Uhr begann seine Höllenfahrt. Da wurde es Nacht. Er fühlte sich wohl erst sicher, als er in der Nürnberger Zelle saß.«

Wünschst du ihm, dass seine Selbstmordversuche Erfolg gehabt hätten?

»Ja. Sehr. Aber ich hätte mich schon in Polen umgebracht. Ich hätte einem vertrauten Polen einen Brief mitgegeben an das polnische Volk, in dem ich um Entschuldigung gebeten hätte.«

Er hämmert mit der Hand auf den Tisch: »Warum hat er diese Zyankali Kapsel nicht zerbissen? Alle Nazigrößen besaßen sie. Ich fürchte, dass er glaubte, seine Diensttagebücher würden ihn entlasten. Deswegen hat er seine Kapsel nicht genommen. Es war ein kindischer Traum: ›Die Tagebücher entlasten mich, und dann kann ich nach fünf Jahren Gefängnis mit Lilli leben.‹«

Er schweigt lange, sieht vor sich hin. »Wenn ich auf meinem Bettrand sitze und auf den Teppich nieder schaue, denke ich immer an ihn, dass er in Nürnberg genauso gesessen und sich über jeden gefreut haben muss, der seine Zellentür aufgeschlossen hat, um ihn zu befragen.«

Erst nach Normans Tod bin ich im Juni 2011 mit dem russischen Fernsehen in einen Seitenflügel des Nürnberger Gefängnisses gelangt. Die Zellen entsprachen genau jenen im schon abgerissenen Trakt, in dem die Hauptkriegsverbrecher einsaßen. Die Russen ließen mich allein in einer Zelle, und zum ersten Mal empfand ich diese Mischung aus Todesangst und Hoffnung, die unser Vater ein Jahr lang erlebt haben muss. Dieses hohe vergitterte Querfenster, diese Kloschüssel im rechten Türeck, diese steinerne Kälte. Schnell stand ich vom Stuhl wieder auf, schob mir den

Deutschen ins Hirn, wie er im Krakauer Ghetto das jüdische Kind an den Füßen packt und es in geübtem Schwung so gegen die Hauswand schleudert, dass sein Köpfchen zerplatzt und Hirn und Blut über Mauer und Pflaster spritzen.

Bomi, ich weiß, dass es ein gemeines Verfahren ist, dich Greis mit Selbstzeugnissen aus deiner Jugend zu konfrontieren. Aber es muss sein. Es geht um deine Liebe zu Vati. Am 21. März 1946 schriebst du ihm: *Bald wird es ein Jahr, dass wir voneinander getrennt leben müssen. Wie lange wird es noch dauern. Der Gedanke, dass ich dich jetzt neben mir hätte, ist herrlich. Viel zu wenig konnten wir beide alleine sprechen. Weißt Du Vati, in diesem Punkte mache ich mir gar nichts vor, ich brauche eine starke Hand, die mich zwar nicht führt oder gar schiebt, aber eben doch immer spürbar auf mir liegt.*

Ich stoppe, weil sich Norman mühselig aus seinem Lehnstuhl hoch zieht, wortlos mit tief gebeugtem Rücken in kleinsten Schritten, sich nacheinander an Tisch, Stuhlrücken und Kommode festhaltend, zur Tür tippelt und den Raum verlässt. Ich höre das wischende Geräusch seiner Hausschuhe den Gang entlang. Sauer ist er. Will einfach nichts von seiner unendlichen Liebe zu unserem Vater wissen.

Plötzlich höre ich das Schlurfen wieder näher kommen. Ihm muss es, wie Vati auf seinem Bett sitzend, noch langweiliger vorkommen, als sich Dokumenten auszusetzen. Auch die geweckte Neugier auf sich selbst hat wieder Oberhand gewonnen. Vielleicht ist es aber auch nur der Schnaps hinter dem Vorhang. Schweigend arrangiert er sich in seinem Sessel, nimmt die obligate Zigarette, zündet sie mit dem Feuerzeug an und nickt mir zu.

Bomi, erstaunlich, dass du dich von Anfang an geweigert hast, den Nürnberger Prozess als Chance zu begreifen, etwas objektiv über das wirkliche Wesen der Hitler Diktatur zu erfahren.

»Wieso?«

Du schriebst Vati am 27. März 1946: *Der Prozess ist ja nun in das Stadium der Wahrheit getreten. Man meint damit allgemein den Beginn der Verteidigung. Wir sind immer dabei.*

»Und?«

Dein Satz besagt doch, dass du die Anklagen, die ihr täglich am Rundfunk und in den Zeitungen verfolgt, für Lug und Trug hältst. Voller Häme schreibst du das.

»Sollte ich Vati schreiben: ›Mein lieber Vati, ich kann nur hoffen, dass Du die von der Anklage behaupteten Verbrechen nicht begangen hast‹?«

Ja. Stattdessen wird herumgeschwiemelt, was das Zeug hält. In keinem der vielen Briefe zwischen der Familie und ihm wird je wirklich Stellung genommen.

»Komm von deinem hohen Ross runter!«

Mutti, Sigrid und du, ihr müsst doch geschockt gewesen sein von dem, was man Vati alles vorwarf.

»Niki, es war wie ein Stretchband, das sich immer enger um uns zusammen zog. Dazwischen hatte die Wahrheit keine Chance. Jeder Zweifel wurde zerdrückt. Aber stell dir vor, ich hätte nach all den vorgelegten Beweisen der Anklage Vati geschrieben: ›Lieber Vati, wenn das stimmt, was Dir die Anklage vorwirft, will ich nicht mehr Dein Sohn sein!‹? Diesem armen Mann in der Zelle!«

Dessen Auftritt im Zeugenstand am 18. April 1946 dir dann sogar noch einen roten Kopf macht! Vor Stolz. Höre deinen Brief vom 22. April 1946:

Mein lieber Vati!
Am 18. abends um 7 Uhr saßen wir alle bei Oma und Tante Else, um die Berichte über Deine Verteidigung zu hören. Wie aufgeregt wir waren, kannst Du Dir kaum vorstellen. Schon in den Weltnachrichten kam es: »Mit der Zeugenaussage von Dr. Frank kam es zu einer sensationellen Wende im Nürnberger Prozess!« Und dann hörten wir den Kommentator über die Verhandlung sprechen. Man spürte direkt, wie auch er noch unter der Wirkung Deiner Worte stand. Es war das Beste an Kommentar, was wir bis jetzt gehört haben. Unsere Freude darüber war grenzenlos. Mit vor Stolz geröteten Köpfen gaben wir uns einer optimistischen Lagebesprechung hin. Am nächsten Tage kam um 12 Uhr mittags eine Übertragung aus dem Gerichtssaal, und wir konnten nun selbst Deine feste, klare Stimme hören. Ohne dass der Kommentator unterbrach, sprachst Du 15 Minuten zu uns. Erst zum Schluss schaltete er sich ein und sagte: ›Mögen alle ihren Anteil an der Schuld so ehrlich bekennen wie Dr. Frank!‹ Die Gefühle, die über

uns kamen, kann man schon nicht mehr mit stolzen bezeichnen. Es war so, dass wir in unserem Vater einen Heiligen sahen, aber nicht so einen mit Heiligenschein, sondern einen starken Mann mit einem Schwerte kämpfend für seine und seines Volkes Sache. Dank Deines Geschenks durch das Radio waren wir in der Lage, ein einigermaßen sorgloses Osterfest zu feiern. Die Leute hier, die ich kenne, waren ebenfalls begeistert von Dir, aber auch fremde Leute habe ich Deinen Namen mit Ehrfurcht aussprechen hören.
Sei vielmals gegrüßt von Deinem
Norman

»Mit der Aussage von Frank kam es zu einer sensationellen Wende im Nürnberger Prozess!« Frank gab seine Mitschuld am Holocaust zu. Später widerrief er sie.

Bomi, ein wirklich erstaunliches Dokument! Da gibt das Familienoberhaupt seine Beteiligung am größten Massenmord der Weltgeschichte zu, und die Familie feiert ihn als Schwert schwingenden Heiligen. Keine Wiederholung des Wörtchens »Schuld« in deinem Brief, nur der Kommentator sagt es. Woher kommt eigentlich dein Gefühl des Stolzes? Das

Rot der von dir erwähnten Köpfe sollte doch aus Scham entstanden sein. Und allenfalls ein Gefühl der Befreiung hätte euch aufseufzen lassen sollen: Endlich ist es heraus! Besonders zum Kotzen dein Satz, dass man dank Vatis Geschenk ein *sorgloses Fest* feiern konnte! Das gibt's doch gar nicht! 18 Jahre warst du damals alt! Nicht einmal jetzt bricht dein Panzer der Verdrängung auf, und du siehst sie wieder vor dir, die zerlumpten Polen und Juden im Generalgouvernement und schreibst ihm vielleicht: »Erst durch Dein Eingeständnis der Schuld ist mir bewusst geworden, dass ich auf einem Meer von Blut durch meine Kindheit und Jugend gesegelt bin.« Oder Ähnliches.

Ich schreie ihm die letzten Sätze nach, denn schon längst hat sich Norman wieder aus seinem Sessel hoch gequält und schlurft den Gang entlang in sein Schlafzimmer.

Es dauerte drei Tage, bis Norman wieder nüchtern war und sich in seinen dunkelgrünen Ledersessel räumte. Ich hatte die Glasschüssel auf seinem Wohnzimmertisch mit erlesenen Süßigkeiten gefüllt, daneben lagen 15 handgefertigte Trüffel vom Café Mesner, dazu zwei Marzipanbrote von Niederegger und eine Tüte frischer Datteln vom Feinkostgeschäft Jene. Er fraß los und beäugte mich misstrauisch.

Eigentlich, Bomi, müssten wir tatsächlich stolz auf unseren Vater sein.

Ich stehe auf und öffne die Glastür des kleinen Bücherschranks, auf dem sein überdimensionierter Fernseher thront. Dort stehen in Taschenbuchformat die gesammelten Nürnberger Prozessprotokolle. Vor Jahren hatte ich sie ihm geschenkt. Ich greife nach Band 11–12 und lese los. Vati hat am Gründonnerstag 1946, dem 18. April, auf eine Frage seines Anwalts Dr. Seidl zunächst wörtlich gesagt: »Ich selbst möchte aber hier ganz aus der Tiefe meines Empfindens und aus dem Erleben der fünf Monate dieses Prozesses heraus sagen, dass ich, nachdem ich nunmehr den letzten Einblick gewonnen habe in all das, was an furchtbarem Grauen geschehen ist, das Gefühl einer tiefen Schuld in mir trage.«

Hat der BR damals diese Stelle übertragen?

»So genau weiß ich das nicht. Aber Vati war der erste, der seine Schuld zugegeben hat.«

Für den BR Reporter ergaben wohl eher die nachfolgenden Sätze die Sensation.

Dr. Seidl: »Haben Sie jemals irgendwie an der Vernichtung von Juden sich beteiligt?«

Vati: »Ich sage ja; und zwar sage ich deshalb ja, weil ich unter dem Eindruck dieser fünf Monate der Verhandlung und vor allem unter dem Eindruck der Aussage des Zeugen Höß es mit meinem Gewissen nicht verantworten könnte, die Verantwortung dafür allein auf diese kleinen Menschen abzuwälzen. Ich habe niemals ein Judenvernichtungslager eingerichtet oder ihre Existenz gefordert; aber wenn Adolf Hitler persönlich diese furchtbare Verantwortung auf sein Volk gewälzt hat, dann trifft sie auch mich; denn wir haben den Kampf gegen das Judentum jahrelang geführt, und wir haben uns in Äußerungen ergangen – und mein Tagebuch ist mir selbst als Zeuge gegenüber getreten –, die furchtbar sind. Und ich habe daher nur die Pflicht, Ihre Frage in diesem Sinne und in diesem Zusammenhang mit Ja zu beantworten. Tausend Jahre werden vergehen um diese Schuld von Deutschland nicht wegzunehmen.«

»Wir sitzen gespannt vor dem Radio. Mit wie viel Idealismus bist Du herangegangen, und wie bist Du betrogen worden.« Norman, Brigitte und »Gitti« 1946.

»Tadellos«, kommt Normans trotzige Reaktion.

Wir rauchen. Er holt aus der Tüte eine Dattel, wirft den Kern wieder in die Abfalltüte. Eigentlich ist das hier alles zum Kotzen. Er rückt nichts raus.

Ich schiebe den nächsten Brief nach, um Norman waidwund zu schießen.

Am 30. April 1946 hattest du noch einmal eine Chance, mit Vati über sein Geständnis ins Gespräch zu kommen. Du schriebst: *Über Deine Ver-*

teidigungsrede – du meinst die Befragung durch Dr. Seidl – *könnte ich Dir vieles Gute berichten. Und zwar nicht nur aus Neuhaus! Schon jetzt sind manche Leute, die früher kaum grüßten, die Höflichkeit selber. Aber darauf kommt es nicht an! Wir wissen trotz allem sehr wenig von Deinem Kampf.* Ganz nah warst du dran, mit ihm einen wirklichen Dialog zu starten. Du verschenktest die Gelegenheit, wie damals zu Weihnachten in Kressendorf. Kein Frank hat nach diesem Gründonnerstag wirklich Stellung genommen. Hat euch in Wahrheit sein Schuldeingeständnis gestört?

Norman antwortet nicht.

He?

»Ich denke nach.«

Er denkt nach.

»Ja, es hat uns gestört. Und dämlich fand Mutti, dass er seine Schuld gleich mit der Deutschlands verband. 100 Jahre, die diese Schuld nicht von Deutschland nehmen würden.«

Tausend.

»Dann eben 1000. Mutti und ich fühlten uns nicht wohl. Jedenfalls war sein Schuldanerkenntnis eine Überraschung für mich. Vati hatte es nicht angedeutet. Es wurde ja als Sensation verkündet. ›Heute ist eine große Sensation in Nürnberg passiert‹, hieß es im Rundfunk.«

Göring nannte Vati jedenfalls einen »knieweichen Feigling«. Hat dir Vatis Geständnis für sein Überleben Hoffnung gegeben?

»Ich wurde zu zwei Normans. Mutti und Bekannten hab ich immer gesagt: ›Die müssen sein Schuldbekenntnis berücksichtigen.‹ Und der andere Norman hat die Leichenberge aus der ›Neuen Zeitung‹ nicht vergessen können.«

Das schwarze Heft enthüllt Norman als den, dessen Tränen der Kindheit nie getrocknet sind. Wie alle anderen Frank-Kinder würgte auch er in seinen Träumen den Tod des Vaters wieder und wieder aus sich heraus in mancherlei neuem Bild: *Zuerst sah man nur weit draußen einen riesigen Schwarm von Möwen, die sich auf einen riesigen Kreis einließen. Danach hörte man in der Luft die Schreie, ihre. Als man danach dem Meer vor Augen nicht traute, da war es, potzplitz, ein riesiger Schwarm von Leichen!*

Das Geschlecht konnte man, nun freilich, nicht gleich näher bestimmen. Die Kinder, wie kindisch, sahen sie, die Toten, zuerst. Und spielten damit, denn sie waren im Wasser und so aufgeschwemmt, naturalment, leicht hin und her zu bewegen.

Potzplitz und *naturalment* als verschämt gesetzte kleine Rettungsanker der Ironie, um nicht auf immer im Sog geträumter Wasserleichen unterzugehen. Für mich ein Nachklang jener Elendsgestalten, die er im Generalgouvernement seines Vaters täglich gesehen haben muss.

Norman, ich glaube, du hast Vatis Schuldeingeständnis genauso schnell verdrängt wie Sigrid oder Mutti, die am 15. Mai 1946 an Vati schreibt: *Norman betrachtet sich eben die Fotografie, die ich Dir mitschicke und sagt enthusiastisch: ›Es ist merkwürdig, wenn ich mir ein Bild von Vati ansehe, ist es, als spränge ein elektrischer Funke zu mir über, ich bin da gar nicht traurig, denn ich weiß dann ganz gewiss, dass alles wieder gut wird.‹*

Du bestärkst auch Mutti in diesem tröstenden Aberglauben. Sie schreibt am 19. Mai 1946: *Tag und Nacht leide ich mit Dir! Wann wird alles enden? Aber Hans, es wird sich alles wenden! Auch wir werden wieder glücklich sein. Wir mussten wohl beide durch das Tor der Erkenntnis. So tragen wir die Passion weiter, wie Du sagst. Wir sind ja nicht allein, der Herrgott führt uns: so nimm denn meine Hände.*

»Das stimmt, wir haben uns gegenseitig getröstet und aufgebaut. In der *Neuen Zeitung* stand allerdings anderes. Das war es eben: Die Neuhauser um uns rum schwiegen. Wir Franks saßen wie im stillen Auge eines Orkans. Das unseren Vati zu verschlingen drohende Unwetter tobte, während wir der Chimäre einer unschuldigen Zukunft anhingen.«

In der Tat. Dein Brief an Vati vom 27. Mai 1946 zeugt davon:

Mein lieber Vati!
Mutti kam gestern aus München, wo sie mit Dr. Seidl mehrere Stunden verbracht hatte. Er hat es anscheinend prima verstanden, sie wieder mal aufzumöbeln. Bald saßen wir beim Kaffee, und Mutti erzählte uns alles, was sie erfahren hat. Sie war in guter Laune. Wir wollten uns zum Kaffee noch ein paar Stummeln öffnen, als Mutti in ihre Handtasche langte und uns Deinen Tabak zeigte. Der Gedanke, dass Du ihn in den Händen gehabt

hast, hätte ihn bald in seiner Urform belassen, doch zu wissen, wie der Tabak schmeckt, den Vati raucht, war eigentlich auch sehr interessant! Wir zögerten also nicht mehr lange und gaben uns ganz dem Genuss hin. Der Duft war reiche Nahrung für unsere Fantasie, und Dein Bild stand ganz deutlich vor uns: »So wird er auch sitzen und rauchen. Ob er sich wohl Zigaretten dreht?«

»Daran kann ich mich noch gut erinnern. Das waren schöne Stunden. Hast du was dagegen?«

Nein. Es klingt nur alles so unecht.

»Von seiner Hinrichtung aus gesehen, hast du Recht. Aber ich sage dir, damals rauchte ich seinen Tabak und erlebte innigste Verbundenheit mit ihm.«

Sag doch »Liebe«!

»Du bist unfähig, Zwischentöne zu erlauschen.«

Damals warst du 18 Jahre alt. Hattest voller Liebe zu ihm seine Briefe an unsere Mutter gelesen, hofftest verzweifelt hinter jugendlich glattem Gesicht, dass wahr werden könnte, was er vier Monate vor seiner Hinrichtung in einem nicht zensierten Brief an unsere Mutter schrieb: *Mein liebes Weibelen!* Er schrieb ja immer Weibelen und nicht Weibilein. *Nur Du gehst mir schrecklich ab. Ich möchte herzlich gerne mit Dir zusammen sein, alle Kinder um mich haben und den direkten Kampf mit dem grauenhaft-herrlichen Leben aufnehmen. Ich täte es schon noch einmal schaffen: Aber leider – wie viel* Geist*, wie viel* Mut*, Kraft und sogar Genialität wird nicht durch die »Denazifizierung« unserem Volke genommen. – Selá – Gott mag wissen, warum. Ich nicht.*

Das hat dich nie an unserem Vater gestört: Da sitzt der Kerl auf der Nürnberger Anklagebank, sieht und hört schon viele Monate lang Beweise für die entsetzlichsten Verbrechen, erwähnt die Zeugenaussage des Auschwitz Kommandanten Höß, bekennt seine Mitschuld am Holocaust und überzieht zwei Monate danach mit Hohn die Entnazifizierung des deutschen Volkes!

»Solche Briefe waren wichtig für mich: Dass Vati selbst daran glaubt, es noch einmal schaffen zu können. Ich fühle jetzt noch, wie er sich beim

Schreiben plötzlich selbst in eine große Hoffnung versetzte. Der arme Kerl.«

Bomi, zur Erholung etwas mit Fremdi, deinem Lieblingsbruder Niki. Mutti berichtete Vati ins Gefängnis, dass sie mit mir an der Bushaltestelle in München stand und beobachtete, wie gleichfalls wartende Polen Schokolade aßen: *Ach, Hans, es hätte nicht viel gefehlt, und ich hätte für Niki gebettelt, wenn es nicht gerade Polen gewesen wären.*

»Mutti hatte gegenüber Polen natürlich auch ein schlechtes Gewissen. Da fällt mir ein: Vati hat mal gesagt: ›Ich kenne meine Polen! Faul sind sie!‹ Was mich besonders aufregt, dieses ›meine‹!«

Ich weiß seinen Satz auswendig, Norman. Er hat ihn zu Gilbert im Nürnberger Gefängnis gesagt: »Ich kenne meine Polen. Sie sind stinkfaul!«

Stell dir vor, Mutti hätte damals die Polen angesprochen: »Ihr stinkfaules Gesindel, ich bin noch immer eure Landesmutter. Her mit der Schokolade für den kleinen Prinzen!«

»Weißt du, was ich glaube, Niki? Die Polen hätten angstschlotternd Mutti die Schokolade gegeben.«

Hör mal Norman, auch über die Heimstätten der Vernichtung in deinem schönen Generalgouvernement wusste Mutti im gleichen Brief Vati zu berichten: *Was haben wir denn davon gewusst? Was hast Du davon gewusst? Wer kann denn mit solchen Bestialitäten rechnen? Erst noch bis vor kurzer Zeit meine wohlbegründete Angst, sie stecken Dich ins KZ, und jetzt bist Du von den Siegern Deiner Freiheit und wir alle unseres Besitzes beraubt. Gott wird wissen, warum er alles so geschehen ließ.*

»Weil Gott eben ein unverbesserlicher Antisemit ist!«, mümmelt Norman. »Die Frömmigkeit, die wie Vati auch unsere Mutter zeigte, habe ich ihr nicht geglaubt. Es war damals die Zeit: Wir haben Auschwitz nicht zu verantworten, wir singen ›Ein starke Burg ist unser Gott‹. Meine eigene Stellung zu Gott war null. Lasst Gott in Ruhe, er hat genug getan.«

Den Franks angetan.

Norman, während dich Vati beschäftigt, treibt mich noch immer dieser schlimme Schlag für Mutti um, als eine Sekretärin seines Anwalts bewusst den aus der Zelle geschmuggelten Liebesbrief, den er an Lilli geschrieben hatte, an Muttis Adresse schickte. Nachdem sie ihn gelesen hat, zerriss sie ihn und machte brieflich mit Vati im Juni oder Juli 1946 Schluss. Vati schrieb daraufhin an seine Mutter, unsere Oma: *Der Blitzstrahl solchen Ehegewitters schlägt mich beinahe nieder, und ich möchte jetzt, da ich ja niemanden mehr habe, in Dein Stüberl zu Dir flüchten, Dir in Deine Augen schauen und Deine liebe, lebensbedeutende Stimme vernehmen. Ich hätte es gerne ja auch Brigitte erspart, dass sie jetzt zu all der äußeren Not und Sorge für die Kinder in ihrer total geplünderten Armut und Hoffnungslosigkeit auch noch diese sie sicher schwerst treffende letztgültige Aufklärung über die Wirklichkeit meiner Beziehung zu ihr erhält. Aber ich kann es nur als Schicksal hinnehmen, dass dieses äußerliche Spiel nun beendet ist. Weißt Du, Mama, ich sage mir, dass es vielleicht sogar gut ist, dass keine Lebenslüge mehr besteht und um mich herum eben alles klarer und wahrer wird, ein Bild, das sich vielleicht zum letzten höchsten Flammen der ewigen Wahrheit entwickelt.*

»Dieser furchtbare Schwätzer!« sagt Norman. »*Höchste Flammen der ewigen Wahrheit!* – warum konnte er nie irdisch schreiben? Einfach! Direkt!« Er fasst hinter den Vorhang und schenkt sich einen Schnaps ein. »Wegen der höchsten Flamme in meiner Kehle!«

Ist es das einzige, was dir aufstößt?

Er schaut mich fragend an.

Versetz dich doch mal an Muttis Stelle: Da schreibt sie täglich stützende Briefe für Vatis Überlebenskampf und liest dann in der schwersten Zeit ihres eigenen Lebens einen echten Liebesbrief an Lilli! Und das, nachdem er ihr noch vorher versichert hatte, wie sehr sie ihm fehle. Widerlich.

»Mutti hat es ja überwunden.«

Dein Schulterzucken fehlt. Gar kein Mitgefühl?

»Da spielt meine Kälte rein. Dagegen kann ich nichts mehr tun. Lies weiter!«

Das große Glückserlebnis meiner Ehe sind ja meine Kinder, an deren Geist und Gemüt ich doch Anteil habe, und in denen sicher, wenn sie einsichtig genug sein werden, auch eine klare Erkenntnis und Ahnung aufsteigen wird, wer ihr Vater eigentlich war.

Norman schaut zum Fenster raus, raucht, sagt: »Ich weiß nicht, wie er wirklich war. Aber ich liebe ihn.«

Dann lieb ihn halt! Jetzt will ich auch einen Obstler!

Mit ruhiger Hand schenkt er mir ein.

Aus Normans Brief an Schulfreund Robert R. Krafft vom 19. Juni1946:

Noch nie fühlte ich mich dem Gewesenen so verbunden, wie gerade jetzt. Es ist jedoch gut möglich, dass wir nicht mehr objektiv genug sind, denn es ist kein Streicheln der Vergangenheit, sondern ein sich Festkrallen. Diese Erkenntnis ist schmerzhaft, denn sie führt uns ganz deutlich unsere Irrungen vor Augen. Doch wer irrt heute nicht. Oder könnte es sonst möglich sein, dass man heute noch nach Schuld und Nichtschuld fragt, wo wir doch schon längst über diese Begriffe nicht mehr im Klaren sein können? Wie kann man etwas als Krieg bezeichnen, wo doch nach seinem Ende kein Frieden kommt? Von jetzt ab werden wir nur noch getrieben, und Worte wie Schuld und Hass und Krieg sind nur noch dazu da, damit wir nicht unserer eigenen Ohnmacht nackt gegenüberstehen. Nur Besinnen und Verzicht können uns davor bewahren, unter Brüllen abzutreten.

Dieses Dokument aus deinem Nachlass kann ich nicht mehr mit dir besprechen. Ich wunder mich eh, dass du das Original hattest. Vielleicht gar nicht abgeschickt? Deutlich zeigt der Brief, was ich dir öfters vorgeworfen habe: Du hast dich an der Vergangenheit festgekrallt, ohne das Gekrallte aufzureißen. Und: Du warst schon, während Vatis Prozess noch lief, auf dem Weg, Schuld und Nichtschuld zu verwischen: Dein Widerstand gegen Fakten, die unseren Vater als Verbrecher entlarvten, wuchs mit ihrer Aufdeckung.

Aus dem Stoß an Dokumenten ziehe ich einen Brief, den unser Vater an unsere Mutter geschrieben hatte und in dem er sein Wirken so darstellte, als habe es den Holocaust überhaupt nicht gegeben.

»Na endlich, mein guter lieber Holocaust!« Norman reagiert seinen Schrecken ab, prostet mir zu.

Meine liebste Brigitte! Heute ist ein völliger Ruhetag für mich – und meine Gedanken sind auf Dich und unsere lieben Kinder gerichtet. Wie mag es Euch wohl in Zukunft ergehen – wenn Ihr mich nun gar nicht mehr haben solltet? Bomi, und jetzt kommt's: *Da lebt man so dahin im Licht und ahnt jahrelang nicht, welch ein zerstörendes nebelbrauendes Unwetter hinter den Wolken sich klirrend sammelt. Es ist alles so unsagbar ergreifend: Ich leide viel, denn ich habe verloren, was meines Lebens einzige Wonne war, die heilige belebende Kraft, mit der ich Welten um mich schuf, sie ist dahin. Ich stehe vor Gottes Angesicht wie ein versiegter Brunnen.*

Das hätten die Juden doch gern in der Gaskammer gelesen, diese Welt, die unser Vater so voller Wonne für sie geschaffen hat!

Norman lacht, fällt mit ein: »Diese belebende Kraft, die aus dem Zyklon B ausströmte. Mein Gott: Wie gnadenlos Vati doch war!«

Abrupt dreht er sich zum Fenster.

Mein ganzes Leben bis zu dem erschütternden Augenblick, da mich vor über einem Jahre die Macht des *Siegers von Euch riss, erscheint mir dann wie ein verzehrendes Feuer, durch das ich eben gehen musste.*

»Er hatte immer nur sich selbst im Sinn.«

Du nicht auch?

»Ich?«

Er dreht sich vom Fenster weg, hin zu mir. »Ich habe ...« Er stockt. »Vielleicht hast du Recht. Aber es hat keine Menschenleben gekostet.«

Am 16. August 1946 hast du wieder einmal Vati sehr offen deine Anhänglichkeit bekundet: *Ich kann Dir gar nicht sagen, Vati, wie Du mir fehlst! Und trotzdem möchte ich Dir nicht wünschen, hier leben zu müssen. Noch nicht! Wir sehen der Urteilsverkündung ruhig und gefasst entgegen. Hier entscheiden andere Mächte, und wenn nicht gleich, so später. An diesem Punkt werden wir immer offiziell! Sei vielmals gegrüßt von Deinem Norman.*

Offiziell heißt mal wieder, dem Zensor kein Futter zum Zensieren geben?

»Ja.«

Wurde denn je einer der Briefe zensiert?

»Manchmal. Die Amis waren sehr kulant. Die haben beim Lesen sicher nur gegrinst oder den Kopf geschüttelt. *Nebelbrauendes Ungewitter, Welten schaffen,* zum Totlachen – oder zum Wütend werden: Die Zensoren waren ja politische Köpfe, wussten also über unsere Vernichtungslager Bescheid.«

Wo sich die Familie mit Vati einig war, zeigt sich in diesem verächtlichen Ton, sobald ihr in euren Briefen zu den »Siegermächten« kommt. Wenn Vati von der Macht des Siegers schreibt, die ihn von uns riss oder du sarkastisch die Mächte erwähnst, die das sicher falsche Urteil fällen, das erst später korrigiert werden wird. Im August 1946 war doch auch dem letzten Deutschen in Bild, Schrift und Ton der Holocaust ins Hirn gehämmert worden. Keiner der Franks verliert darüber schriftlich auch nur ein einziges Wort!

»Wenn ich mit Vati eine Briefdiskussion über die Vernichtung der Juden im Generalgouvernement geführt hätte, wären die Zensoren doch eingeschritten.«

Gab's eine Anweisung des Gerichts: »Achtung! Wer in seinen Briefen mit den Angeklagten die Vernichtung der Juden diskutiert, darf nicht mehr schreiben«?

»Was weiß ich.«

Norman, denk nach: War es euch nicht damals peinlich, das Wort »Jude« auszusprechen oder zu schreiben?

»Nein.«

Er grinst mich an: »Jude, Jude, Holocaust – macht mir nichts aus!«

Ich glaube dir nicht.

»Ich mir auch nicht. Du hast Recht: Da gibt's einen kleinen Stopper im Hirn, kurz vor der Artikulation. Interessant: Während des Dritten Reiches hatte ich diese Hemmung nicht. Tja, der Holocaust hat freies deutsches Sprechen versaut! Ganz schön rücksichtslos von den Juden!«

Ich weiß, Bommi: Schmerz ertragen muss gelernt werden. Bei dir entlädt er sich in bösem Witz.

Während du zwangsverpflichtet warst, verlebten Michel und ich die Sommer 1945 und 1946 beim Schwarzfischen im Schliersee und brachten Mutti entsetzlich grätenreiche Weißfische nach Hause. Mutti hat sich immer riesig bedankt und unsere Beute heimlich entsorgt. Nur einmal fing Michel einen Eitel, den Mutti zum Festmahl bereitete. Nicht für uns, denn Michel und ich hassten es, Fisch zu essen. Anders war es bei Kaninchenfleisch. Im Schuppen hatte ich meinen Stall und brachte schon als Kind freudig meine schlachtreifen Tiere zu einem Rentner, der sie vor meinen Augen tot schlug, enthäutete, die Gedärme heraus nahm und mir das bratfertige Tier in den Arm legte. Ich bekam dann von Mutti eine Hinterkeule. Wunderbar!

Am Schönsten allerdings waren die Sprengorgien von uns Neuhauser Buben, die wir eine Riesenmenge an Munition in einer Försterhütte am Westerberg versteckt hatten: Wir klopften im Dürnbach mit Steinen die Projektile an der Spitze der Patronen locker, schütteten das Pulver auf einen Haufen und entzündeten es. Betörend hohe Stichflammen zischten empor. Oder wir machten große Lagerfeuer, schmissen Patronen hinein und versteckten uns blitzschnell hinter Bäumen und Felsen. Was für ein tolles Knallen und Pfeifen der herum schwirrenden Kugeln! Michel und ich waren glücklich. Und du?

»Frag nicht. Mir ging Vati ab.«

Rechnetest du im August 1946, als der Prozess auf sein Ende zu lief, schon mit dem Todesurteil für ihn?

»Ja. Wir wussten es.«

Woher?

»Von seinem Verteidiger Dr. Seidl. Der sagte Mutti, dass alle, die in den von Deutschen besetzten Ländern in hoher Stellung waren, seiner Meinung nach keine Chance hätten. Dazu sei der Druck dieser Länder zu groß.«

Typisch Seidl! Als hätten nicht genug Beweise für die brutale Besatzungspolitik auf dem Richtertisch gelegen. Seidl hat nicht umsonst Jahrzehnte damit verbracht, den zu lebenslänglich verurteilten Rudolf Hess aus dem Spandauer Gefängnis zu befreien. Ein ziemlich rechter Knochen. Wie schätzte Seidl eigentlich das Schuldanerkenntnis seines Mandanten ein?

»Weiß ich nicht mehr. Für mich war Vati nicht in der Lage, ein echtes Geständnis abzulegen, sich als den zu bezeichnen, der man ist. Es kam immer nur ›Dr. Hans Frank‹ heraus. Er wirkte nicht echt und dadurch auf die Richter unsympathisch. Dann fiel er gleich nach seinem Schuldbekenntnis im Kreuzverhör durch den russischen Ankläger wieder in die alte Unschuldsleier zurück. Mein Gott, war Speer geschickt! Und Göring mutig!«

Hättest du Göring lieber als Vater gehabt?

»Ja. Zumindest, was den Auftritt beim Prozess betrifft. Und du, Niki?«

Die Kühnheit des Bösen hat mich bei seinem Satz »Wenigstens zwölf Jahre anständig gelebt!« schwach gemacht. Görings Satz schenkt mir dieselbe Freude an böser Klarheit wie Muttis Satz, als Vati sich wegen Lilli von ihr scheiden lassen wollte: »Ich will lieber die Witwe als die geschiedene Frau eines Reichsministers sein.«

»Eine starke Frau«, lobt Norman. »Ich hätte Mutti nicht zur Ehefrau haben mögen.«

Norman, hier habe ich einen Brief von Sigrid, der meines Erachtens eure psychische Lage nach Ende des Prozesses am 31. August 1946 gut zum Ausdruck bringt. Vati hat handschriftlich auf das erste Blatt geschrieben *E.4.9.1946* – *E* für *Erhalten*. Die Briefe dauerten durch den Zensor meist um die vier Werktage. Also höre:

Mein lieber, lieber Vati
Ich muss so sehr oft an Dich denken, aber nie überlege ich mir so wirklich ganz nüchtern, wie Deine Lage ist. Und immer, wenn ich dann ganz nahe daran bin, selbst in Gedanken die rosigen Hoffnungswolken ein bisschen zu lüften und wirklich die Tatsachen zu erkennen, dann denk ich immer ganz schnell daran, wie es früher war, im Schoberhof oder an Weihnachten, und dann bete ich ganz schnell, dass das heute alles nur ein Traum sei und es doch wieder wie früher sei. Lieber Vati, ja, genau so wie früher. Lieber ist mir schon, Du bist noch Generalgouverneur und sitzt in Krakau und hast keine Zeit für uns, und wenn Du kommst, sind Deine Gedanken ganz wo anders, als dass ich mir vorstelle, wie es heute ist oder mir anhöre, was sie im Radio erzählen.

Lieber, lieber Vati, Du hast Deinen starken Glauben und einen Halt daran, aber was haben wir? Lieber Vati, und doch denke ich ganz oft nur immer daran, dass wir uns wieder sehen werden und dass alles so viel, viel schöner werden wird. Aber Vati, alle sind so ungerecht und so feige. Ich hab Dich so sehr lieb und bete immer für Dich, lieber, lieber Vati.
In innigster Liebe umarme ich Dich, mein guter Vati und bleibe immer
Deine
Tochter Sigrid

Norman lässt den Brief auf sich wirken. Ein gutes Zeichen. Seine Schwester, die schon mit 63 gestorben ist, schmiegt sich jetzt eng ins Hirn des 80 Jährigen Bruders. »Ja, unsere Stimmung war wirklich so. Obwohl das Todesurteil über allem schwebte, haben wir immer wieder die Zukunft in rosigen Farben gesehen. Eine bitter-süße Achterbahn Fahrt war das damals.«

Bomi, sollte ich tatsächlich als Einziger und Jüngster zugleich Vatis Lage realistisch eingeschätzt haben?

»Gib nicht an!«

Ich schwör's! Die Kinder in meiner Schulklasse haben mir schon vor den großen Sommerferien immer fröhlich gesagt: »Gell, Niki, dein Papa wird aufg'hängt?« Und ich hab »Ja« gesagt oder mit meinem hübschen Köpfchen genickt.

»Warst du nicht traurig?«

Nein. Ich habe die politischen Zusammenhänge natürlich nicht durchschaut, aber bei den ersten Leichenfotos in den Zeitungen war mir der Schrecken in die feinen Knabenglieder gefahren. Weil immer »Polen« unter den Fotos stand. Und ich wusste doch, dass Polen mal uns gehört hatte.

»Ich glaube es dir trotzdem nicht.«

Vielleicht hast du ja Recht, und ich war noch immer geschockt von Vatis Zurückweisung, als er mich »Fremdi« nannte und mich nicht in seine Arme ließ, obwohl ich mir die Seele ausheulte.

»Das ist natürlich Grund genug, um Vati an den Galgen zu hängen!« Normans Blick ist nicht spöttisch, sondern eher feindselig.

Ich wühle mich durch meine mitgebrachten Klarsichthüllen, entferne eine ausgebeulte vom kleinen Gebetbüchel, das unser Vater unserer Mutter durch Rechtsanwalt Dr. Seidl überreichen ließ. Norman reckt sich aus seinem Sessel hoch, beobachtet aufmerksam mein Tun. Ich überreiche das Druckwerk. So mögen wohl gläubige Katholiken im Mittelalter eine aus Rom angelieferte Reliquie wie den Zehennagel Christi oder das Ohr des heiligen Stephanus angebetet haben, so streckt Norman sehnsüchtig seine Hand danach aus. Stumm liest er Vatis lange Widmung:

Nürnberg 18. IX. 1946
Ich gebe Dir, meine herzliebe Brigitte, Dir, meiner so treuen, ewigguten Frau, Dir, der aufopfernden Mutter unserer Kinder, dieses Gebetbuch, das ich von Pater Flynn erhalten habe und das in schwersten Stunden meine Lichtbrücke zu Gott wurde. So oft Du es ergreifst, soll es ein inniger Händedruck Deines Mannes sein! So oft Du es öffnest, soll es ein Hauch meiner Seele sein – und so oft Du aus ihm betest, bin ich bei Dir und beuge mich mit Dir vor dem Herrn, der mir in meiner Einsamkeit ein so gewaltiger Tröster war. Ich habe Dich je und je geliebt – mein liebes, liebes Weibelen. –
In Ewigkeit bin ich Dein!
Hans

Er blättert mit vorsichtigen Fingern die Seiten um. »Was dieses Buch alles von ihm gesehen hat!« murmelt er.

Ehrlichkeit nicht!

»Warum bist du immer so gegen Vati, Niki?«

Weil ich ihn nie und nie zu packen kriege: Wo war er mal echt? Weiter hinten im Gebetbuch hat er ein Heiligenbildchen eingelegt, mit Riemenschneiders Jesuskopf darauf, und darunter steht gedruckt: *Ich habe Dich je und je geliebt* Es ist der gleiche Satz, den er mit der Hand an Mutti schrieb, also abschrieb! Findet er denn keine eigenen Worte, um seine Liebe auszudrücken?

Norman blättert, bis er das Heiligenbildchen gefunden hat, dreht es um, liest stumm, was darauf in Vatis Handschrift steht: *Gertrud Herd war meine erste Braut.* Und darunter von ihr mit Füller geschrieben: *Gottes Gnade lehre Dich beten und sei Deiner armen Seele gnädig – darum bittet auch Deine Gertrud.*

»Gertrud Herd versteckt sich: Nimmt den Gottessatz für ihre Liebeserklärung. Und Vati, der wieder mal nichts kapiert hat, reicht das Billett an Mutti weiter. Das ist widerwärtig und entwertet doch seine liebesstrotzende Widmung!« Norman liest den Text noch einmal. »Quatsch, was ich eben gesagt habe! Gertrud Herds Text ist im Gegenteil eine schallende Ohrfeige für Vati und zugleich ihr eiskalter Hinweis: Ich weiß jetzt, dass du ein Verbrecher bist! *Gottes Gnade lehre Dich beten,* heißt doch nichts anderes als: Dein total verpfuschtes Leben kann einzig noch

Gottes Gnade aufhellen! Großartig, diese Frau!« Er wendet mehrmals das kleine Bildchen. »Vati muss Gertrud Herd in der Zeit ihrer Verlobung sehr verletzt haben.«

Uns schon auch.

»Dich doch nicht, Niki! Du warst dir doch sicher, dass er an den Galgen gehört.

Norman: Sagt ein Freund zum Ehemann: »Du, deine Frau soll so gut im Bett sein!?«

»Die einen sagen so, die anderen so«, antwortet der.

Norman lacht. Er ist einer von jenen raren Menschen, die Bedrückung wie giftigen Nebel ausstrahlen können, der dem Gegenüber den Atem nimmt. Mir ist kein Witz zu peinlich, um dem zu entgehen.

Am Samstag, dem 31. August 1946, war für Vati der letzte Tag des Prozesses gekommen. Der Vorsitzende des Gerichts sagte. »Artikel 24 D sieht vor, dass jeder Angeklagte vor dem Gerichtshof eine Erklärung abgeben kann. Ich frage deshalb jetzt die Angeklagten, ob sie Erklärungen abgeben wollen.«

Als sechster wird Vati aufgerufen. Ich habe die Seite der gedruckten Prozess Protokolle aufgeschlagen. Na, Bomi, das sieht so aus, als habest du diese Seiten noch nie aufgeschlagen.

»Es ist so klein gedruckt.«

Ach nee, aber den winzigen Goldkurs auf NTV, den kannste ohne weiteres sehen!

»Davon habe ich auch Gewinn.«

So, so, von Vatis fulminanter Schlussrede nicht! In der er Gott hochleben und alle seine Amtsdiener jubeln lässt: »Wir haben am Anfang unseres Weges nicht geahnt, dass die Abwendung von Gott solche verderblichen, tödlichen Folgen haben könnte...«

»Warum redet er von ›wir‹? Es ist doch seine persönliche Erklärung! Warum versteckt er sich?« Norman schüttelt den Kopf.

Ich lese weiter: »...Folgen haben könnte und dass wir zwangsläufig immer tiefer in Schuld verstrickt werden könnten. So sind wir in der Abwendung von Gott zuschanden geworden und mussten untergehen...«

»Dieser Gottesflüsterer!« Norman ist verärgert.

Hat der Heilige Bayerische Rundfunk diesen gottgefälligen Text nicht am Abend dieses Samstags ausgestrahlt?

»Ich weiß es nicht mehr. Aber sicher Radio Vatikan. Lies weiter!«

Also weiter Vati ante Himmelsporta: »Es waren nicht technische Mängel und unglückliche Umstände allein, wodurch wir den Krieg verloren haben. Es war auch nicht Unheil und Verrat. Gott vor allem hat das Urteil über Hitler gesprochen und vollzogen über ihn und das System, dem wir in gottferner Geisteshaltung dienten.«

Na, Norman, liebst du deinen Erzeuger jetzt auch noch so innig?

»Das hat damit nichts zu tun. Aber mit so einer Rede hätte ich mich vor meinen Mitangeklagten geschämt.«

Er hat zu Beginn seiner Erklärung gesagt, dass er nicht für sie spricht.

»Tut es aber doch. Die müssen sich geärgert haben. Aber sie kannten ihn ja schon schaustellernd mit dem Gebetbuch über die Terrasse in Mondorf wandeln.«

Ich habe Norman selten so aufgewühlt gesehen.

Hier hast du das Originalzitat aus Walter Hasenclevers Buch »Ihr werdet Deutschland nicht wieder erkennen«: *Frank hatte in Mondorf eine besondere Nische. Er tat sich mit keinem zusammen; von morgens bis abends wandelte er auf der Terrasse vor dem Hotel mit einem Gebetbuch auf und ab und tat Buße. Er murmelte Gebete, sprach den Rosenkranz und widmete jede freie Minute der Selbstzerknirschung. Er war allerdings auch sorgfältig darauf bedacht, bei diesen Übungen von allen gesehen zu werden.*

»Da ist er mir widerlich«, flüstert Norman, »wie konnte er nur!«

Wir krümmen uns beide.

Was für ein Flop von einem Vater!

»Ach, Niki, die meisten Kinder haben solche Väter.«

Ich nicke zustimmend und lese weiter aus Vaters Schlusswort: »Ich bitte unser Volk, dass es nicht verharrt in dieser Richtung, auch nicht einen Schritt. Denn Hitlers Weg war der vermessene Weg ohne Gott, der Weg der Abwendung von Christus...«

»Hör auf! Das ist unerträglich.«

Kardinal Faulhaber hat das sehr gefallen. Der schickte gleich einen Mercedes mit Lebensmitteln raus zu uns in die Dürnbachstraße.

Während sich Norman abregt und raucht, lese ich mich wieder in unseres Vaters Schlusswort ein. Bomi, jetzt kommt er zum »ich«!

»Wenn's sein muss.«

»Im Zeugenstand habe ich die Verantwortung für das übernommen, für was ich einzustehen habe. Ich habe auch jenes Maß an Schuld anerkannt, das auf mich als Vorkämpfer Adolf Hitlers, seiner Bewegung und seines Reiches trifft. Den Worten meines Verteidigers habe ich nichts hinzuzufügen.«

»Bei Röhm werfe ich ihm vor, dass er spätestens jetzt hätte erkennen müssen, was das für eine Partei ist.« Frank begann ab 1925 seine Karriere als Anwalt Hitlers.

»Jämmerlich«, geht Norman gegen das Objekt seiner Liebe vor. »Gib mir bitte den Band.«

Er liest langsam, immer wieder den Kopf schüttelnd die zwei Seiten in Band 21–22 der 23 bändigen Taschenbuchausgabe »Der Nürnberger Prozess«.

»Erstens«, fängt Norman plötzlich zu sezieren an, »bedeutet der Satz, dass er ›jenes Maß‹ an persönlicher Schuld anerkennt, dass er eigentlich kaum eine trägt. Auch der Satz davor: ›Im Zeugenstand habe ich die Verantwortung für das übernommen, für das ich einzustehen habe‹, ist auch Wegschieben von Schuld.«

Und zweitens?

»Kein konkreter Satz zu seinem Wirken als Generalgouverneur. Vor allem keine persönliche Entschuldigung bei den Opfern. Ich verstehe ihn nicht.« Er gibt mir den Band zurück. »Besonders regt mich allerdings auf, dass er konkret nur dann wird, wenn es um die Verbrechen der anderen geht.«

Ich deklamiere sofort die Stelle, die ich nahezu auswendig kann, weil sie für mich mit das Widerlichste ist, was unser Vater verbal hinterlassen hat: »Ich muss nur noch ein Wort von mir berichtigen. Ich sprach im Zeugenstand von tausend Jahren, die die Schuld von unserem Volke wegen des Verhaltens Hitlers in diesem Krieg nicht nehmen könnten. Nicht nur das sorgsam aus diesem Verfahren fern gehaltene Verhalten unserer Kriegsfeinde unserem Volk und seinen Soldaten gegenüber, sondern die riesigen Massenverbrechen entsetzlichster Art, die, wie ich jetzt erst erfahren habe, vor allem in Ostpreußen, Schlesien, Pommern und im Sudetenland von Russen, Polen und Tschechen an Deutschen verübt wurden und noch verübt werden, haben jede nur mögliche Schuld unseres Volkes schon heute restlos getilgt. Meine übrigens auch…«

»Das zuletzt hat er nicht gesagt!« wirft Norman ein.

Aber gedacht. Wie hast du Vatis Schlusserklärung damals aufgenommen?

»Bruchstückhaft.«

Versteh ich nicht.

»Sie wurde weder im Rundfunk, noch in der ›Neuen Zeitung‹ vollständig gebracht. Soweit ich mich aber erinnern kann, waren Mutti und ich recht zufrieden damit. Mutti vor allem.«

Sie hat ihn zur Rücknahme seines Schuldeingeständnisses gedrängt.

»Behauptest du. Ich weiß es nicht.«

Ich schon. Von Tante Margot.

»Die und beweiskräftig! Gib noch mal den Band!«

Ich reiche ihm rüber. Wenn er liest, dreht er das Buch ins Licht, das durchs Fenster fällt, schrägt seinen Kopf gleichfalls zum Fenster hin und fieselt sich sehr langsam durch die Worte. »Weißt du, Niki, das fiel mir vorhin auf, und jetzt denke ich, ich habe Recht. Vatis letzter Satz bedeutet, dass er dem Internationalen Gerichtshof jede Berechtigung abspricht: ›Die ewige Gerechtigkeit Gottes aber ist es, in der ich unser Volk geborgen hoffe und der allein auch ich mich vertrauensvoll beuge.‹ Das gefällt mir.«

Er reicht den Band zurück, und ich bin baff. Das gefällt dir? Du spinnst!

»Endlich ist Vati obenauf – wie Göring. Er sagt mutig, dass er in dieses Gericht kein Vertrauen hat: Ein Tribunal der Sieger eben.«

Provozierend schaut mich mein Bruder an. Er weiß, dass ich mich gifte. Jetzt biste am Ende noch stolz auf ihn?

»Ja.«

Ich hole die Klarsichthülle mit der Schreibmaschinenfassung seines Schlussworts hervor. Unser Vater hatte es in seiner Zelle mit Bleistift, sein Verteidiger Dr. Seidl hat es in seiner Kanzlei abschreiben lassen. Ich wedle mit den Seiten vor Normans Augen: Bomi, Vati, wusste schon, dass er nur einem dieses beschissene Schlusswort widmen konnte! Dem einzigen, der ihn verstand und auf ewig verteidigen wird.

»Michel?«

Nein. Dir. In seiner Handschrift steht unter der Maschinenschrift: *Meinem lieben Sohn Norman! Nürnberg 14. X. 1946 Vater*

Stumm winkt er mit der Hand nach den Papieren, zieht wieder und wieder schweigend die Widmung in sich rein.

»NORMAN, BAU DIR HIER WAS EIN«

Die Plädoyers der Verteidiger wie danach der Ankläger waren schon vor den Schlussworten der Angeklagten gehalten worden. Das Gericht vertagte sich bis Montag, den 30. September. Die Hauptkriegsverbrecher pflegten der angstvollen Ruhe.

»Wir auch«, sagt Norman. »Eine schlimme Zeit.«

Ja, schon, Bomi, aber ich bin dir ja so dankbar, dass du Vati endlich davon abgehalten hast, weiterhin morgens von innen gegen seine Zellentür zu trommeln und die Wachen aufzufordern, ihn in den Gerichtssaal zu bringen, um seine Unschuld zu beweisen.

Norman schaut mich verwirrt an.

Mein lieber Vati!

Der Prozess ist nun beendet.

»Du Schmarrer! Das war doch nicht so gemeint.«

Natürlich nicht. Doch zeigt schon dieser erste Satz deines Briefs an ihn deine Unaufrichtigkeit. Die hört sich in Gänze so an: *Der Prozess ist nun beendet, und eine lange Zeit bangen Hoffens folgt ihm. Dennoch sind wir voller Zuversicht und lassen uns auch nicht durch die Plädoyers der Anklagebehörde aus der nun einmal gefundenen zuversichtlichen Ruhe bringen.* Natürlich nicht, Bomi, vor allem nicht von irgendwelchen Beweisen, die das liebe Papilein als Schreibtischmassenmörder entlarven!

»Lass es gut sein! Es ist die Pflicht, dem Vater mit allen Mitteln Trost zu spenden.«

Mag ja sein, aber genau diese Trostspenderei verhindert ehrliche Briefe. Wie gesagt: Sülzen sei's Panier! Hat sich die Familie wenigstens nach Prozessende zusammengesetzt und die Lage analysiert?

»Erstens wären zur Analyse nur Sigrid, Mutti und ich in Frage gekommen. Du hattest ja schon trefflich analysiert und sahst Vati gesichert am Galgen hängen. Zweitens waren weder Sigrid noch ich an Analyse interessiert.«

Warum nicht?

»Wir hätten uns wie Schlosshunde angeheult.«

Das kann nicht der einzige Grund gewesen sein.

»Mir kommt es auch albern vor. Lass mich nachdenken.«

Ich lasse.

»Vati gehörte uns nicht mehr allein. Seit 1942 gab es seine Lilli. Seine wahre Liebe. Das klang in unserem Schmerz immer mit, wie ein vergifteter roter Faden zog sich das durch. Das zu offenbaren, fehlte uns die Kraft. Es war wie bei Hitchcocks *Zeugin der Anklage:* Wir wussten, dass er, wenn er freigesprochen wird, mit Lilli nach Südamerika abdampft.«

Vor der Urteilsverkündung bekamen wir die Erlaubnis, Vati zu besuchen. Ich weiß noch, wie wir im Zug nach Nürnberg fuhren. Ich wollte immer das Fenster aufmachen, wegen der Dampflokomotive. Wir wohnten bei Muttis befreundeter Hausastrologin, Frau Obermeyer. Wie lief dein letztes Treffen mit Vati ab?

»Ich war alleine bei ihm.«

Bevor oder nachdem Mutti nacheinander mit uns drei Kleinen bei ihm gewesen war?

»Ich glaube, vorher. Ich saß in einem Vorraum.«

Du bist dort alleine gesessen?

»Nein. Ich saß neben dem Sohn von Streicher. Der war sehr nett. Erzählte mir, dass er als Knecht arbeitet. Dann wurde ich in einen halb dunklen Raum geführt. Nur hinter den einzelnen Scheiben, hinter denen die Angeklagten saßen, war es hell. Der Raum war ungefähr 20 Meter tief. Göring ist mir gleich aufgefallen, weil er genau gegenüber dem Eingang saß. Davor saß seine Frau, mit der kleinen Edda auf dem Schoß. Neben Göring vielleicht noch Rudolf Heß.«

Hat dir jemand gezeigt, wo Vati sitzt?

»Nein. Das sah ich ja. Vati war dritte oder vierte Kabine rechts.«

Vor der Glasscheibe stand ein Stuhl für den Besucher.

»Ja. Hinter der Glasscheibe saß Vati und hinter ihm stand der Soldat mit dem weißen Helm, von Vati aus gesehen rechts hinter ihm.«

Der saß doch neben ihm.

»Bei mir stand er. Ich hab mich auf den Stuhl vor die Glasscheibe gesetzt. Als ich ihn sah, habe ich gedacht: Vati ist ja so schlank geworden! Ausgesprochen gut sah er aus. Vati fing gleich an zu reden. Von dem Manuskript, das er während seiner Haft über Hitler geschrieben hatte: ›Norman, ich bin halt Jurist und kein Dichter. Es ist alles ein bisschen hart und vielleicht nicht künstlerisch. Leider ist es das einzige, was ich euch vermachen kann.‹«

Meine Güte, hat Mutti in den 50er Jahren damit Kohle gemacht! *Im Angesicht des Galgens* war ihre Meisterleistung.

»Sicher.«

Norman, das handschriftliche Original von Vatis *Galgen* Manuskript liegt übrigens im Yad Vashem in Israel. Das würde ich mir schon gerne anschauen. Fliegste mit?

»Ich komm kaum aus dem Sessel raus, und da werd' ich nach Israel reisen und Juden beschimpfen.« Er grinst.

Du hast Vati seit dem Kaffeetrinken am 4. Mai 1945 zum ersten Mal wieder gesehen?

»Richtig. Ich hab ihn nur angeschaut und fast kein Wort gesprochen.«

Was hatte er an?

»Den Anzug, den er trug, als wir am Tag seiner Verhaftung mit ihm Kaffee tranken.«

Was hat er dir noch gesagt? Hat er dich auch so belogen wie mich? Obwohl ich wusste, dass er gehenkt wird, hat er mir vorgegaukelt, wir würden bald wieder lustig Weihnachten feiern auf dem Schoberhof. Das werde ich ihm nie vergessen! War er wenigstens zu dir ehrlich?

»Gegen Ende der erlaubten Gesprächszeit, ich glaube, es waren zehn Minuten, sagte er zu mir: ›Norman, ich möchte dir noch was raten.‹ Er beugte sich hinter der Fensterscheibe nach vorne, fuhr sich mit der flachen Hand wie mit einem Messer quer die Kehle entlang und sagte: ›Bau dir hier was ein!‹«

Wie hast du das interpretiert?

»Schnauze halten!«

Wusstest du wie ich, dass Vati sterben wird?

»Nein. Ich hatte noch Hoffnung.«

Wie habt ihr euch verabschiedet?

»Ich bin rückwärts raus gegangen, und er hat sich hinter der Scheibe nach vorne gebeugt und mir zugewinkt. Dabei hat er gelächelt. Mit offenem Mund. Vielleicht war es sogar ein Lachen.«

Hast du »Tschüss, Vati« gesagt?

»Nein.«

Hast du gar nichts gesagt?

»Sicher hab ich was gesagt, aber ich weiß es nicht mehr.« Norman versinkt in langes Schweigen, bevor er weiter spricht: »Ich hätte an seiner Stelle meine Kinder überhaupt nicht sehen wollen. Ich hab sie im Herzen, aber ich will sie damit nicht belasten. Allerdings bin ich kein Vater. Die Gitti hat die Begegnung mit Vati hinter der Glasscheibe sehr belastet. Die hat sich danach völlig verändert. Michel auch.«

Und du?

»Ich hänge sehr an Vati. Ich ...« Er bricht ab, schluckt.

Man nennt, wo der Kehlkopf drin ist, *Larynx*. Der schließt sich, wenn wir schlucken und öffnet sich, wenn wir atmen. Der hintere Teil ist der Schlund, das ist der *Pharynx*. Den präparieren die Studenten gerade bei dir. Das ist im menschlichen Hals genial gemacht: Beim Schlucken verschließt der Kehlkopfdeckel automatisch die Luftröhre, damit keine Speise in die Luftröhre gerät. Weiß ich alles von Professor Baethmann. Atmest du, öffnet er sich. Bei eurem letzten Treffen im Nürnberger Gefängnis hat Vati *Larynx* und *Pharynx* gezielt angesprochen, indem er sich die flache Hand waagrecht quer vor dem eigenen Kehlkopf entlang zog und dir dazu empfahl: »Bau dir hier was ein!«

Für mich, Bomi, ist Vatis Halsrat eine Aufforderung zu lebenslanger Feigheit. Du hast sie brav befolgt.

»Ohne Feigheit kann keine Gesellschaft existieren. Sie ist der Leim, damit Ordnung funktioniert. Ich habe meinen Pflichtteil dazu beigetragen. Persönlich allerdings war ich nie feige. Ich habe immer alles abgelehnt, was auffällig war. Wie zum Beispiel diese Szene, wie Vati mit Gebetbuch vor Göring, Ribbentrop, Speer und den anderen auf der Terrasse in Mondorf hin und her geht. Peinlich! Deswegen gefällt mir Göring so gut. Und deswegen mag ich auch Theater nicht. Und konnte keine Gedichte aufsagen – dem Dichter seinen Quatsch. Ich lachte immer, wenn ich die Klasse vor mir sah und ein Gedicht aufsagen sollte. Null Interesse an Gedichten – nein, die Antwort ist falsch: *Über allen Wipfeln ist Ruh:* schön! *Warte nur, balde ruhest du auch.* Oder Ludwig Thomas *Heilige Nacht: Im Wald is so staad,/Alle Weg san vawaht,/Alle Weg san vaschnie'bn,/Is koa Steigl net bliebn.*«

Ich weiß, dass sich auch Norman in dieser Sekunde in der Bauernstube auf dem Schoberhof sieht. Vati hat uns zu Weihnachten immer Ludwig Thomas Heilige Nacht vorgelesen. Sein Bayerisch war perfekt.

Und was ist mit *Dem Bürger fliegt vom spitzen Kopf der Hut?*

»Das lässt mich immer frösteln.«

Und Büchners auf dem Kopf gehen?

»Das ist schön und bin ich. Vielleicht.«

Und wenn Vati mit seinem Rat nicht »Sei feige, Norman« vermitteln wollte, sondern nur, dass du dir vor dem Reden gefälligst ein paar Gedanken machen solltest?

»Mag sein. Jedenfalls hat Vatis Rat dazu geführt, dass es mir ein Leben lang verhasst war, auffällig zu sein: Aber wirklich feige war ich nicht – soweit ich mich erinnern will.«

Vati selbst hatte doch lebenslang den Balken der Feigheit quer im Hals. Zum Beispiel hätte er Himmlers Stellvertreter in Krakau gleich rausschmeißen können: ›Mein Führer: Krüger oder ich! Heil Ihnen!‹

»Eben nicht! Macht schafft Feigheit. Vor allem in einer Diktatur. Alles ist mit allem verbandelt. Schau sie dir an, wie feige sie alle Hitler gegenüber auftraten! Dabei wussten sie doch, dass ein Verbrecher an der Spitze des Reichs stand.«

Mensch, Bomi, jetzt kriegste ja nen richtig roten Kopf.

»Ach, lass mir doch mei' Ruah!«

Lassen wir's gut sein. Jedenfalls fand dich Vati bei eurem letzten Treffen nicht von schlechten Eltern:

Mein lieber Norman!
Den Besuch, den Du mir nun gemacht hast, und die Eindrücke, die von unserer Besprechung in meinem stolzen Gefühl, Dein Vater zu sein, nun lebendig sind, bedeutet mein ganzes Glück. Ich glaube fest an Deine gerade, wahrhaftige Art und weiß, dass Du Deinen Lebensweg gehen wirst, getreu der Tradition der glücklichsten Ideale unseres ewigen geistig-seelischen

Deutschlands, das niemand zerstören kann! Wenn Du bestrebt bleibst, in demütiger Ehrfurcht vor Gott Dich immer an Goethe, Schopenhauer, Beethoven auszurichten und bis ins Tiefste ideal zu bewahren, dann muss aus Deiner funkelnd klaren Begabung kein Saufkopp werden …

»Was?« schreckt Norman auf, während ich lache.

Da siehst du, wie dich Vatis Sülze schläfrig macht. Kaum setze ich ein deftiges Wort gegen seinen Schwulst, schon bist du hellwach. Also, tatsächlich hat er nach *Begabung* wie folgt geschwafelt: »… *etwas Aufrichtiges erstehen! In herzlichster Liebe umarme ich Dich, mein guter, starker, leuchtender Bub! Und leuchte segnend Deine Straße! Ewig Dein Vater!*

Nix hast du aus deinem Leben gemacht. Diese Enttäuschung für Vati! Dabei nannte er dich in einem Brief an Mutti einen *beglückend prächtigen Jungen.*

»Ich sah mich auch so. Interessant ist folgendes: Hier im Brief ist er wieder schwülstig bis dahinaus, aber zuvor beim letzten Treffen, die Glasscheibe zwischen uns, war er kurz, knapp, direkt: ›Bau dir hier was ein!‹ Zack! Ach wär' doch schon in Krakau ein Amisoldat neben ihm gesessen.«

Sigrid hat übrigens im Dezember 1979 noch anderes im Gedächtnis, was Vati in seinem letzten Treffen mit ihr und anscheinend auch mit dir und Mutti in Nürnberg über sein Manuskript geäußert hat: *Vatis letzte Worte an uns Kinder in Nürnberg beim Abschied waren: »Keine Rache – keine Hassgefühle! Das müsst ihr mir versprechen!« Heute erst ist mir so richtig aufgegangen, was er uns sagen wollte. Damals, als wir fünf mit Mutti ihn besuchen durften, war noch kein Urteil gesprochen – und doch: Er hat es gewusst. Er wusste auch, als Mann des Rechts, dass es ein Unrecht war – eben Siegerjustiz.*

Norman windet sich. »Ich kann mich einfach nicht an Sigrid in Nürnberg erinnern! Mir jedenfalls hat er das nicht gesagt mit dem Hass und der Rache. Mir hat Vati eben nur gesagt: ›Bau dir hier was ein!‹«

Weiter Sigrid: *Vati hatte keine Angst vor dem Tod, er winselte nicht um Gnade, wenn er sein »Hitlerbild« zeichnete oder seine »Schuld« bekannte. Er wusste schon in Polen, dass er einen gewaltsamen Tod zu erwarten hatte. Um uns zu schützen, wollte er sich scheiden lassen. Mutti sagte nein. Mutti hatte keine Hilfe an Norman und auch nicht an mir – dieses Kreuz kann uns niemand abnehmen. Aber heute, wenn ich an meine Enkelkinder denke und sehe die Nachkriegspolitik, diese demokratische Verlogenheit, diesen ganzen Verein von Heuchlern und Ausverkäufern, die sich an unserem unglücklichen Vaterland – unserem Deutschland – bereichern und es im gleichen Atemzug in einem Ost-West-Konflikt als Schlachtfeld zur Verfügung stellen – dann vergesse ich manchmal das Versprechen, das wir Vati gaben – und ich hasse, hasse, hasse!*

»Was für eine Fanatikerin!« staunt Norman.

Den Brief schrieb sie aus dem damaligen Apartheid Staat Südafrika. Dort fühlte sie sich wohl.

Als ich sie Anfang der 80er Jahre mal anrief und fragte, was sie gerade macht, antwortete sie: »Ich rechne gerade aus, wie lange jeder Jude hätte brennen müssen, wenn wirklich sechs Millionen vergast und verbrannt worden wären.« Ich kann mich nicht mehr genau an die Zahlen erinnern, aber sie fuhr triumphierend fort mit so etwas wie »1,6 Sekunden! Also ist die Judenvernichtung eine Lüge!«

Unser liebes Schwesterlein!

Norman schüttelt nur den Kopf.

Bomi, wir kommen zum Dienstag, dem 1. Oktober 1946. Das muss für Vati entsetzlich gewesen sein: Die Urteilsverkündung war angesetzt.

»Er hat sicher viel gebetet in dieser Nacht.«

War Vati wirklich gläubig?

»Ich glaube nicht. Ich denke mir – er war ja nicht dumm –, dass ihm dieser Glaube zum inneren Frieden verhelfen könnte. Besser noch: Als Vati keinen Hitler mehr hatte, nahm er den lieben Gott als dessen Nachfolger. Sollte Vati nach seinem Tod das Paradies nicht geschaut haben, war er sicher nicht überrascht.«

Jedenfalls verkündet und begründet der amerikanische Richter Mr. Biddle den über Vati verhängten Schuldspruch. Interessant, dass er sogar ein Originalzitat von Vati unterbringt: »Wenn ich für je sieben erschossene Polen ein Plakat aushängen lassen wollte, dann würden die Wälder Polens nicht ausreichen, um das Papier herzustellen für solche Plakate.«

»Vati war eben gebildet. Der sagte nicht einfach nur ›Killen‹, sondern machte aus Morden pointierte Prosa.«

Ist Norman jetzt stolz? Ich frage ihn lieber nicht.

Höre Biddle im Original: »Bei Beginn seiner Aussage erklärte Frank, dass er eine ›schreckliche Schuld‹ wegen der in den besetzten Gebieten verübten Grausamkeiten empfinde. Trotzdem war seine Verteidigung zum großen Teil dem Versuch gewidmet, den Nachweis zu erbringen, dass er tatsächlich nicht verantwortlich gewesen sei.«

»Das hat ihm das Genick gebrochen«, sagt Norman traurig.

Vati wurde in den Punkten drei und vier, also Kriegsverbrechen und Verbrechen gegen die Menschlichkeit, schuldig gesprochen. Im Gegensatz zu deutschem Verfahrensrecht, wo das Strafmaß zusammen mit dem Schuldspruch verkündet wird, ist im hier angewandten anglikanischen Prozessrecht zwischen beidem eine Pause. Die Angeklagten durften zwischen Schuldspruch und Verkündigung des Strafmaßes ein Mittagessen einnehmen.

»Wie mag Vati sich gefühlt haben! Leben oder Sterben? 46 Jahre alt! Vielleicht gab's bayerischen Leberkäs mit Kartoffelsalat. Mein Gott, tut er mir leid.«

Und ganz, ganz in der Ferne heben die Opfer ihre bleichen Hände und rufen »Hallo, hier sind wir!«

»Ja, ja, ich weiß. Gönn mir trotzdem meine Menschlichkeit.«

Das Gericht hatte sich bis 10 Minuten vor 15 Uhr vertagt, dann ging's los. Einzeln wurden die Angeklagten in diesem winzigen Aufzug direkt zu den Anklagebänken hoch gefahren, stellten sich an die Barriere der ersten Reihe und hörten ihr Urteil. Vati war der sechste. Auf Seite 672 von Band 21–22 liest sich das so, Norman:

(Der Angeklagte Hans Frank wird hereingeführt.)

VORSITZENDER: Angeklagter Hans Frank! Gemäß den Punkten der Anklageschrift, unter welchen Sie für schuldig befunden wurden, verurteilt Sie der Internationale Militärgerichtshof zum Tode durch den Strang.

(Der Angeklagte Frank wird herausgeführt.)

Ich schließe den Band. Norman schaut zum Fenster raus. »Militärgerichtshof«, murmelt er vor sich hin.

War Vati schuldig?

»Ja.«

Ich bin jetzt mal nicht die Öffentlichkeit. Sag's ehrlich.

»Privat will ich dir nicht antworten. Du hast zu viel geschrieben. Wie ein drohendes Beil sitzt du mir gegenüber. Du hast ja keine Ahnung. Du bist ein Fremdi.«

Wer beim Präparieren Handschuhe anziehen möchte, kann es tun. Ich sehe sie rings um deinen Leichnam. Alle mit Handschuhen. Keiner will dich direkt berühren. Anstand? Respekt? Aberglaube? Oder wissen sie doch von deiner Herkunft? Sehen sie dir den gehängten Vater an? Das war lebenslang deine Furcht. Ich kenne diese Furcht nicht. Ich bin nicht gläubig. Es war Zufall, dass ich diesen Eltern zuwuchs. Mir ging nur nahe, was sie angerichtet haben.

»Mir auch.«

Und warum sagtest du dann zu deiner Frau den Satz: »Die Juden müssen aufpassen!«

»Hab ich nicht gesagt.«

Wenn ich ihm jetzt sage, dass er lügt, würde er stumm bleiben für den Tag. Es blubbert immer wieder so aus ihm raus, das Wahre: Dass er letztendlich die Juden für das Ende seines Vaters verantwortlich macht. Tief in ihm drinnen. Dieses Urteil setzt sich mit fortschreitendem Alter immer mehr durch in seinem Hirn. Macht Alter blöd? Oder gibt es lauernd schlafende Gene, die uns auf Versöhnung mit den eigenen Altvorderen programmieren, sobald Reizworte wie »Jude« oder »Holocaust« ins Hirn dringen? Wer kann Schmerz ohne Versöhnung schon lange aushalten?

Wie hat Mutti das Todesurteil aufgenommen?

»Unerhört tapfer. So nach der alten bayerischen Bauernregel: ›Lass niemals was ins G'sicht nei!‹ Mutti fühlte sich ja noch während des Prozesses wegen Vatis Geliebter sehr verletzt. Nicht, dass sie ihm den Tod gewünscht hätte, aber sie war sofort damit einverstanden. Ich hab sie während der Prozesszeit nie weinen sehen.«

Habt ihr euch nach dem Urteil umarmt und getröstet?

»Nein. Warum auch? Wenn er nicht zum Tode verurteilt worden wäre, dann schon. Aus Freude. Aber nicht jetzt. Da umarmt man sich doch nicht, wenn man Frank heißt.«

Natürlich nicht. Auf einem Blatt Papier hat Mutti die Namen der Angeklagten untereinander aufgeschrieben, mit Bleistift, dahinter die Urteile und nach welchen der vier Anklagepunkte sie schuldig gesprochen worden waren. Sie muss direkt vor dem Radio gesessen haben. Unterstrichen hat sie kräftig all jene, die zum Tod durch den Strang verurteilt worden waren. Darunter kühl ohne Vornamen ihr eigener Mann: *Frank 3, 4*

Stunden oder Tage später hat Gitti, auch mit Bleistift, eine wunderschöne Blume dazu gemalt. Sicher nur aus Papiermangel.

»Nein. Aus Sehnsucht. Gitti hat furchtbar gelitten. Sie wollte ja auch – im Gegensatz zu uns beiden – nie älter werden als Vati.«

Eine Folge ihrer Sprachlosigkeit.

»Ja.«

Glaubst du, dass Mutti still für sich anerkannt hat, dass Vati zu Recht verurteilt wurde?

»Mutti war klug.«

Das ist keine Antwort.

»Also gut: Ich glaube, wir alle wussten, dass er Unrechtes getan hat.«

Warum so hochgestochen? Ein Massenmörder war er.

»Siehst du, Niki, mit solchen Worten machst du immer wieder unser Gespräch kaputt.«

Wie hast du Vatis Todesurteil ertragen?

»Gefasst. Ich bin erst viel später, ich glaube 1947, in den Wald gegangen und wollte mich aufhängen.«

Wegen Vati?

»Ich sah kein Ende mehr: Nur noch Holz sammeln.«

Du wolltest dich aufhängen, weil du Holz sammeln satt hattest?

»Das Hängen hatte mit Vati zu tun. Ich bin zum Dürnbach und dann rechts die Schlucht hoch, Richtung Bodenschneid. Ich hab das Seil über einen Ast geworfen, aber dann aufgegeben. Hinterher habe ich sogar gelacht. Lächerlich!«

Norman, kaum war das Todesurteil ausgesprochen, hat sich die Schreibtätigkeit der Franks noch einmal intensiviert. Vor allem die letzten Tage vor Vatis Hinrichtung habt ihr ihn mit Briefen überschwemmt.

»So? Ich sicher nicht.«

Ich wedle mit mehreren eingetüteten Briefen.

»Hab ich alles abgeschrieben«, versucht er sich mit einem Witzchen zu wappnen.

Gehen wir's an?

»Aber nur, was du für wichtig hältst. Vollständig ertrage ich mich nicht.«

Also, pass auf. Vati bestätigt handschriftlich mit *E 10.10.46* zwei Briefe von dir ohne Datum, aus denen ich dir umwerfende Zitate zu Gehör bringe: *Mein lieber Vati, Du bist mir wirklich noch nie so groß und königlich vorgekommen, wie gerade jetzt in Nürnberg, dies ist mir das Schönste, was ich ersehnen könnte.*

Kitsch?

»Ja.«

Oder doch echt gefühlt?

»Ja.«

Was denn nun?

»Königlich, als ich es schrieb. Kitsch, wenn ich es jetzt höre.«

Jahre habe ich leichtsinnig vertan, habe über Dein Mahnen gelacht: »Einst wird dies alles ein Ende nehmen, Norman!« Ja, das Ende haben wir nun schon alle lange überlebt, und ich für meinen Teil weine dieser vergangenen Zeit keine einzige Träne nach, weil ich dort gelebt habe wie ein verwöhntes Prinzchen, ohne Ernst und ohne Haltung. Entsetzlich! Wie konnte man nur so blöd und blind sein! Doch es roch ja schon die ganzen Jahre nach Untergang.

»Interessant, dass Vati selbst ahnte, dass es kein gutes Ende nehmen wird. Er hat nur nicht die richtigen Schlüsse daraus gezogen.«

Welche?

»Rücktritt. Flucht. Giftkapsel.

Ich konnte mir plötzlich mit klarster Intensität ein Bild ausmalen, wie es für mich kein schöneres und tröstenderes geben kann. Der Tod wich ganz zurück, und ich sah Dich im Himmel sitzen – und lesen!

Ein schöner Wachtraum von dir. Siehst du ihn heute noch so?

»Ja. Aber ich sitze neben ihm.«

»Ich bete jetzt um die Kraft, die äußeren Vorgänge meines Todes würdig bestehen zu können.« Die Familie ahnte, dass Hans Frank vor Gericht keine Chance hat.

Und der Herrgott packt seine Dreieinigkeit und rückt ehrfürchtig zur Seite. »Psst!« flüstert er den Engeln zu, »die Franks wollen lesen!«

Norman lacht. Prüfend schaut er seine vollen Bücherborde an: »Der Nachteil von Zerschnippeltwerden und späterer Verbrennung ist, dass ich keines dieser Bücher mit ins Grab nehmen kann.«

Wäre ja noch schöner, die hast du mir vermacht!

»Erbschleicher!«

Bomi, weißt du eigentlich, dass Sigrid sich schon 1946 in ihren Briefen an Vati als unbelehrbare Faschistin entlarvt hat.

»Ach nee!« Norman ist begierig zu hören.

Aus zwei Briefen von ihr, die Vati beide mit *E.14.X.46* bestätigt, zitiere ich dir: *Etwas sehe ich nun am Deutlichsten: Du bist ganz ruhig, obwohl Du zehn Monate in Haft gesessen bist, ausgesetzt den dauernden*

Schlägen der Anklagebehörde, bespuckt und beschimpft vom eigenen Volke, verlassen von Freunden und Freuden. Wenn einer das Recht auf Gehörtwerden hat, dann bist es Du! Du hast jede Seite des Lebens leidenschaftlichst durchgelebt, hast Erlebnisse gehabt, wie sie selten ein Mensch sah, hast Kämpfe bestanden, um die Dich mancher Abenteurer beneiden möchte, und es war Dir vielleicht nicht zuletzt vergönnt, der Epoche Hitlers führend anzugehören. Darum hat, wenn ich mir Dein Leben so vergegenwärtige, der Gedanke, von Dir Abschied nehmen zu müssen, kaum etwas Erschreckendes für mich. Der Mann kann sich preisen, der auf einen solchen Weg zurückblicken kann, wie Du es heute von Deiner Höhe herab kannst, der den Tod nicht zu fürchten braucht, der um das Leben nicht betteln will! Vati, ich weiß, dass Du mein ganzes Leben hindurch neben mir sein wirst, denn ich brauche nur ein Buch aufzuschlagen oder Musik hören, und Du bist da. Du wirst uns nach wie vor so ausfüllen und führen, wie Du es immer getan hast. Mit der festen Absicht, Dir nachzueilen, Deinen Weg nachzuspüren, Deinen Kampf zu verstehen, beginne ich nun meinen Lebenslauf, und sein Ziel bist immer Du.

Dich wird es vielleicht interessieren, wie die Leute das Urteil aufgenommen haben. Mutti war hierfür die erste Zeugin. Sie fuhr in der Früh nach Schliersee zum Einkaufen. In den Geschäften wurde sie sofort dran genommen und bei ihrem Eintreten war alles ganz still. Hier in Neuhaus war es dann noch persönlicher. In einem Geschäft rief ihr die Besitzerin beim Hinausgehen nach: »Ach, Frau Frank, haben Sie nicht einen Topf dabei? Ich hätte Ihnen so gerne etwas Quark gegeben!«

Dies scheint man noch immer nicht zu berücksichtigen, dass Adolf Hitler, obwohl unser Verderben, doch das Volk auf eine unwahrscheinliche Höhe gebracht hat, und dass es sich im Tiefsten seiner Seele nach diesen Höhen wieder sehnt. Hinzu kommt noch, dass Adolf Hitler gerade jene Not beseitigt hat, an der heute Deutschland so unrettbar krankt! Eine gefährliche geschichtliche Wahrheit! Man versucht mit allen Mitteln, euch als gemeine Verbrecher hinzustellen. Das schlechte Gewissen scheint dies zu verursachen. Ja, Vati, das stimmt, was Du mir gesagt hast: Ihr könnt stolz sein auf das, was ihr geschaffen habt. Und wenn auch das Ende grauenhaft war, eine wahre Geschichtsschreibung wird die wahren Ursachen zu finden wissen.

»Das hat nicht Sigrid geschrieben. Das habe ich geschrieben!« Norman ist richtig wütend.

Hämisch lache ich zu ihm hin. Ja, das hast in der Tat du geschrieben. Peinlich, peinlich! Berührend finde ich nur das mit dem Quark. Alles andere ist entsetzlicher Mist. Vor allem nehme ich dir diesen Satz hier übel: *Ja, Vati, das stimmt, was Du mir gesagt hast: Ihr könnt stolz sein auf das, was ihr geschaffen habt.*

»Es war nicht alles …«

Norman, hör auf!

Er ist beleidigt, und ich schäme mich ein bisschen.

Was du danach schriebst, hat mich wieder mit dir versöhnt, Bomi. Denn kluge Weitsicht kam zum Tragen: *Wie schön, wenn ich mich nun einmal lange mit Dir über dieses alles unterhalten könnte! Und schon weiß ich, dass dieser Wunsch Erhörung finden wird! Und sei es auch erst im Himmel in vielleicht 70 Jahren, sie wird mir gewährt werden, und darauf kommt es mir an, zu wissen, dass irgendwo ein Mensch ist, der einen führen kann. Zu sehr bin ich mit Dir verankert! Wie sich dieses enge Band hat schlingen können, weiß ich nicht, denn wir waren weiß Gott nicht viel beisammen, und doch ist es da, unzerreißbar, sichernd und führend! Vielleicht hast Du es gespürt, als wir uns das letzte Mal sprachen, um Abschied zu nehmen. Ach ja, dieser Abschied! Mir war es so ganz anders zu Mute! Wie Du mir so nachlächeltest und mir alles Gute wünschtest, war die Trauer in mir verschwunden und machte der anwachsenden Gewissheit Platz: Ich sehe Dich wieder!*

»Bald.«

Kommt nicht in Frage! Ich bin noch längst nicht fertig mit dir!

Am 1. Oktober 1946, hatte Vati zwischen 15.10 Uhr und 15.20 Uhr, schätze ich mal, sein Todesurteil vernommen. Zwei Wochen blieben ihm noch zu leben. Er nützte sie genauso wie vor seiner Verhaftung: Er schrieb Briefe oder beantwortete ihre Flut. An dich schrieb er am 11. Oktober 1946:

Mein lieber Normi!
Ich habe heute wieder und wieder Deine beiden großen Briefe durchgelesen und bin glücklich über Deinen realen Wirklichkeitssinn, der das ge-

sunde Fundament Deiner Ideen immer darstellen möge ... Was hast du ihm denn da für einen Schmarren geschrieben?

Norman gluckst kurz: »Irgendwas über meinen genialen Wirklichkeitssinn halt ...«

Das ist mit mein Schmerz, dass ich gerade auch Dich jetzt verlassen muss, wo wir so männlich zusammengekommen wären. – Aber die Pflicht ruft mich ab. Das verstehst Du und drückst es so prächtig in Deinen Briefen aus, dass ich Dir schon um dieser Deiner echten Haltung wegen meine ganze Anerkennung ausspreche. Kopf hoch! Herz stark! Glauben fest! Ewig Dein Vati.

Kannst du dich erinnern, wie du auf diesen Brief reagiert hast?

»Nein. Gefehlt hat mir Vati schon. Später.«

Und du hast ihn damals nicht als schuldig empfunden?

»So richtig erst durch dich.«

Scheiße, was?

»Du sagst es. Übrigens nur, solange du da bist.«

Glaube fest! ermahnte dich Vati. Du wurdest 1928 katholisch getauft, bist nie aus der Kirche ausgetreten. Warst du Kirchgänger?

»Nicht mehr seit 1933.«

Warum nicht?

»Die Eltern wollten es nicht. Es wäre für unseren Vater zu peinlich gewesen.«

Und nach seiner Hinrichtung als frisch getaufter Katholik?

»Das wäre für mich zu peinlich gewesen. Es hätte so ausgesehen, als wäre ich bis 1945 nur wegen Vati nicht in die Kirche gegangen.«

Als ob die Presse mit der Headline aufgemacht hätte: *Scheinheiligkeit pur! Norman, Sohn des Polenschlächters Hans Frank, geht wieder in die Kirche!*

Er lacht.

Auch Sigrid war 1927 den allein Seligmachern zugetauft worden. Wir drei kleineren Geschwister, alle ins »Dritte Reich« hinein geworfen, wurden auf Mutters Befehl hin erst im Herbst 1944 mit Öl, Weihwasser und Salz von der Erbsünde befreit. In Muttis weiser Erkenntnis des drohenden Endes gottloser Frankscher Herrlichkeit.

Plötzlich höre ich ihn zwischen zwei Zigarettenzügen den Satz sagen: »Gottes Anus ist der menschliche Kopf.«

Ich starre ihn an.

»Na los, schreib's auf!«

Gut, bleiben wir bei Gottes Anus. Er muss sich ganz über Vati gestülpt haben, berichtet er doch Mutti am 13. Oktober 1946: *Ich bete jetzt um die Kraft, die rein äußeren Vorgänge meines Todes würdig bestehen zu können: Aber da sah ich gestern plötzlich in meinem Raum das große Kreuz mit dem Heiland ganz deutlich vor mir – und seine Augen leuchteten so tief in mich, dass ich schier vergehen wollte vor ergriffenster Begnadung.* Bomi, glaubst du ihm die Vision?

»Pah! Am liebsten wäre ihm wohl gewesen, er hätte selbst die Wundmale Christi an Händen und Füßen zum Galgen getragen.«

Dennoch glitzert es feucht in seinen Augen. Tief zieht er an seiner Zigarette. Zur Rettung aus Verzweiflung entwickeln wir die groteske Szene, in der unser Vater in seiner Zelle alles mit Blut vollgesaut hat: Als ihn Gefängnisdirektor Andrus und sein Wachkommando zum Galgentod abholen wollen und die Tür aufschließen, steht er in der Pose des Gekreuzigten mit ausgebreiteten Armen, auf die Brust geneigtem Kopf und übereinander gestellten Füßen an der hinteren Zellenwand. Blut trieft aus den Wundmalen an Händen, Füßen und sogar aus der Lanzenwunde. Die Eintretenden bleiben baff stehen, während unser Vater ihnen in breitestem Bayerisch zuruft: »Auf geht's, Buam!«

Wir lachen, sind wieder auf der sicheren Seite, malen uns weiter aus, wie Father O'Connor, der unseren Vater in Nürnberg katholisch getauft und zum Galgen begleitet hatte, in der Zelle anbetend auf die Knie fällt und dem Gefängnisdirektor vorschlägt, Hans Frank zwar zum Galgen zu führen, ihm dort aber nicht die Schlinge um den Hals zu legen, weil er sicher sei, der Verurteilte würde leibhaftig durch die Turnhallendecke gen Himmel auffahren.

»Interessant«, wirft Norman in unseren Gaudirausch ein, »dass Vati am Ende seines Lebens seine Zelle plötzlich wieder ›Raum‹ nennt. Nur ein Verbrecher sitzt in einer Zelle. Er fühlte sich nicht als solcher.«

Bomi, was ich dir jetzt vorlese, regt mich schon Zeit meines Lebens auf. Bei jeder Einladung zu einer Lesung ende ich mit Ausschnitten aus diesem Brief. Es ist Vatis letzter an dich, verfasst am 14. Oktober 1946: *Wenn Du dieses Heutige erhältst, dann ist die letzte Bunkerbesatzung unseres Reiches ihren vielen Millionen grauer Kameraden in die Ewigkeit gefolgt. Ich weiß, dass keiner beim Sterben dem großen Namen unseres deutschen Mannestums Schande machen wird. Dieser Tod ist ein Kriegsvorgang, und Krieg und Sterben gehören nun einmal zusammen. Es ist also gar nichts Ungewöhnliches, was mir passiert: Was soll ich auch noch am Leben? Ich habe so sehr das leuchtende Empfinden in mir, dass Gottes Planen richtig ist, dass Du ganz beruhigt sein kannst: Bei meinem ohnedies gefährlichen Leben ist es eher verwunderlich, dass ich so alt geworden bin. Wir haben 15 Jahre lang gegen eine Welt in Frieden und Krieg völlig allein und auf uns gestellt ringen müssen, dass es so ein riesiges Wunder war, dass wir das alles haben so lange bestehen können. Oder glaubst Du, dass ich mich von Deserteuren, Emigranten oder Landesverrätern soll nun mein ganzes weiteres Leben schinden lassen?* Zum Kotzen, Norman!

»Halt's Maul, lies weiter!«

Das Gericht hier in Nürnberg war immerhin ein Kollegium von alten Kriegsfeinden: und die handelten schließlich aufgrund ihres Sieges an uns alten Feinden. Das ist nun einmal immer so in den Jahrtausenden der Weltgeschichte, der Sieger muss die Schlusszeche vom Besiegten beitreiben. – Also, mein Sohn, so sehe ich die Sache als Soldat an und ertrage sie auch so: Tue es ebenso! – Ich sterbe als ein personifiziertes Symbol unseres alten Reiches: In unseren Herzen weht die Flagge – sicher noch die Hakenkreuzflagge – *im Augenblick unseres Todes genauso, wie ein Schiff mit wehender Fahne sinkt. Wenn wir jetzt abtreten, dann endet ein schweres Kapitel der Weltgeschichte: Was aber ändert sich an der wirklichen Lage der Probleme auf dieser Erde? Gar nichts. Und deshalb, mein Sohn, verpflichte ich Dich feierlich, Deine ganze Kraft unserem Volke zu weihen, um ihm zu helfen, in Frieden und Gerechtigkeit zusammen mit seinen amerikanischen Freunden wieder sein Reich zu errichten!*

Und? Bist du der heiligen Verpflichtung nachgekommen? Schon dein Mündel, mich armen Vollwaisen, hast du 1959 nach Mutters Tod nur zu Wein, Skat und Nordbad statt zum eifrigen Studium verführt.

Jetzt lacht er richtig herzlich.

»Wären die Menschen klug, würden sie sich ihre Gedanken machen über die selige Ruhe meines Sterbens: So stirbt kein Verbrecher!« Henker Woods erwartet Frank.

»Vatis Sätze haben mich überhaupt nicht berührt. Damals. Dass er sterben muss, das hat mich berührt. Da hab ich geweint.«

Norman, du siehst an diesen Briefpassagen: Trotz all der im Gerichtssaal aufgezeigten Beweise für den Holocaust und die Ermordung von Russen, Polen, Ukrainern hat sich Vati unschuldig gefühlt. Es ist wirklich zum Kotzen.

»Ja.«

Vati machte bis in seine letzten Lebensstunden so weiter. Höre mal, was er Mutti am Abend seiner Hinrichtung geschrieben hat:

Meine herzliebe Brigitte!

Die Zeitspanne meines Verweilens auf dieser Erde wird immer kleiner und im gleichen Maße intensiviert sich mein liebevollstes Denken, an Dich und an unsere Kinder. Ich will es Dir ganz offen sagen, dass mich dabei am meisten der frohe Gedanke bewegt, dass Niemand es auf die Dauer in die Zukunft hinein wird verhindern können, dass auch mir später volle

Gerechtigkeit zuteilwerden wird: Denn die entsetzliche Entstellung, die man bei einigen Stellen meines Kriegstagebuchs angewandt hat, um daraus Verbrechen zu konstruieren, kann sich selbstverständlich nicht lange halten. Die Wahrheit wird siegen! Ich schäme mich, ein Mensch zu sein, wenn ich dieses hasserfüllte Spiel bedenke, das hier getrieben wird. Und wie kurzsichtig ist das alles: Ich war niemals ein Verbrecher! Und ich sage Dir das, liebe Brigitte, im feierlichsten Augenblick meines Lebens angesichts des ewigen Herrgott, der mir dabei ins Herz sieht! Aber mit dem Tode ändert sich auch die Lage: Aus den Verurteilten und Getöteten werden denkbar wirkungsvolle Ankläger werden, die mit keiner Lüge und Konstruktion und Entstellung niedergekämpft werden können! – Meine »Schuld« ist eine rein politische Angelegenheit – aber keine juristische. Wenn die Menschen klug wären, dann müssten sie sich ihre Gedanken gemacht haben über die selige Ruhe meines Sterbens: So stirbt kein Verbrecher! Pah: Die Wahrheit wird siegen! Die hatte doch schon im Nürnberger Gerichtssaal durch zahllose Beweise gesiegt!

Norman geht zunächst nicht darauf ein. Dann fügt er an: »Wie sich die Angeklagten in Nürnberg alle überschätzt haben! Kein Hahn in Deutschland hat mehr nach denen gekräht!«

Nur du ein Leben lang, gell, Bomi, nach Väterchen Hahn?

Er zeigt mir mit kurzem Blick, wie albern er findet, was ich sage.

»Interessant ist für mich, dass Vati mit seinem betont gelassenen Gang zum Galgen und seinem Lächeln auf den Lippen demonstrativ seine Unschuld zeigen wollte: Schaut her, so ruhig stirbt ein Unschuldiger. Er hat leider nicht Recht gehabt: Bis heute hat ihn keiner rehabilitiert.«

Norman, meinst du mit »rehabilitieren«, dass Vati einem Fehlurteil zum Opfer gefallen ist?

»Dann nimm halt ein anderes Wort!«

Ich doch nicht! Du verrätst dich mit diesem Wort.

Er versinkt in Schweigen.

Ich habe derweilen weiter gelesen und werde wieder wütend. Norman, das musst du hören! Wie Vati seinen letzten Brief an Mutti beendet.

»Lies' nicht vor!«

Du weißt, dass mich das kein einziges Mal daran gehindert hat, es dir zu Gehör zu bringen: *In jedem Kerzchen, das Du in echter Empfindung an geweihter Stätte erstrahlen lässt, werde ich Dir leuchten! Denn meine Buße will Gott – aber sie macht mich frei zu seinem Dienst.*

Geliebtes Weib! Ich segne Dich im Namen des Vaters und des Sohnes und des Heiligen Geistes, Amen. Ziehe hin in Frieden, Brigitte: Um Deines Leides wegen ist Dir vergeben! – Ewig aber werden wir vereint sein! Bete! Und das Leben trägt sich wie ein Festgewand! Und schwebt wie Weihrauch.

Hans

Wie kommt der Kerl dazu, Mutti so hochmütig etwas zu vergeben?

»Sie hatte genug angerichtet.«

Aber mit einer seiner Prophezeiungen hat er Recht gehabt. Im allerletzten Brief an Mutti schrieb er als letzte Sätze: *Liebe Brigitte: Ich bleibe ewig in Eurer Mitte!* Mit anderem Stift hinein gequetscht: *In der Nacht vom 15. zum 16. starb ich.* Dann folgt der allerletzte Satz seines kurzen, vermaledeiten Lebens: »*Herzinnigst Dein Hans – Euer Vater.*

Normans Augen irrlichtern durch den Raum. »Los geworden bin ich Vati nie.«

Ich auch nicht. Aber ich habe den Spieß umgedreht.

»Hast du nie Mitleid mit ihm gehabt?«

Nein. Wenn es mich anflog, dachte ich flugs an seine Opfer. Besonders an diesen vierjährigen Buben, den ein Deutscher an den Füßen packte und ihn mit dem Kopf an eine Ghetto Hauswand in Krakau drosch.

»Das hätte mich zu viel Kraft gekostet. Ich stehe zu meiner Liebe zu ihm.«

Jetzt sprichst du schon Vaters hochtrabendes Deutsch! ›Ich stehe zu meiner Liebe‹, bäh! Dabei hockst du nur noch rum. Mit dünnen Wadeln, weil du seit 15 Jahren nicht mehr gehen willst. Du Vater besetzter Faulpelz! Du hast also aus Angst vor Kraftverlust nie das Leid unserer Opfer an dich rankommen lassen?

»In das Leid der Opfer habe ich mich nie hineinversetzt. Wie kann ein Mensch so etwas tun! Natürlich habe ich da eine Beziehung zwischen den Ermordeten und Vati gesehen. So wie ich Mutti damals gesagt habe, als wir die Leichenberge aus den KZs in den ersten Zeitungen sahen: ›Jetzt geht alles den Bach runter!‹ Sie wollte es nicht sehen. Mutti hatte viele Gesichter. Was du ihr ja auch in den Mund gelegt hast: ›Gott sei Dank sitzt er in der ersten Reihe der Hauptkriegsverbrecher!‹ Hast du nicht auch diesen Stolz gespürt, dass er in Nürnberg in der ersten Reihe saß?«

Ich weiß von nichts, winde ich mich raus. Vergeblich.

»Da siehst du, wie wir Franks weiterhin pervertiert sind: Wir wollen noch immer aus der Masse rausgehoben sein.«

Bomi, wie redest du denn plötzlich daher? Willst du unsere Rollen tauschen?

»Wenn ich Ankläger in Nürnberg gewesen wäre, hätte ich – wie Sigrid und ich damals bei unserem Berliner Dienerpaar Kurt und Maria – von den Angeklagten gefordert, dass sie sich im Gerichtssaal küssen: Göring den Ribbentrop, Speer den Streicher und Vati den narbengesichtigen Kaltenbrunner, stellvertretend für seinen toten Chef Himmler, den Vati so gehasst hat und dem er so hoffnungslos unterlegen war.« Er lacht so intensiv über die Kussszene, dass sich sein kleines Bäuchlein unter dem Morgenmantel wölbt.

Bomi, ist das jetzt Vatis hysterische Lache aus Nürnberg?

»Nein, meine sympathische am Schliersee. Menschenskind, Niki, das alles ist nur noch Pop. Nein: Popcorn fürs Kino! Wir schreiben März 2009!«

Und warum treibt es dich dann noch als Achtzigjährigen um?

»Dich doch auch. Das ist eben das Biologische. Das hat mit der Wirklichkeit Deutschlands nichts mehr zu tun.«

Wenigstens bei deinem letzten Brief an Vati schriebst du ordentlich das Datum: *Neuhaus, 13.10.46*. Vati hat darunter handschriftlich mit Bleistift gesetzt. *E 15..X. 46*

»Stunden vor seiner Hinrichtung«, Norman nickt einmal mit seinem Kopf, nimmt dann eine Dattel aus der Tüte, kiefert das Weiche vom Kern weg. »Lüsch!« mümmelt er mit vollem Mund, was ich als »Lies!« deute:

Mein lieber Vati!

Schnell vergehen die Tage, und der Schmerz wächst, denn es scheint schon nichts mehr da zu sein, was ihn heilen könnte. Nur immer wieder sagen: »Vati ist ruhig und gefasst, und wir glauben, dass dieser Weg das Beste für ihn ist!« So trösten wir uns, und man kommt sich so schwach und klein vor, je mehr man diesen Gang zu verstehen versucht. Es gibt wohl Dinge, mit denen man jedes Unglück verschönern kann, aber dies wollen wir ja nicht. Wir wollen alles so sehen, wie es ist und versuchen, Dir mit unseren Gedanken zu helfen. Es ist nicht leicht, Vati, denn jede Erklärung sieht nach Trost aus und verfehlt ihre Wirkung. Wen sollen wir denn trösten? Du hast Deinen Herrgott! Was können wir Dir dann schon an Tröstung bringen? Vielleicht, wenn wir Dich davon überzeugen können, dass wir nicht gebrochen werden, dass wir weiterhin stark sein wollen und auch werden, dass wir uns nicht ergehen in nutzlosen Anklagen, dass wir nun nicht haltlos auseinanderfallen? Ja, das scheint mir unsere Pflicht zu sein! Dir zu zeigen, dass wir den Kopf oben behalten werden! Wie sollte ich auch anders! Habe ich nicht eine große Verpflichtung, als Dein Sohn? Diese nicht zu erkennen, wie es früher so oft der Fall war, scheint mir heute als ein großes Verbrechen, und ich möchte Gott bitten, dass er mir immer helfen möge, wenn ich einmal schwach zu werden drohe, dass er mir einen warnenden Ruf zuschicken möge, und dass er, sollte dies alles unbeachtet bleiben, mir das Bild meines Vaters vor Augen halten möge! Pause, Bomi? Drohst du schwach zu werden?

»Lass es hinter uns bringen!«

Nein, Bomi: Mich berührt dein Brief. In den Briefsteller *Wie schreibe ich richtig an Tod geweihte Verwandte* gehört dieser Brief unbedingt hinein. Mutti und du, wusstet ihr, dass Vati am 16. Oktober hingerichtet wird?

»Ja. Von Dr. Seidl. Am 13. Oktober hat er Mutti angerufen. Deswegen habe ich mich gleich hingesetzt, um ihm noch zu schreiben.«

Fiel dir der Brief schwer?

»Nein. Vati war mir sehr nah. So, als ob das Wissen um das genaue Datum seiner Hinrichtung eine Barriere zwischen uns beseitigt hätte.«

Ich nenn's Befreiung.

»Ich nicht. Obwohl...« Er dreht seinen Kopf zum Fenster, dann wieder zu mir. »Obwohl du vermutlich Recht hast: Endlich ein Ende dieser Monate dauernden Hoffnungs- und Verzweiflungstortur. Das berühmte Ende mit Schrecken...«

Ich bitte um die Kraft, so zu werden im Leben, wie es mein Vater war!

»Oh Gott, Niki, das ist ja furchtbar.«

Beruhige dich, Bomi, in dieser Richtung hast du Gott sei Dank völlig versagt, sonst säße ich nicht hier.

Vati, dies soll keine falsche Schmeichelei sein, – gibt's eigentlich eine richtige, Bomi? – *Du kennst mich ja. Nein, dies ist mir so hohe Pflicht, denn wen habe ich außer Dir gehabt? Wer könnte es auch nur im Geringsten mit Dir aufnehmen? Müsste ich nicht bei jeder Begegnung Dich als Maßstab hernehmen, und wer könnte da bestehen? Ferner bin ich so fest davon überzeugt, dass Du uns immer so nahe sein wirst, dass ich mich um Menschen oder gar Freundschaften nicht bewerben muss. Doch noch weiß ich nicht, was mir das Leben bringen wird. Es kann sein, dass ich in einer Zeit großer Verblendung leben werde, dass ich mich von Dir lösen werde, aber nie können wir endgültig getrennt werden! Und auch Mutti wird es zu tragen wissen. Sie ist eine so tapfere Frau, dass sie alles überstehen wird, und wenn auch sie eines Tages von uns gehen wird, um sich mit Dir zu vereinen…*

»Da sei Lilli vor!« unterbricht Norman mit zynischer Fröhlichkeit seinen eigenen Text.

… so wird sie auf dieser Welt auch einen so sauberen, ehrenvollen Abgang haben, wie Du. Also jetzt, Bomi, wage ich doch zu bezweifeln, ob das ein Musterbrief für den Briefsteller sein könnte, allenfalls für einen neofaschistischen.

»Was sollte ich schreiben? Dass er, eingesaut von unschuldigem Judenblut und Polengebein, per Strick entgegen nimmt, was ihm gebührt?«

Ja. Vielleicht nicht so drastisch. Aber zum Beispiel so: *Mutti* und so weiter *wird einen ehrenvollen Abgang haben. Du hättest ihn gleichfalls haben können, wenn Du bei Deinem Schuldeingeständnis vom Gründonnerstag 1946 geblieben wärst, denn Du büßest für Deine Mitschuld an euren entsetzlichen Verbrechen mit dem höchsten Gut, das einer zu geben vermag: dem Leben!*

»Du sagst das mit 70! Hättest du auch als 18 Jähriger so geschrieben?«

Nein. Vermutlich hätte ich auch deine große falsche Leier gezupft.

Wir Franks scheinen aber doch härter zu sein, als es den Anschein hat, und so werden wir es schon schaffen, Vati. Sei also ganz beruhigt in diesem Punkt. Na, Du wirst ja unserem Treiben zusehen, und wolle Gott, dass Du mit uns zufrieden bist. Mit mir ist er es sicher!

»Pah! Deine Bücher hätte Vati auf Wolke sieben zerrissen und die Schnitzel auf dich herab regnen lassen.«

Wieso »hätte«?

»Es gibt kein Jenseits.«

Bist du sicher?

»Ich werd's bald wissen.«

Halt, halt, Bomi, du stirbst mir erst, wenn ich dein Leben haarklein fürs Buch aufgeschrieben habe!

»Dann musst du jetzt aber ganz schnell weiter lesen und meine Reaktionen aufschreiben!«

Verheerende Kritiken erwarte ich.

»Verehrende für mich.« Er lächelt, zeigt, dass ihm die Zukunft nach seinem Tod genauso gleichgültig ist wie sein Dasein davor.

Ich lese darob mit belegter Stimme weiter: *Auch bin ich überzeugt, dass Du uns jetzt mehr helfen kannst und wirst, wie früher. Mutti war so glücklich, als sie von dir kam, und man sah es ihr an, wie viel Kraft und Glauben Du ihr gegeben hast.* Das, Bomi, war Muttis große Leistung, dir und uns so etwas vorzuspielen. Bei ihrem zweiten Besuch saß Vati schwer gefesselt hinter der Glasscheibe, und sie durften sich zum endgültigen Abschied nicht einmal berühren. Was für ein elendes Aufnimmerwiedersehen! Und dann noch ihr Wissen um Lilli! Alles Scheiße, deine Emma, kann ich da nur sagen.

»Sag so was nicht. Du machst so viel kaputt mit deiner Abwehr.«

Sei auch hierin ganz ruhig, Du hast vielleicht mehr für Deine Familie getan, als andere Väter. Und was bedeutet es schon, wenn Du uns keine Güter hinterlässt? Wir pfeifen darauf, denn wir haben das Beste von Dir in uns, Dein Blut und Deine Anlagen! Und dies ist unser Kapital, diese beiden Dinge werden wir hochhalten und pflegen, sie sollen unser Fundament für die Zukunft sein. Ein unvergleichlich wertvolleres Kapital, als Silber und Gold.

»Die Wahrheit um eines Sprachgags willen zu verkaufen, das habe ich als Anlage tatsächlich von ihm in mir. Aber das ist Spielerei. Das andere von ihm, das hin und wieder in mir aufwallt, seinen Hass auf die Welt, sein verfluchtes Unterlegenheitsgefühl, das habe ich nie manifestiert.«

Es folgt ein ziemlich ernster Blickwechsel, dem keine Worte unterliegen. Seine Augen warnen mich sogar: Sag jetzt bloß kein Wort!

Ich nicke stumm und lese weiter.

Das soll nun eigentlich mein Abschiedsbrief sein! Aber, glaube mir, Vati, ich sehe ihn nicht als solchen an. Ich komme im Gegenteil immer näher der Erkenntnis, dass es zwischen uns keinen Abschied gibt. Nicht, weil er nun so plötzlich eintreten soll, nein, weil wir einfach so an Dich gekettet sind, so unlösbar mit Dir verbunden sind, dass wir uns einfach gegen das Wort »Abschied« wehren müssen.

Da hast du recht, mein lieber Bruder: Gekettet sind wir wirklich...

»Quatsch mir nicht in meinen Brief rein! Lies!«

Eines Tages werden wir alle Rechenschaft ablegen müssen vor Dir. Du verstehst mich, und es ist traurig, dass wir beide nicht ein längeres Stück Weges gemeinsam haben laufen können. Aber das ist Schicksal, und es steht mir nicht zu, darüber zu verzweifeln. Vielleicht haben wir es verdient. Vielleicht hat unser Vaterland sein Schicksal verdient. Es lässt sich jedenfalls leichter ertragen, wenn man in sich selbst den Schuldigen sieht. Doch Dir muss man das nicht sagen, und Du weißt, dass es der richtige Weg von Dir war, zu bekennen.

Ich stehe auf, werfe die Wolldecke von meinen Schultern, tanze zu Norman hinüber, versuche den Entsetzten zu umarmen, rufe dazu: Ein Busserl, ein Busserl muss her! Du bist großartig, Norman, im letzten Brief! Endlich! Lass mich deine Füße küssen!

Ich knie mich nieder, küsse seine braunen Schlappen, sehe seine dünnen nackten Knöchel dicht vor meinen Augen.

Der erste und einzige Frank, der Vati zuletzt doch noch auf sein Schuldbekenntnis angesprochen hat.

Ich setze mich wieder hin. Norman richtet sich in seinem Lehnstuhl her, lacht.

Weißt du, wie sehr du Vati damit geärgert hast? Der wollte doch von eigener Schuld schon lange nichts mehr wissen!

»Ja. Jetzt weiß ich das schon. Damals wusste ich es noch nicht, zum Beispiel von seinem Brief an Seidl und den letzten an Mutti, den bekamen wir erst nach seiner Hinrichtung: Da hat er ja jede Art von persönlicher Schuld, die er noch im Zeugenstand bekannt hatte, zurück gewiesen.«

Meinst du nicht, Norman, wenn du ihm gleich nach seinem Schuldbekenntnis am 18. April 1946 so einen Brief geschrieben hättest, in dem du expressis verbis sein überraschendes Schuldbekenntnis im Zeugenstand belobigt und mit ihm diskutiert hättest, dass er dann an Standfestigkeit gewonnen hätte? Bei seinem Schuldbekenntnis geblieben wäre?

»Nein. So stark war ich nicht. Obwohl«, er schaut kurz zum Fenster hinaus, »es wäre einen Versuch wert gewesen.«

Zu spät! So hast du ihn an seinem letzten Lebenstag nur verärgert. Als er diese Stelle in deinem Brief gelesen hat, muss es ihn durchzuckt haben: »Ja, richtig da war ja noch mein unüberlegtes, dämliches Schuldbekenntnis, das mir einen Dreck gebracht hat!«

»Diese niedrigen Worte ›dämlich‹ und ›Dreck‹ hätte er sicher nicht gebraucht, aber ansonsten bin ich sicher, dass du richtig liegst.«

Freut es dich heute, dass du ihn an jenem 15. Oktober 1946 damit geärgert hast?

Er lächelt: »Ein bisschen schon, aber...«

Ja, ja: Aber ich liebe ihn! Geschenkt!

Und hier kann ich Dir noch eine kleine Freude machen: In einer bayerischen Kleinstadt wurde jetzt bei der Lebensmittelausgabe den Flüchtlingen Dein »Schlusswort« in die Hände gespielt. Es war in hunderten von Exemplaren gedruckt worden.

»Natürlich von der katholischen Kirche«, setzt Norman trocken hinzu. »Weil er das deutsche Desaster auf die Abkehr von Gott zurück geführt hatte.«

Ich lese dir noch den Schluss deines Briefes vor: *Und sollte nun, nach Gottes Willen, das Letzte eintreten, so sei gewiss, dass wir starken Herzens neben Dir stehen und versuchen werden, Dir diesen Gang so weit wie möglich zu erleichtern. Viel größer jedoch wird Deine Freude sein, wenn Du siehst, dass Deine Kinder ein anständiges Leben führen.* Haben wir das, Bomi, ein anständiges Leben geführt?

Übertrieben eifrig nickt er, greift grinsend zum Glas und prostet mir zu, bevor er einen tiefen Schluck nimmt.

Und wir werden Dich oft anrufen um Hilfe, und wie schön ist es, jetzt beten zu können: »Unser Vater im Himmel!« Gib uns weiterhin die Kraft, die Du uns immer gegeben hast.

Auch Du glaubst an ein Wiedersehen, und so will ich auch heute schließen, wie es immer zwischen uns der Brauch war: »Auf Wiedersehen, Vati!«

Dein Norman

Wir schweigen.

Weißt du noch, dass Vati noch was unter deinen Abschiedsbrief geschrieben hat?

»Nein.« Norman reckt sich nach vorne, streckt die Hand aus: »Gib her! Das will ich selbst lesen!«

Ich reiche ihm den eingetüteten Briefbogen. Er liest still, legt ihn danach auf seinen Schoß, schaut zum Fenster hin und sagt zu mir: »Niki, lass mich bitte kurz allein.«

Ich gehe raus, weiß, was Vati mit Bleistift geschrieben hat: *Liebster Norman! Ich danke Dir und vertraue Dir! Gott sei mit Dir, Du Lieber. Dein Vater*

Als ich nach einigen Minuten, in denen ich mich auf dem Gang gewärmt hatte, wieder eintrete, sitzt er in Eiseskälte schweigend da, die Asche seiner Zigarette kurz vor dem Abfallen. Ich krame aus meiner Aktentasche zehn CDs heraus, die ich dem deutschen Rundfunkarchiv abgekauft hatte.

Vatis Reden, Bomi!

»Jemineh!«

Dort, wo er sonst seine Mahler Symphonien einlegt, seinen Bruckner, drehen sich nun die glänzenden Scheiben mit dem elendesten, verbrecherischsten Dreck, den deutsche Sprache je komponiert hat: von unserem Vater. Das sind in all den Jahren die wohl innigsten Gefühle des Zusammengehörens zwischen Norman und mir. Die Abscheu gegen das, was unser Vater da aus sich heraus lässt, schweißt uns zusammen:

»Sagen wir es doch einmal ganz offen: Wir waren doch immer viel zu vornehm, zu gutmütig und viel zu entgegenkommend gegenüber diesem ganzen Gesindel, das sich da rings um uns herum ausgebreitet hat.«

Wir besaufen uns mit Schnaps und Wein, räuchern uns die Lungen voll, lallen verächtlich lästernd einzelne Sätze nach: »Ihr werdet doch nicht etwa mit den Juden, diesen Plattfußindianern, etwas Böses angestellt haben?«

Das kommt mit triefendem Hohn von der Scheibe, bei den nächsten Sätzen schwillt seine Stimme nach und nach auf gefühlte 130 Dezibel an: »Wer sich fügt, kann in diesem Raum friedlich leben, wer glaubt, dass er aus irgendeinem Grund gegen die deutsche Führung und Ordnungsnotwendigkeit antreten soll, fällt. Aber, wir wollen den Polen nicht drohen. Wir haben das nicht nötig. Möge in diesem Raume jeder Pole daran denken, dass wir mit ganz anderen Mitteln gerechterweise zurückzahlen könnten, was an deutschem Blute verbrochen wurde.«

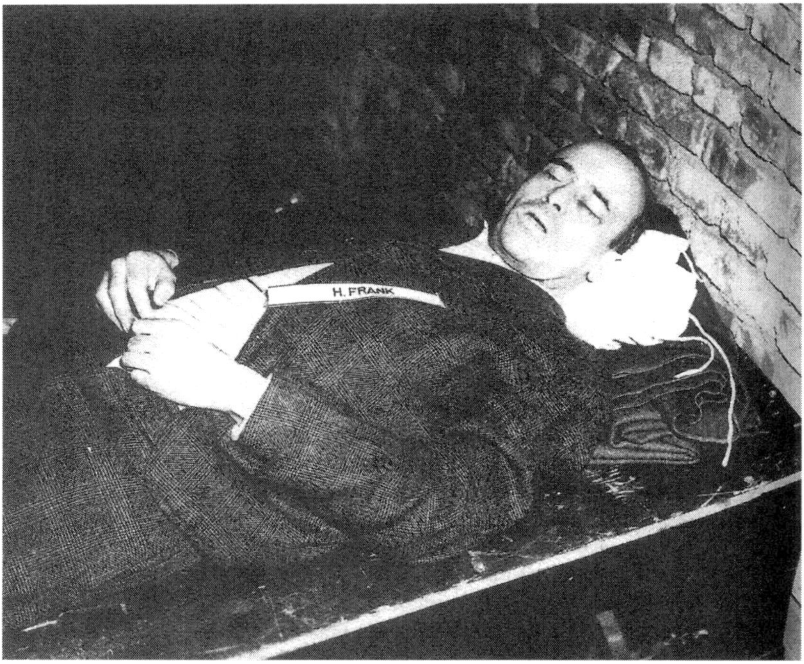

»Als ich dann allein war, hab ich geweint. Um den leiblichen Vater. Um meinen jetzt toten Vater.« Hans Frank starb kurz nach ein Uhr nachts am 16. Oktober 1946.

Plötzlich stemmt sich Norman hoch und fällt sofort um. Vati plärrt weiter. Ich schwanke zu ihm, helfe ihm auf, er versteift, hasst jede Berührung, vor allem die des eigenen Blutes, ich lasse nicht locker, schaffe ihn, selbst mit um die 3,5 Promille gesegnet, den Gang entlang rumpelnd, in sein Schlafzimmer. Hinter uns her krakeelt unser Vater. Norman hält sich am Rahmen seiner Schlafzimmertür fest, schiebt mich weg. Ins Bett bringen lässt er sich nun wirklich nicht. Von Ferne dröhnt der Jubel der deutschen Zuhörer, die unserem Vater einen weiteren Triumph als Redner bescheren. Ich verankere Normans rechte Hand noch einmal am

Türstock. Mit der linken angelt er sich den Stuhl, lässt die Tür los, ich schließe sie, saue noch ein »Heil Hitler!« hinter ihm her und schwanke wieder zurück in sein Wohnzimmer, bin nur noch fähig, den Stecker raus zu ziehen. Vati säuft mitten in einer barbarischen Sentenz ab: »Das hat der Führer bewiesen: Was er in seinen Schutz nimmt, das ist beschützt.«

Tagelang sehen wir nur noch fern, reden über Sport. Dieser verbale Wort- und Mordmist unseres Vaters schlaucht unsere Seelen. Es fällt uns nichts mehr dazu ein.

»DANN HABEN BEIDE RUH, DER ALP UND DU«

Dann sind wir wieder bereit, in unserer Vergangenheit zu wühlen. Ich nestle die Aktentasche mit den Klarsichthüllen auf. Norman, jetzt kommen wir zu den Geboten, die Vati dir, dem Achtzehnjährigen, zur Gestaltung deines Lebens zwei Tage vor dem Ende seines eigenen aus dem Knast heraus zu erfüllen aufgegeben hat.

»Gefängnis! Niki, sag doch Gefängnis. Zieh doch nicht alles so runter.«

Wenn's der Wahrheitsfindung dient! Gemeinsam wollen wir bei dir Achtzigjährigem nun überprüfen, inwieweit du diese Gebote erfüllt hast.

Mein lieber Norman!

Ich erwarte, dass Du in ruhiger, zielsicherer, unermüdlicher Arbeit Deine geistigen, seelischen und körperlichen Kräfte entwickelst, gesund bewahrst und erfolgreich durchsetzt. Halte Dich von jedem Schmutz ferne! Lebe rein! Und was machst du, Bomi? Ein Leben lang gesoffen und gehurt!

»Grad zünftig war's! Und den Schmutz hob i obi g'schwoabt.«

Norman wird wieder ernst: »Ich konnte mit Vatis Schwulst nie etwas anfangen. Ich war nicht so. Es hat mich immer abgestoßen.«

Sei immer wahrheitsliebend und vor allem: Diene in Demut gläubig Deiner Kirche!

»Ich habe mein Leben lang Kirchensteuer gezahlt. Vermutlich 'ne halbe Kathedrale!«

Halte Dich in allem denkbar zurück: Sei vorsichtig im Prüfen von Meinungen, die sich in Dir bilden! Alles hat zwei Seiten! Strebe nie dem im Augenblick oder überhaupt stimmungsmäßig Dir angenehm Dünkenden nach! Plane nie träumend oder sehnsüchtig – sondern denkbar nüchtern und wirklichkeitsnah!

»Hätte er nur selber danach gelebt, wäre er nicht verprügelt und an den Galgen gehängt worden!« Norman wird wütend. »Hör auf damit!«

Ich denke nicht daran! Das hat dich geprägt, was Vati hier schreibt:

Äußere Anschauungen – selbst im vertraulichsten Kreise – über allgemeine Dinge nur, wenn Du verantwortlich berufen bist! Lerne im Zuhören und halte Dich nie für wissend. Misstraue Dir selbst am meisten! Und beherrsche Dich in allem und jedem: Lass Dich nie gehen! Hüte jeden Augenblick Deines Lebens wie einen Goldtropfen.

»Das hab ich gemacht! Im Safe der Raiffeisenbank liegen jeder Menge Goldtropfen – und sie werden immer wertvoller.«

Du schaffst es nicht, mich abzulenken: *Halte Dich frei von jeder Rache – oder Vergeltungsidee: Da kommt nichts heraus! Handle immer so, dass Du niemals Reue befürchten musst!* Hast du je Reue empfunden?

»Nein. Nie. Meine Geliebten habe ich immer gehen lassen. Meine Schnäpse immer bezahlt. Mein Motto: Verhalten leben, verhalten sterben, ich verhalle.«

Und lerne aus unserer Geschichte! Denke daran, dass die größte Zeit unseres Reiches vor 1100 Jahren jene war, wo deutscher Kaiser und Papst zusammen arbeiteten für das Abendland! Wenn ich noch jemals etwas zu sagen hätte, dann würde ich dieses politische Programm wieder anstreben!

»So ein Quatsch! Da könnte man wieder froh sein, dass er hingerichtet worden ist«, bricht es aus Norman heraus. Gleich tut es ihm leid. »*Sub specie aeternitatis*«, murmelt er.

Oder angesichts des Galgens.

»Er war ein furchtbarer Schwätzer.«

Bis zum Schluss.

»Ja.«

Wir rauchen beide ein paar Züge. Dann lese ich weiter: *Beurteile nie Menschen – sondern Lagen! Nur diese sind letzten Endes entscheidend. Und am stärksten ist immer ein Lage entsprechendes Verhalten, nicht ein menschenwillenbeherrschtes Tun allein. Das war der allergrößte Fehler Hitlers!*

»Klar, der Führer hat ja diesen wirren Schmarren seines Reichsministers und Generalgouverneurs nicht kapieren können!« Jetzt lacht er wieder, Gott sei Dank. »Ist das nicht vollkommen irre, dass er selbst in diesem ganz persönlichen Brief an mich Hitler als negatives Beispiel einflicht und nicht sich selbst?«

Wohl wahr!

»Ach, du lieber, kleiner, wunder Vati«, flicht er hinterdrein.

Sprich und schreibe wenig an Meinungen! Am besten gar nichts! Aber leiste unentwegt an Deiner Erkenntnis!

»Was heißt das denn? *Leiste unentwegt an Deiner Erkenntnis?* Jetzt fällt mir ein, dass ich das damals schon nicht verstanden habe.«

Dazu reicht eben der Stand deiner bisher erreichten Erkenntnis noch nicht aus. Die Sätze davor sind es doch, die dich verpfuscht haben: Hab keine Meinung! Duck dich weg! Pariere! Das meint er doch, unser heiliger Vater.

»Wenn du es so siehst.«

Ja.

»Bitte: Bei jeder Bundestagswahl stand ich schon zwanzig Minuten vor acht Uhr vor dem Wahllokal! Ich hab mit einem Kreuzl meine Meinung beinhart kundgetan.«

Ja, das können wir Franks: Davonschleichen mit einem Witzchen.

»Warst du mutiger?«

Nein. Deswegen klag ich dich ja an. Wo stehst du eigentlich politisch, Norman?

»Links. Ganz klar. Weil wir den Konservativen alle Scheiße verdanken. Das fing mit Kaiser Wilhelm an. Und dann Hitler. Ich wähle Die Linke.«

Werde Fachmann allererster Art auf einem Gebiet und zwar führend – und dilettiere nicht überall herum!

»Ich war Fachmann im Busen streicheln. Das ist doch schon mal was.«

Lerne eine Sprache völlig perfekt! – Spiele ein Instrument ganz! – Studiere nicht Staaten, sondern Völker! – Verachte die kleine Heimat nicht! Sie ist das reinste Nationalgut! – Sei nicht stolz auf die Leistungen früherer Epochen, sondern eifere ihnen nach! – Verzweifle nie, alles bleibt im Fluss! – Vertrau Deinem Gewissen! – Übe Dich im Entbehren als Auszeichnung. Vati, du dort unten in der Hölle, das zieh ich gleich durch: Norman kriegt heute Abend keinen Schnaps!

»Nein, nein!« Norman wirft in gespielter Verzweiflung die Arme hoch. »Gerade das mit dem ›Fluss‹ hat mir so Durst gemacht! Was mir der alles antut!«

Meinst du Vati oder mich?

Er winkt nur ab.

Ich lese die letzten Sätze des zwölfseitigen Briefs. Mit Bleistift auf liniertem amerikanischen Papier geschrieben: *Der heroischste Sieg ist der über sich selbst! – Und so segne ich Dich, mein herzlieber Sohn: Möge der ewige Herrgott Dich segnen und behüten! Ewig bleibe ich Dein Vater.*

Im Wohnzimmer brennt schräg links hinter meinem gepolsterten Stuhl nur die kleine Tischlampe. Das andere Licht kommt vom stumm flimmernden TV-Gerät. Norman beugt sich aus seinem ledernen Lehnstuhl nach vorne, als ob er mit größter Neugier wieder den Goldkurs entziffern wolle. Er hat nie gelernt loszuheulen.

»Vatis Briefe habe ich so empfunden wie sein Buch *Im Angesicht des Galgens*. Das habe ich erst gelesen, als ich 1955 aus Argentinien zurückgekommen war. Es hat mir nicht gefallen. Er war ja angeklagt worden wegen der Dinge im Generalgouvernement. Und da schreibt er nur sechs Seiten drüber. Das tut man nicht. Das hat mich sehr gestört.«

Erstaunlich, mein lieber Bruder, von Greis zu Greis: Wie oft uns doch falsche Erinnerung schüttelt! Hier hab ich deinen Brief an Vati, dessen Erhalt er am 14. Oktober 1946 bestätigt. Hör, was Du ihm damals schriebst: *Jetzt, nachdem ich Dein Buch über Adolf Hitler zum zweiten Male durchgelesen habe, sehe ich darin viel klarer. Deutschland sollte stolz auf ihn sein, denn er hat bewiesen, dass wir ein noch junges und kräftiges Volk sind.* Wer ist *ihn,* Bomi? Und worauf sollte Deutschland stolz sein? Du meinst doch sicher den Studentenkreis der *Weißen Rose* an der Münchener Universität! Schon als 18 Jähriger hast du Vati kundgetan, dass wir auf so einen Widerstand stolz sein können! Alle Achtung, Bomi.

Norman windet sich. Irgendwie traut er seinem eigenen Brief nicht. Zu Recht. Ich kläre ihn auf: Natürlich meinst du Hitler,

Er lacht ein bisschen verlegen, vermischt mit einer Prise Ärger, weil ich ihn mal wieder reingelegt habe.

»Tja, Niki, nie sollte man sich seiner Vergangenheit sicher sein. Dieser verdammte Hitler! Wie das feine Korn eines Sandsturms hat er sich überall in meinen Poren festgesetzt.«

Du bist nicht der einzige hier in Deutschland, dessen Poren auf diese Weise verstopft sind.

»Nie sollte man sich seiner Vergangenheit sicher sein. Dieser verdammte Hitler! Wie feines Korn eines Sandsturms hat er sich überall in meinen Poren festgesetzt.«

Wieder versinkt er. Ich ziehe den Briefbogen hervor, auf dem unser Vater mit Bleistift seine letzten Verfügungen für den *Prison Officer* niedergeschrieben hat:

Sir!
Ich habe in dieser Schachtel alles geordnet:

Im Pack 1 befinden sich die Familienbriefe an mich, die ich bitte, an meine Frau zurückschicken zu wollen.

Im Pack 2 befinden sich Skizzen, allerletzte – noch meist in diesen Tagen gesandte Briefe, Gedanken, Gedichte und literarische Entwürfe, die ich insgesamt auch meiner Frau zuzuleiten bitte.

Die beiden Gebetbücher bitte ich gleichfalls an meine Frau zu schicken.

Der Füllfederhalter gehört Herrn Dr. Gilbert.

Ich bitte, meine Pfeife und die Manschettenknöpfe meiner Frau für meinen Sohn Norman zuzuleiten.

»Habe ich nie bekommen«, kommt es flüsternd aus seinem Eck. Auch ich habe einen Kloß im Hals. Scheiß Hängerei.

Die Adresse meiner Frau ist: Frau Brigitte Frank, Neuhaus (am Schliersee), Oberbayern, Dürnbachstraße 7
Im übrigen danke ich Herrn Oberst Andrus herzlich für viel Gutes, das er mir seit über einem Jahr getan hat.
Ergebenst!
Dr. H. Frank
Nürnberg 15. X. 1946
abends

»Ach, Niki«, flüstert er, sitzt in der Nürnberger Zelle ganz eng neben Vati und dessen letzter Verfügung, verfasst am Abend seiner Hinrichtungsnacht.

Ich weiß, dass er sich jetzt vorstellt, wie Vati das niedergeschrieben hat, mit fahrigen Bewegungen, vielleicht zuvor die Sachen akribisch geordnet, wissend, dass in drei oder vier Stunden Oberst Andrus mit seinen Wärtern kommen wird, um ihm ein letztes Gutes anzutun und ihn zum Henker zu führen.

Bomi, wach auf aus deinem Gespinst! Mutti hatte uns drei Jüngsten um die Zeit der vermuteten Hinrichtung in ein Kinderheim in Holzen bei Wolfratshausen gebracht. Du bliebst mit Mutti in der Neuhauser Wohnung. In ihrem letzten Brief an Vati schrieb sie: *Ich werde die Nacht von Dienstag auf Mittwoch wachen und beten, und meine Seele wird bei Dir sein. Lass mich Dich begleiten, gib mir, ich bitte Dich inständigst, mein geliebter Hans, ein Winkelchen in Deinem Herzen und lass mich darin bis zum Ende. Lass es uns gemeinsam tragen. Schalte mich nicht aus, Hans. Zwei tragen leichter. Und wenn Du mir dies versprichst und hältst, dann werde ich auch teilhaben an Deiner Glückseligkeit. Das ist mein letzter Wunsch, Hans, Du musst ihn mir erfüllen. So nimm denn meine Hände. Ich hülle Dich ganz ein in meine Liebe, und nichts kommt an Dich heran, was außer Liebe ist. Ich ziehe einen Kreis um unsere Seelen, und so gehen wir beide zum Herrgott ...*

»Das ist schon merkwürdig. Vati ist sozusagen ganz unten, auf dem Weg zum Galgen und zwingt seine Frau doch noch unter seinen Fuß, winselnd um seine Liebe. Erbärmlich.«

Mensch, Bomi, so habe ich das bisher gar nicht gesehen!

»Mutti wusste doch um seine wahre Liebe Lilli. Jetzt bettelt sie, ihr wenigstens ein *Winkelchen* in seinem Lilli vollen Herzen übrig zu lassen. Welche Erniedrigung! Pfui Deibel.«

Mir tut Mutti leid.

»Gib mir, ich bitte Dich inständigst, mein geliebter Hans, ein Winkelchen in Deinem Herzen.« Brigitte unter Leo Sambergers Gemälde von Hans Frank.

»Mir nicht! Hätte sie Vati 1942 gehen lassen, wäre ihr diese Bettelei erspart geblieben. Aber sie wollte ja lieber die Witwe als die geschiedene Frau eines Reichsministers sein! Jetzt brauch' ich wirklich einen Schnaps!«

Ich auch. Wir prosten uns über den Couchtisch hinweg zu. Prost, Nachkömmling!

»Prost, Fremdi.«

In Vatis Hinrichtungsnacht sind Mutti, du und Tante Martel in der Küche gesessen?

»Ja.«

Und ihr habt Wein getrunken?

»Ja. Der schmeckte sehr gut – lach nicht so höhnisch! Es gibt nun mal keinen Knigge, wie man so eine Nacht verbringen soll.«

Habt ihr euch feierlich angezogen?

»Weiß ich nicht mehr. Aber, Niki, du wirst es nicht glauben – halt: Du glaubst es doch, weil auch du mit Geisterbeschwörung und Karten legen aufgewachsen bist. Tante Martel war dabei ja immer unser großes Medium. Kurz nach ein Uhr nachts schrie sie plötzlich auf: ›Brigitte, der Stuhl hat sich bewegt! Jetzt ist Hans im Himmel!‹

Hast du das Wackeln gesehen?

»Nein.«

Ein leichtes Rumpeln von Holz auf Linoleum als Echo gehört?

»Nein.«

Und Mutti?

»Sie hat nie mit mir darüber gesprochen. Das Merkwürdige ist nur, dass Tante Martels Aufschrei tatsächlich ziemlich genau mit der Zeit von Vatis Hinrichtung übereinstimmte.«

Tante Martel war schlau: Sie hat sicher aus der Zeitung erfahren, dass Hinrichtungen kurz nach Mitternacht beginnen. Habt ihr euch dann zugeprostet?

»Nein. Mutti ist ins Wohnzimmer gegangen, Tante Martel hat sich verabschiedet und ist noch nachts zu Tante Else marschiert. Und ich blieb in der Küche sitzen.«

Hast du um Vati geweint?

»Ja. Ich hatte in der Zeit nach seiner Verhaftung oder während des Prozesses nie geweint, aber als ich dann allein war, hab ich geweint. Um den leiblichen Vater. Um meinen jetzt toten Vater. In der Küche am Tisch. Da hab ich so richtig Abschied genommen von Vati. Und ich sah ihn als meinen Vater. Ich glaube, es war das letzte Mal, dass ich überhaupt geweint habe. Am Tag nach Vatis Hinrichtung sah mich der reiche Mann aus dem nächsten Haus oberhalb auf der Straße und sagte: ›Herr Frank, mein herzliches Beileid.‹«

Wie verhielt sich Mutti als frische Witwe am nächsten Morgen?

Norman wirft mir einen verächtlichen Blick zu: Er ist nun mal sehr wortempfindlich.

»Von Mutti hatte sich mir in diesen Monaten des Prozesses eingeprägt, dass sie unheimlich tapfer war. Sie blieb es auch nach seinem Tod.«

Und Sigrid?

»Sie war in dieser Nacht nicht bei uns. Angeblich sind sie ja in ihrem Haus überfallen worden.«

Soweit ich mich erinnere, waren sie gefesselt und ausgeraubt worden.

»Pah! Sie haben nicht einmal die Polizei verständigt. Sigrid hat sich gedrückt.«

Hätte sie mit dir in der Küche heulen sollen?

»Sie hätte nicht geheult.«

Aber du. Und dann hast du dich aufgemacht, die Wirklichkeit nach deinem Gusto zu formen.

»Wie meinst du das?

Nach deinem Credo: »Mein Vater ist ein Verbrecher, aber ich liebe ihn.«

»Aber das ist doch meine Wirklichkeit. Du verstehst das nicht. Du bist zu eng. Dein Anstand ist unanständig.«

Wie war Sigrids Reaktion auf Vatis Hinrichtung?

»Sie war verheiratet.«

Auch als Ehefrau kann man eine Reaktion zeigen.

»Ich wollte das als Antwort gewertet haben. Sie hat nie darüber gesprochen. Deswegen erstaunt mich der Brief von ihr, den du vorgelesen hast. Sigrid war schon vor 1945 nicht mehr meine Schwester. Im Übrigen sprach keiner direkt über die Hinrichtung. Wir waren eine verschwiegene Familie. Ich schon immer.«

Damit fing dein Unglück an.

»Wieso?«

Ihr hättet reden müssen. Auch mit mir Siebenjährigem Ich erinnere mich nur, dass Mutti auf Henker Woods sehr zornig war und sich riesig freute, als der Jahre später beim Ausprobieren eines elektrischen Stuhls auf Hawaii selbst zu Tode kam.

»Daran kann ich mich nicht erinnern. Vielleicht hätten wir wirklich reden sollen. Wir waren alle geschockt.«

Hast du nach Vatis Hinrichtung gebetet?

»Nein«, wehrt er ab

Du schwindelst. Als ich im ersten Irakkrieg vor Ort für den *Stern* Reportagen machte, bist du in die Schlierseer Kirche gegangen, hast für mein Überleben gebetet und dem Herrgott das Gelübde hingemurmelt, dass du mir deine sündteure *Rado* Armbanduhr schenken würdest, wenn ich heil nach Hause käme.

»Heute tut's mir leid! Ich müsste mich nicht dauernd mit deinen Fragen rumschlagen.«

Höhnisch zeige ich ihm die Uhr, die ich seit seinem für mich erfolgreichen Gelübde trage. Er lächelt. Eine innige Sekunde zwischen uns.

Komm, Bomi, du hast noch öfters gebetet!

»Na gut«, gibt er endlich nach. »Wann immer ich in Fischhausen war, bin ich in die Leonhardi Kirche gegangen und habe für Vati gebetet. Und als ich 1995 noch einmal Krakau besuchte, bin ich auf dem großen Marktplatz in das kleine Kircherl gegangen, habe auch dort für ihn gebetet und das polnische Volk um Verzeihung gebeten.«

Ich musste das laut machen. Von Professor Skodnicky wurde ich nach Krakau eingeladen. Dort eröffnete er eine große Fotoausstellung über die Zeit des Generalgouvernements. Plötzlich sollte ich vor einem voll besetzten Saal sprechen. Ich sagte: »Ich habe kein Recht, hier zu reden. Ich bin der Sohn des Hauptkriegsverbrechers Hans Frank, in dessen Verantwortung hier Millionen Polen und Juden vernichtet worden sind. Ich kann im Namen meines Bruders Norman und in meinem Namen nur um Verzeihung bitten für all das, was unser Vater ihrem Land angetan hat.« Ich lief dann schluchzend aus dem Saal.

Norman nickt. »Das hast du gut gemacht.«

Doch er strahlt wie mit Starkstrom einen so großen Widerwillen aus, dass ich mich für meinen Auftritt plötzlich schäme.

Weißt du eigentlich, Norman, dass Vati ob seines erzwungenen frühen Todes gar nicht überrascht sein konnte?

»Ja...nein. Irgendwas war da.«

Genau. Der US-Psychologe Gustave M. Gilbert, der in Nürnberg alle Gefangenen jederzeit besuchen konnte, zitiert in seinem Nürnberger Tagebuch Vati: »Erzählte ich Ihnen, dass 1934 eine Zigeunerin mir weissagte, ich würde mein 50. Jahr nicht erleben? Sehen Sie diese Linie in meiner Hand? Sie hört doch plötzlich auf, nicht wahr? Ja, sie sagte, es wäre da etwas mit einem großen Prozess, was mir nicht merkwürdig erschien, da ich Anwalt war. Und dann sagte sie, ich würde mein 50. Lebensjahr nicht erreichen. Erstaunlich, nicht wahr?«

»Daraufhin musste ja Vati dafür sorgen, dass die Zigeuner umgebracht wurden.« Wieder sein aufgesetztes Lachen, weil er meine penible Verbesserung voraussieht: Roma, Norman, Roma!

Wie stehst du eigentlich zu Görings Selbstmord?

»Gefreut hab ich mich! Zusammen mit allen mir bekannten Menschen. Die haben sich alle ins Fäustchen gelacht, dass er ihnen ein Schnippchen geschlagen hat. Ich fand das wunderbar.«

Aber Göring war ein hoch schuldiger Mann!

»Ist mir wurscht. Auch heute noch. Wie Göring gesagt hat: ›Einen Reichsmarschall hängt man nicht!‹ Er hat moralisch den Weg von Hannibal gewählt.«

Bomi: Wieso deine Sympathie für diesen Dreckskerl Göring?

»Bei mir war bestimmt damals schon eine Antipathie gegen das ganze Gerichtsverfahren in Nürnberg vorhanden. Ich nehme an, es war die Zeit. Die Amis waren furchtbar nett, die mochten wir. Aber dann kam immer mehr heraus über die Verbrechen der US-Regierung. Hiroshima, Nagasaki, das haben wir ja miterlebt. Und Göring hat denen endlich mal ein Schnippchen geschlagen.«

Das findest du toll?

»Meine Vorliebe für Göring beruht darauf, dass er nicht wie Vati im Nürnberger Gefängnis zum katholischen Glauben konvertiert ist, nichts zugegeben hat. Ich hätte Vati gerne so wie Göring gehabt: ›Hier stehe ich. Ihr habt ja so Recht!‹ Kaltschnäuzig. Die anderen haben immer Recht. ›Vernichtet doch mein Scheiß-Ego!‹ Dennoch war ich mit Vatis Schuldbekenntnis zufrieden. Endlich sagt es mal einer. Was ich bei ihm nicht begreife: Warum hat er sich danach noch verteidigt? Warum hörte er nicht auf? Das ist eben nicht Görings Hermann: ›Wenigstens zwölf Jahre anständig gelebt.‹ Hast du selbst zitiert, weil es dir imponiert hat. Görings Art mag ich.«

Das Männliche ist's, was dir imponiert?

»Mag schon sein.«

Wenn du heute auf die Prozesszeit zurück blickst: Irgendetwas Positives, was du für dein eigenes Leben mitnehmen konntest?

»Gelehrt haben mich Vatis Leben und Sterben nichts. Ich war immer ich. Ich habe sicher genug von ihm geerbt. Aber so, wie ich in unserer Berliner Villa allein im Garten spielte, so lebte ich mein ganzes Leben. Ich leide sehr mit dem Vater. Nicht weil er gehenkt wurde, sondern weil er verprügelt wurde. Von einem Moment auf den anderen. Sich selbst plötzlich als Abschaum, als ein Nichts empfinden zu müssen. Darunter leide ich furchtbar. Diesen Anzug, den er bei unserem letzten Treffen in seiner Dienststelle trug, den trug er auch während des Prozesses. Von 120 Anzügen diesen einen.« Er macht eine Pause, sieht mein Kopfschütteln. »Es ist etwas Tierisches, das mich an Vati schweißt.«

Zurück in deinen toten Leib: Dein Dickdarm wird jetzt durchtrennt. Ach, hätte Vati den von Hitler getroffen. In Nürnberg klagte er gegenüber dem US-Psychologen Gilbert: »Das einzige, was ich mir vorwerfe, ist, dass ich ihn nicht mit meiner Pistole erschossen habe.«

»Hat Vati vermutlich von Speer gehört, der doch Gas in den Führerbunker leiten wollte«, meint Norman, »Vati sah, wie gut das ankam, also hat er die noch mutigere Waffe gewählt.«

Manchmal bist du eiskalt gegen Vati.

»Hält nie lange an.«

Unsere Schwester Gitti hat sich offenbar schon gleich nach Vatis Hinrichtung geschworen: »Ich will nicht älter als Vati werden.«

»Ja. Das hat sie öfters gesagt, wenn wir zusammen lustig waren und was getrunken haben.«

Mir hat sie es auch gesagt, hat dabei aber nie ein so grämliches Gesicht gemacht wie du, wenn dir was nicht passt. Ich lese dir vor, was sie als 17 Jährige in ihr Tagebuch geschrieben hat: *Tod und Liebe haben sehr viel gemeinsam, sie machen beide glücklich und unglücklich zugleich. Doch nur der Tod bringt ein vollkommenes Happyend.*

»Beachtlich«, zollt Norman Respekt.

Und sie hat sich ihr Versprechen erfüllt: Mit 46 verübte sie Selbstmord. Sie war zwar krebskrank, aber sie hätte noch ein paar Jahre länger leben können.

»Ungeheuer tapfer.«

Finde ich auch.

»Ich wollte dagegen unbedingt älter als Vati werden. Am 3. Juni 1974 wurde ich 46. Gleichalt mit Vati. Die Nacht seiner Hinrichtung, vom 15. zum 16. Oktober 1974 habe ich durchgesoffen. Kurz nach ein Uhr wurde Vati hingerichtet. Danach war ich älter als er. Ein tolles Gefühl empfand ich damals. Endlich älter als er!«

Befreit?

»Quatsch! Glücklich.«

Norman, wie siehst du als 80 Jähriger den Nürnberger Prozess?

»Es war richtig aber nicht gerecht. Bei einem Siegertribunal ist Gerechtigkeit nicht möglich. Nach heutigem Empfinden hätte man Streicher nie hinrichten dürfen. Der Mann hatte keinerlei Einfluss, der war nur ein Hetzer. Auch die Militärs hätte ich verschont. Man hörte damals nur: Jeder, der mit Besatzung zu tun hatte, würde gehenkt. Ich erinnere mich noch an Seyss-Inquart. Er war sehr ruhig, sehr zurückhaltend, sehr gebildet. Ich hätte ihn verschont. Ich habe kein Todesurteil für gerecht empfunden. Darunter leide ich aber nicht. Ich stelle nur fest, der ganze Prozess ...« Er verstummt.

Ja?

»Die täglichen Reportagen aus Nürnberg von Gaston Oulmàn fand ich ausgezeichnet. Genauso wie ich heute keine Spatzen mehr schießen könnte, habe ich auch für die damaligen Todesurteile kein Verständnis mehr. Wie kann man nur einen Menschen zu Tode bringen!«

Ich bin gegen die Todesstrafe, aber Vati gönne ich sie bis heute.

»Wie töricht von dir.«

Ich bin zu wütend, um ihn begnadigen zu können. Oder mich mit ihm zu versöhnen. Niemals.

»Wer, mein liebes Nikilein, von uns beiden ist eigentlich der von Vati Besessenere?«

Bomi, weißt du übrigens, dass Mutti Gaston Oulmàn unbedingt mit Vati im Nürnberger Gefängnis zusammenbringen wollte?

»Nein. Oulmàn hat uns oft besucht. Ein netter Jude.«

Bingo, Bomi! Das passt genau zu der Art, wie ihn Mutti in einem Brief vom 13. Oktober 1946 an Vati beschrieb: *Er ist ein Jude, aber ich habe das Gefühl, er hat ein menschliches Herz.* Da sitzt sie ein Jahr lang am Radio und hört Oulmàns Reportagen aus dem Nürnberger Gerichtssaal mit all den Beweisen für die deutschen Verbrechen gegen die Juden, und dann so etwas! War sie wirklich so eine Antisemitin?

»Eine sanfte allemal. Immerhin hat sie, als sie diesen Satz schrieb, schon wieder Geschäfte mit Juden gemacht, die im Lager für Displaced Persons im alten HJ-Heim am Schliersee hockten.«

Das stimmt. Für Butter, Mehl und Zucker gab sie den Juden am Schliersee Schmuckstücke, die sie den Juden in Krakau gestohlen hatte.

»Niki, die hat sie nicht persönlich gestohlen.«

Hat Vatis Leben für irgendjemanden irgendetwas Positives gebracht?

Ich liebe sein Nachdenken. Oft gibt er sich dabei ironisch die Statur von Rodins Denker. Dann wieder dreht er an einem seiner Gummilapperlohren, bis es wie die gefährliche Lockröhre einer Insekten fressenden Pflanze an der Kopfseite aufragt. Jetzt ist er zu einem Ergebnis gekommen.

Ich warte, Bomi.

»Ich sag's dir nur, wenn du es nicht aufschreibst. Es muss zwischen uns bleiben.«

Ich versprech's dir bei deinem Leben!

»Du spekulierst mit diesem Meineid eiskalt auf meinen Tod. Sei's drum, Fremdi. Also: Vatis einziges Verdienst war, dass sein Leben dazu beitrug, die berühmten vier Anklagepunkte des Nürnberger Prozesses zu formulieren, die zur Basis Internationaler Gerichtshöfe wie in Den Haag wurden. Armer Vati. Neeeeiiiin!«, kreischt der Greis danach auf, denn schon bin ich wieder unterwegs, ihm seine Schlappen abzubusseln.

»JA, ICH BIN AUF HITLERS SCHOSS GESESSEN«

Ein halbes Jahr nach Vatis Hinrichtung wurde Mutti verhaftet und ins Lager nach Augsburg-Göggingen gebracht. Dort saß sie fröhlich mit all den anderen hohen Reichsfrauen ein, wie Frau Göring, Frau Frick, Frau von Schirach, Frau Funk. Ein verderbt illustrer Kreis. Du schriebst Mutti diese Karte ins Lager: *Liebe Mutti! Ich komme, wie ich Dir schon sagte, ganz bestimmt am kommenden Samstag. Du wirst mich also zwischen ½ – ¾ 10 Uhr auf der Straße gehen sehen können. Im Rathaus Schliersee hängt seit heute ein Plakat: ›Frau Frank hat Schmuck verkauft. Wer kann darüber etwas aussagen?‹ So ein Blödsinn! Was hat das mit Deinem Schwerverbrechen der ›Nutznießung‹ zu tun. Den Kram, den wir noch gerettet haben, den können sie sich ansehen kommen!*

So, so, gerettet nannten das die Franks! Es war Raubgut von Juden und Polen.

»Quatsch! Unsere Eltern hatten doch Geld.«

Na ja, Mutti kam nach drei Monaten wieder frei, während du alle Versprechen, die du Vati schriftlich gegeben hattest, zu erfüllen dich anschicktest.

»Lass den Unterton!«

Jedenfalls hast du für dein Abitur gepaukt.

»Der Lehrer Bärwald hat mich in Neuhaus vorbereitet. 1948 war ich dann dran. Als einziger Externer am Max Gymnasium in München. Wir waren um die zwanzig Prüflinge. Jeder an einem Einzeltisch. Ich hatte keine Angst.«

Achtung, Asche! Rufe ich dazwischen. Wenn er erzählt, vergisst er immer wieder, die Zigarettenasche abzustreifen. Auch dieses Mal kommt meine Warnung zu spät. Mit mehreren »Herrgottnocheinmal!« säubert er seinen verschlissenen Morgenmantel.

»Was ich dir jetzt erzähle, Niki, ist für mich sehr wichtig: Im Grunde wollte ich nicht. Sonst wäre ja meine Kaltschnäuzigkeit ohne Begründung gewesen. Griechischer Text ins Deutsche, dann ein lateinischer, dann der deutsche Aufsatz. Danach kamen meine starken Fächer: Physik und Mathematik! Ich saß vor den Aufgaben, hab herum geguckt und gedacht: Dazu fällt mir nichts ein.

Während die anderen noch an den Mathelösungen arbeiteten, stand ich auf – offensichtlich der Erste, der fertig war – ging nach vorne und legte die weißen leeren Blätter vor der Aufsichtsperson auf das Pult. Dann bin ich raus auf den Gang gegangen. Nach und nach sind auch die anderen Abiturienten gekommen. Es folgte ein sehr netter Professor und sagte zu mir: ›Ich weiß, Herr Frank ...‹«

Was meinte er damit?

»Vati. Ich tat ihm leid.«

Vati hätte dir wegen deines verpatzten Abiturs den größten Krach geschlagen. Der hätte dich so zusammengeschrien wie in seinen Reden die Juden!

»Verbinde das doch nicht immer an der falschen Stelle mit Vati!« giftet er. »Ich bin dann vors Max Gymnasium auf die Straße gegangen. Es war neblig. Niki: Ich fühlte mich unheimlich frei! Überhaupt nicht als Verlierer. Ich fühlte mich als Sieger.«

Warum denn, Norman? Du hast doch total versagt.

»Die weißen Blätter habe ich sozusagen meinen Eltern übergeben.«

Dumme Rache, Norman. Obwohl ich dir zugestehe, dass dich unsere Eltern schulmäßig versaut haben.

»Wie doppeldeutig«, grinst er.

Wie war Muttis Reaktion auf das Versagen ihres Liebsten?

»Mutti war sehr nett, sehr menschlich. Sie hat mich nicht geschimpft. Innerlich mag sie verzweifelt gewesen sein. Vielleicht hat sie auch gedacht: ›Er ist mein Sohn. Gott sei Dank kann er jetzt kein Rechtsanwalt werden wie Vati. Die hängen mir eh bis dahinaus!‹«

Nach deiner Abitursverweigerung arbeitetest du in Menden als Hilfsarbeiter in der Eisengießerei »Eichelberg und Co«, wohntest im Haus von Muttis Bruder Otto Herbst. Der soll auch noch bis zu seinem Tod das Dritte Reich verherrlicht haben.

»Bei mir hat er das nicht getan. Ich war ja Zeitzeuge. Mir hätte er nichts vorspielen können.«

Du und Zeitzeuge! Du kennst doch den verzweifelten Historikerspruch: »Er lügt wie ein Zeitzeuge.«

Er lacht.

»Allerdings war Onkel Otto bigott. Das war damals so üblich. Genau wie Mutti.«

Was hast du dir eigentlich von einer Eisengießerei für deine Zukunft versprochen?

»Ich hatte kein Ziel. Gar keines. Die Arbeiter mochten mich, weil ich wohl ihre Prüfungen bestanden hatte. Ich war pünktlich, arbeitete fleißig. Ich verdiente 80 Pfennige die Stunde. Dann meldete ich mich für die sogenannte ›Hölle‹, da war nur eine einzige Maschine drin. Das war natürlich was für mich: Alleine! In diese Maschine kamen Metallstücke. Die wurden glühend gemacht und durch Druck zu Rohren geformt. Meine Tätigkeit dabei: Einfüllen des Metalls. Die Hebel bedienen. Und die Rohre mit einer Zange von dem Wagen, in den sie aus der Maschine fielen, auf einen anderen Wagen heben.«

Während Norman jetzt 1,00 DM pro Stunde verdiente und glücklich zu sein schien, bastelte unsere Mutter an seiner Karriere. Sie kam auf Argentinien, wohin einige ihr persönlich gewogenen Nazis geflohen waren. Einwandern durfte man jedoch nur, wenn man in Argentinien investierte. Also wurde Norman über einen Freund Sigrids zur Fachkraft für eine große Druckermaschine, die, verpackt in acht riesigen Kisten, sein Gepäck darstellte. Nachdem ihm das polizeiliche Führungszeugnis vom 10. Februar 1951 bescheinigt hatte, *dass er nicht gebettelt hat,* konnte er am 26. April 1951 mit dem Dampfer *Mendoza* der *Hamburg-Südamerikanischen Dampfschiffahrts-Gesellschaft Deutschland* verlassen.

Wie waren deine Gefühle?

»Erwartungsfroh. Neugierig. Vati war tot, aus den Geschwistern wird eh was – was soll ich also noch?«

Warum hast du trotz Muttis glänzender Verbindungen in Buenos Aires letztlich keine Karriere gemacht? Zunächst warst du ja dazu bereit. Schriebst Mutti – hier habe ich in Zellophantüten deine Briefe – am 20. August 1951 aus Buenos Aires: *Ich will nicht anders als »gemacht« zurückkehren. Bin nur gespannt, wie lange das dauern wird.*

Am 30. August 1951 setztest du nach: *Mein Zimmer ist 2,80 lang und 1,50 breit. Große Gedanken haben keinen Platz. Mein Bett kann man raufklappen, doch ist es meistens mit dem Zimmerherrn belegt. Du weißt ja, ich will meinen eigenen Betrieb haben. Wir Franks sind gute Chefs aber schlechte Angestellte.*

Vati als guter Chef, na ja.

Am 9. Juli schriebst du Mutti: *Hier werden laufend Stellungen angeboten, und für einen, der etwas kann und tüchtig ist, kann jede eine Lebensstellung werden, wenn er sich nicht eines Tages selbständig macht. Ich werde immer schauen, in eine argentinische oder englische Firma zu kommen. Deutsche oder gar Juden kommen gar nicht in Frage, denn die nützen einen nur aus.*

Du hast zu diesem Zeitpunkt alles über den Holocaust gewusst, über die Rolle unseres Vaters dabei, und lebst ungerührt übernommene Vorurteile weiter. *Oder gar Juden* – wie kann man so etwas als 23 Jähriger Sohn eines überführten Kriegsverbrechers schreiben?

»Ich weiß es nicht. Heute denke ich anders.«

Wirklich? »Die Juden müssen wieder aufpassen« hast du gesagt.

»Habe ich nicht gesagt.«

Ach, Bomi. Zurück zu deiner Karriere!

»Ich wollte nicht. Ich hätte wirklich alle Chancen gehabt. Es war allerdings aus, als ich eines Abends bei deutschen Geschäftsleuten eingeladen wurde und mich einer fragte, ob ich Adolf Hitler persönlich gekannt hätte.«

Er stoppt und grinst mich an.

Ja und? Was hast du geantwortet?

»Die Wahrheit: ›Ich bin auf des Führers Schoß gesessen!‹ Da wurde es ganz still beim Essen, und alle starrten mich an.«

Wie?

»Nun ja, voller Andacht, würde ich sagen. Und ich habe den Satz wiederholt: ›Ja, ich bin auf Hitlers Schoß gesessen‹.«

Wann war das denn mit Hitler?

»Bei der Grundsteinlegung des »Haus der Deutschen Kunst« in München, da wurde ich ihm von Mutti gereicht. Hitler hat mich auf seinen rechten Oberschenkel gesetzt.«

Und?

»Was heißt ›und‹? Ich bekam keine Erektion, wenn du das meinst. Er auch nicht.«

Wir grinsen.

»Ich war ja erst fünf Jahre alt, und ich wusste schon, dass dieser Mann eine hohe Persönlichkeit ist.«

Jedenfalls hat sich dir der Sitz auf Hitlers Schoss eingebrannt.

»Ja. Vati war auch dabei. Ich glaube, er war eifersüchtig auf mich, weil ich auf seinem Lieblingsplatz saß.« Jetzt lacht er glucksend.

Als von Hitlers Schoß Geweihter wäre dir also die Karriere in Argentinien sicher gewesen?

»Schon. Aber ich wollte nicht, dass mein Hintern in Buenos Aires zum Kulturgut wird. Folglich: Ende meiner Karriere.«

Ich staune ihn an. Sagenhaft! sage ich. Was für eine tolle Entscheidung!

»Quatsch«, wehrt er mein Lob ab.

Während du den Altnazis und der Karriere deines Hinterns den Rücken kehrtest, notierte unsere Mutter voller Hoffnung, was ihr Frau Batek am Schliersee per Kartenlegen für deine Zukunft vorhergesagt hatte: *Norman wird ganz groß. Norman steigt seines Vaters wegen. Durch den Geist seines Vaters wird er noch mal ein großer Mann.*

Bomi, ich kann mich noch genau erinnern. Frau Batek fügte bei jeder ihrer Prophezeiungen im Flüchtlingsdialekt den Ausruf hinzu: »Glauben S'es mir, Frau Frank!«

Ein paar Monate später war sich Frau Batek noch sicherer, dass du herrlichen Zeiten entgegen gehen würdest: *Norman wird es sehr weit bringen. Norman geht großem Glück entgegen. Norman heiratet reich aber später.*

Große Freude – Rehabilitierung H.

»H.« steht für Hans.

»Ach nee, ich dachte für ›Hitler‹!« spöttelt er. »Niki, glaube ja nicht, dass es dabei um Wahrheitsfindung ging. Frau Batek wusste genau, was

Mutti hören wollte: Wenn Vati rehabilitiert wird, kriegt sie den Schoberhof zurück. Am Ende springt noch eine Reichsministers Witwenrente raus.«

Norman blieb Hilfsarbeiter, zunächst am Hafen von Buenos Aires, später in einer Wäscherei, dann in einer Spinnerei, zuletzt verließ er Buenos Aires, um als Futtermeister und Eiersammler auf einer Hühnerfarm zu arbeiten: »Ich war soo zufrieden!«

Vati auch?

»An jedem 16. Oktober habe ich sehr an Vati gedacht. Das war nicht irgend ein Tag. Ist es bis heute nicht.«

Warum sollte er versuchen, diesen Strick, der ihn an unseren Vater band, zu durchtrennen? Es ist keinem der Franknachkommen gelungen. Versucht hat er es dennoch immer wieder, wenn ich sein Gedicht aus dem schwarzen Heft richtig deute:

Erst ziehst du ihn an
Dann deckst du ihn zu
Der Sarg nimmt ihn auf
Deckel, Blumen, Tränen darauf
Ein tiefes Loch
Und 4 Fuhren Sand.
Dann denkst du, er kommt nicht mehr raus
Und findest ihn wieder in deinem Haus.

Über mehrere weitere Jobs, die ihn immer weiter in Argentiniens Norden brachten, landete Norman zum Schluss in den Anden in einer Bleimine: »Von der Provinzhauptstadt Jui Jui aus wurde ich mit einem großen alten Amischlitten zur *Mina Aguilar* hoch gebracht. Das Gästehaus der *Mina* lag bei der Mulinas, der Gesteinsmühle, auf 3500 Meter Höhe. Da hatte ich drei Tage lang Nasenbluten.«

Du landest in einer Bleimine und hast dich nicht hinterfragt?

»Nein. Obwohl ich nicht wusste, was ich hier eigentlich sollte oder wollte. Trotzdem blieb ich auch in Andenhöhe der gleiche Norman. Immer pünktlich. Nie nach einer Beförderung gierend.«

»Ich hatte kein Ziel. Gar keines. Ich war pünktlich, arbeitete fleißig. Ich verdiente 80 Pfennige die Stunde.« Norman (Mitte) 1950 in einer Eisengießerei in Menden.

Was hast du auf der Mine gemacht?

»Mein Chef, Mr. Spielmann, brachte mich in einen Raum, in dem saßen ungefähr zehn Leute an Rechenmaschinen der schwedischen Firma *Fazit*. Die werde ich nie vergessen, eine nette Maschine, klein und grün. Ich wurde angelernt und saß dann mit den anderen und tippte die Lebensmittelbestände und Veränderungen hinein.«

Toller Weg, von der Berliner Villa über die Krakauer Burg in die Anden vor eine schwedische Rechenmaschine!

»Mich störte es nicht. Nach ungefähr vier Wochen kam Herr Spielmann zu mir und sagte: ›Herr Frank, ich hab noch eine Spezialaufgabe für Sie. Nehmen Sie Kontakt mit unserer Schlachterei auf und geben Sie mir regelmäßig Bescheid, wann wir wieder neue Ochsen brauchen.‹ Die Ochsen kamen lebendig an. Er hat mich instruiert, bei welcher Zahl die unterste Ochsengrenze erreicht ist und wie lang der Transport neuer Tiere dauert. So wusste ich genau Bescheid, wann ich neue Ochsen und Heu bestellen musste. Und jetzt, sehr interessant: Man kann sich an das Töten von Tieren gewöhnen. Und damit an das Töten überhaupt.«

Ein weiser Satz und ein furchtbarer zugleich, Bomi.

»Die Ochsen wurden mit Elektroschocks getötet, dann mit einem Messer zum Ausbluten gebracht. Ich mochte ihr Fleisch sehr gern. *Un bife de Lomo,* das ganz zarte Ochsenfilet. Wunderbar! Ich war also für das Verpflegungsmagazin zuständig und für die Viecher. Wenn es so weit war, meldete ich meinem Boss: ›Herr Spielmann, wir haben nur noch sechs Ochsen.‹«

Er grinst mich an. »Ich bin sicher der einzige Sohn eines Reichsministers, der je so einen Satz gesagt hat.« Er nickt bekräftigend: »In meinem Leben war alles wunderbar. Bis auf wenige Momente.«

Denkste! Denke ich, sage es nicht, denn ich will diesen seligen Gesichtsausdruck möglichst lange genießen. Argentinien war wohl die einzige wirklich freie, ungebundene Zeit in seinem Leben.

»Ich war glücklich. Vollkommen unabhängig. Argentinien bleibt mir im Herzen. Unvergessen. Die Junggesellen in der Mine erzählten mir, sie würden immer nach Jui Jui zu den Huren fahren. ›Warum denn nicht umgekehrt?‹ fragte ich. ›Dann können die doch das ganze Wochenende bei uns bleiben. So etwas muss in großem Rahmen gemacht werden.‹ Mein Vorschlag wurde begeistert aufgenommen. Die Huren waren selig, weil sie bei uns duschen konnten. Wir hatten teure französische Seifen, *Coty*-Seife, die mochten die Huren sehr. Dadurch hatten wir stets saubere Mädchen. Beinahe jedes Wochenende kamen sie. Fünf, sechs Mädchen, alles bolivianische Indios. Sie wurden in dem großen Chevrolet, der auch mich auf die Mine gebracht hatte, aus Jui Jui geholt. Ich hatte eine Lieblingshure, die meinen körperlichen Vorstellungen entsprach. Im Bett waren sie alle nett und ausgesprochene Profis.«

Wie hieß deine Lieblingshure?

»Weiß ich nicht mehr. In diesen Jahren fühlte ich mich sauwohl. Wir hatten die Huren, die Fußballerei, wir hatten Geld, uns ist nichts abgegangen. Mit Stolz kann ich dir sagen: Ich habe einen anderen Codex als du, weil ich jahrelang nur mit Huren Verkehr gehabt habe.«

Nach seinem Tod taucht Normans andere argentinische Seite auf. Ich finde in seinem Nachlass einen Brief des damals 25 Jährigen vom 14. Januar 1954, den er an seinen Freund Toni in Schliersee geschrieben hatte. *Die Mädchen hier sind, wenn man den Dreck beiseite schiebt, als solche zu erkennen. Ich und so viele ziehen Seife dem Temperament vor.* Norman hatte dem Brief zwei Schwarzweiß-Fotos beigelegt. Das eine zeigt sitzende Indiofrauen in ihrer typischen Tracht, Norman schrieb auf die Rückseite: *Ländliche Lieblichkeiten in 5000 m Höhe. Ich habe damit nichts zu tun!*

Das andere zeigt einen Indio zu Pferd. Auf der Rückseite ist in seiner Handschrift zu lesen: *Freundlicher Bewohner eines der vielen netten Dörfer, die vom starken Schönheitsempfinden dieses Volkes zeugen. Die Bügel sind aus Holz, der Reiter aus Dreck.*

Ach, Bomi, das ist selbst hoch in den Anden noch Vatis Diktion.

Im Übrigen warst auch du infiziert mit dem Deutschüblichen, wie es in deinem Brief von 1951 aus Buenos Aires an Mutti zu lesen ist: *Die Arbeiter sind meistens Indios und sie zu beobachten ist sehr interessant. Sie sind tiefbraun und haben Schlitzaugen. Es sind im Grunde brauchbare Menschen, wenn man sie richtig behandelt.*

Und was für ein schönes p.s.: *Ich hoffe jetzt sehr, dass Du bald eine Pension erhalten wirst. Wie wäre es, wenn Ihr Frauen, Du, Frick u. a. ein Gesuch an Adenauer richten würdet? Die Zeit ist günstig dafür.*

Norman, in den fünf Jahren, in denen du dafür sorgtest, dass in der Bleimine Arbeiter und Junggesellen immer genug Frischfleisch bekamen, hattest du mit Mutti einen regen Briefverkehr. Ihr ließet einander nicht los. So dass du zuletzt beschlossen hast, wieder nach Deutschland zurück zu kehren. Hör mal, wie du das schriebst:

El Aguilar, 8. Juni 1955
»Meine liebe Mutti,
vier Jahre und fünf Monate ernsthaften Schefflertanzes finden damit ihren Abschluss. Ich habe – und dies ist mein stolzes Bekenntnis – nichts Größeres als mich kennen gelernt. Und trotz all' dieser stolzen Erkenntnisse, ich bin der Demut und der Bescheidenheit treu geblieben, wie schön, ahhh. ›Sehet, wie das Kindlein wächst und doch die Reinheit bewahrt, denn das Licht ist in ihm.‹ Ist nicht aus der Bibel, ist von mir.

»Ich meldete meinem Boss: ›Wir haben nur noch sechs Ochsen.‹ Ich bin sicher der einzige Sohn eines Reichsministers, der je so einen Satz gesagt hat.«

Du weißt schon, dass auch dieser Brief Sigrids Verdacht verstärkte: »Der Norman säuft!«

»Aber ich wusste immer haargenau, ob wir noch genug Ochsen haben.«

Weiter dein Brief: *Wichtig ist, dass Ihr Euch wieder um mich schart. Was macht eigentlich das Herrschinger Häuschen? Vati sagte mir, dass ich mich darin eines Tages ausruhen sollte. Wird man es uns nicht zurückgeben? Ich bin ja schon so müde und verbraucht.*

Frau Ragotzky war eine schöne Frau, das ist die einzige Erinnerung, die ich an sie habe. Sigrid und mir erschien damals ihr Satz: ›Mein Vater hat ein Delikatessengeschäft‹ viel schöner zu sein als das dumme ›ist Minister‹. Bei dem Namen allein lief uns schon das Wasser im Munde zusammen. Und ich stehe auch heute noch zu meinem kindlichen Urteil, es ist besser, ein Geschäft zu haben, als irgendeine politische Größe zu sein. Wir waren wirklich schon als Kinder sehr bedeutend.

Norman vermag nur lachend den Kopf zu schütteln. »Ja, ja, der *vino tinto comun!*«

Wie bist du zum Säufer geworden?

»Vor jedem von uns standen beim Essen eine Flasche Wein und ein Flasche Mineralwasser. *Vino tinto comun.* Jeder hatte seine eigene Flasche. Niemand hat sich daran vergriffen. Das fand ich toll.«

Weißt du, Norman, für mich war das wichtigste Resultat deiner absurden Zeit in Argentinien Muttis hinreißender Brief an dich vom 19. Februar 1955. Eine 12 Seiten lange präzise Abrechnung mit deinem Charakter. Das großartige Dokument einer Mutter, die sich sogar auf ihr Lieblingskind den genauen Blick bewahrt hat.

»Mutti hat mir den Atem genommen. Ich kam mir so popelig vor. Ich konnte Vati verstehen, dass er zu Lilli ging. Argentinien war für mich wie eine Befreiung.«

»So?« kommt es gedehnt: Er ahnt nichts Gutes.

Mutti lässt zunächst kurz ihr eigenes Leben vor dir Revue passieren, erzählt von ihrer armseligen Kindheit, die aber auch schon von jenem unbedingten Willen nach oben gekennzeichnet war, den du nie gezeigt hast – und weshalb dich Mutti trotz tiefster Liebe verachtet hat.

»So?«

Willst du diesen Brief nach über fünfzig Jahren noch einmal hören?

»Es hat wohl wieder keinen Zweck, dass ich ›Nein‹ sage?«

Nein! Hör mal, was Mutti über ihre eigene Kindheit schreibt. Ihr Vater ist ja trotz Ehefrau und fünf unmündiger Kinder in Forst als 41 Jähriger von einer Brücke in den Mühlgraben gesprungen. Nur, weil er mit seiner Spinnerei Pleite gegangen war. Mutti führte, um mit einem bisschen Geld die Familie zu unterstützen, täglich die kleine Tochter des Notars Schorn aus. *Als ich dann aus der Schule war – mit 14!! – blieb ich ganz bei Schorns, wohnte auch da. Dann nahm mich Schorn in sein Büro, damit ich mehr verdiente und meine Mutter finanziell besser unterstützen konnte. Und, Norman, von da an – ich war 16 Jahre alt – vielleicht noch nicht einmal ganz, habe ich bis zum Tode meiner Mutter ihr je nach meinen Verhältnissen eine monatliche Summe zukommen lassen. Ich kannte dies gar nicht anders. 1920 ging ich dann von Berlin nach München, meine Zahlungen an Mama hörten nie auf! 1925 heiratete ich. Vati war Referendar. Ich erarbeitete uns eine schöne Wohnung in der Barerstraße, Opa Frank zahlte einen Teil der Miete, ich die weitaus größere Summe. Vati bekam nur 100 Mark im Monat vom Staat. Dazu kam sein Staatsexamen. 1927 wurde Sigrid geboren. Ich musste alles doch fast allein verdienen: Ich war Stenografin im Bayerischen Landtag, verkaufte Pelze und schrieb Doktorarbeiten zu Hause, in der TH und bei einem »Einpauker«, der im 5. Stock wohnte und ich diese Treppen hochschwanger mit Sigrid hinauf kraxeln musste – täglich! Dann wurde Vati durch meine Freundschaft mit Rattinger…*

»Freundschaft! Mutti war seine Geliebte!«

Wissen wir beide. Du solltest als Achtzigjähriger nicht mehr darunter leiden.

»Tu ich gar nicht.«

… Freundschaft mit Rattinger endlich Assistent an der Hochschule bei Professor von Calker mit 300 Mark im Monat. Das heißt: Du kamst auch inzwischen.

»Hochschwanger ist sie auch mit mir die Treppen gekraxelt. Ich merke das noch heute an meinen Hüften.«

Depperl! *Und Du warst schon über ein halbes Jahr alt, bis ich endlich nicht mehr in den Landtag zu gehen brauchte. Und so war mein Leben eigentlich, wenn ich zurück blicke, immer Arbeit und Pflicht gewesen. Bei dir saufen und huren.*

»Den letzten Satz hat sie nicht geschrieben.«

Aber gedacht.

»Das war eben meine Art der Vergangenheitsbewältigung. Nicht so eitel wie die deinige.«

Das zahl ich dir sofort durch Mutti heim: *Und dann kamen die sogenannten großen 12 Jahre! Glaubst Du, dass ich mich da habe ausruhen können! Denke allein an die vielen offiziellen Verpflichtungen, das viele Personal.*

»Sie war eben nie zufrieden. Erst will sie nicht schwanger kraxeln, dann wird ihr das Personal zu viel, das ihr alles abnimmt – oh Mütterchen!«

Die vielen Wohnungen im In- und Ausland. Ist sie nicht großartig? »Ausland« ist das Generalgouvernement, unser aller Blutreich. *Und immer verlangte Vati, dass ich mich um alles Interne kümmere. Und wäre ich nicht stets so gesund und vital gewesen, ich weiß nicht, ob ich es geschafft hätte!* Bomi, warst du in deinem Leben je vital?

»Nein. Ich hatte meine Vitalität an Vati und Mutti verliehen.«

Ich habe jedenfalls oft – sogar von Missgünstigen – hören müssen, dass dies mir wohl keiner nachmachen könnte!

»Mutti wollte nie zur Besinnung kommen. Sie wusste, dass alles falsch war in ihrem Leben. Das musste sie zudecken.«

Und Vati war kein ganz einfacher Mann, schon allein seiner Sprunghaftigkeit wegen. Er war kein Mensch, bei dem man sich hätte ausruhen können. Klar, auch er durfte nicht zur Besinnung kommen. Er wusste, dass er in ein verbrecherisches Regime eingewoben war. *Und zwischendurch wieder drei Kinder und mehrere Fehlgeburten. Ich hatte ja keine Zeit, mich zu schonen! Es ging ja unser Leben in D-Zug-Geschwindigkeit dahin. So, Norman, ist die Wirklichkeit.*

»Ein bedeutender Satz.«

Da sind wir uns einig. Erklär!

»Erstens das Präsens ›ist‹! Zweitens: Unsere Mutter lebte als einzige von uns allen in der Wirklichkeit. Und es war doch die falsche.«

Während du immer in der richtigen Wirklichkeit gelebt hast?

Das Andere, was dann kam, hast Du ja zum größten Teil miterlebt. Von meinem größten psychischen Leiden ab 42 will ich schweigen. Das alles war eine Folge der politischen Ereignisse und ich klage nicht an!

Norman lacht: »Was für eine Nudel unsere Mutter war! Als Reaktion auf die *politischen Ereignisse* hat sich Vati seine große Jugendliebe wieder ins Bett geholt: Lässt mich Himmler nicht meine Einheitsverwaltung im Generalgouvernement aufbauen, nehm' ich mir Lilli! Mein Gott, Niki, warum können es Frauen nie verstehen, wenn sie ihr Ehemann eines Tages nicht mehr liebt und begehrt und sich nach Frischfleisch sehnt! Ach, die Weiber...«

Aber ich habe übermenschlich gelitten, so dass ich schon auf Golgatha stand, als 1945 heran kam! Wer stand da an meiner Seite? Wer half mir? Ich musste allein durch! Durch Tod und Not, durch Ächtung und Verleumdung, durch Gefangenschaft und Krankheit! Und euch alle musste ich ernähren und kleiden. Ich trennte mich doch wahrlich von allem, was mir noch wie durch ein Wunder, übrig geblieben war, den Rest des einstmals großen Schmuckes, meinem einzigen zurück gelassenen Pelzmantel, nur dass ihr nicht noch hungern solltet.

»Hat sie wirklich ›wahrlich‹ geschrieben?«

Ja.

»Sie gibt sich einen biblischen Rahmen. Auch vorher das Wort Golgatha. Interessant: Sie wusste um die steile Kurve ihres Lebens und sah sich in göttlicher Höhe. Das gab ihr wohl auch diese unerhörte Stärke. Sie hat nie an sich gezweifelt. Großartig.«

Du hast sie sehr geliebt?

Norman zuckt nur mit den Schultern. »Lies' weiter!«

Ja, Norman, ich habs geschafft, geschafft allein mit Gottes Hilfe! Denn allein hätte ich das ja alles gar niemals bewältigen können. So, Bomi, jetzt kommt's: *Aber ohne Pflichterfüllung, ohne intensivste Arbeit wäre mir diese Gnade nicht zuteil geworden.* Und du?

»Du hast sie ja nie so mitbekommen: Mutti hat mir den Atem genommen. Ich kam mir so popelig vor. Ich konnte Vati verstehen, dass er zu Lilli ging. Vielleicht ging ich auch deshalb nach Argentinien. Das war wie eine Befreiung.«

Vati nahmst du aber schon mit, oder?

»Manchmal saß er mir gegenüber, als Indio auf der Mine, wenn ich zu viel getrunken hatte.«

Mann, bist du heute ehrlich, Bomi!

»Beeil dich, mein offenes Visier klapp ich gleich wieder runter.«

Vielleicht erinnerst Du Dich noch daran, als ich, mit dem großen Brotmesser in der Hand, mit dem ich die vielen Schnitten für die Kinder in aller Früh zu machen hatte, ohnmächtig unter dem Ofen lag. Ich glaube, Du fandest mich so. Erinnerst du dich?

Norman nickt stumm.

Und?

»Es war schrecklich. Das auch noch! Selbst ohnmächtig bedrückte sie mich maßlos. So, jetzt mach ich's Visier wieder zu. Her mit dem Schnaps!«

Er gießt sich den letzten Rest ein, während ich uns weiter vorlese.

Nur dies eine Mal bin ich im Leben ohnmächtig geworden. Da war ich dann aber auch am Ende. Ich sah so aus, wie man die KZler sah. Mutti muss sie in natura gesehen haben, schon damals im Generalgouvernement, nicht erst nach 1945 in der Wochenschau.

»Interessant: Mutti holt sich das Mitleid für sich selbst von den Juden.«

Ohne schlechtes Gewissen.

»Vor allem ohne diesen Treppenwitz zu durchschauen. Ihre Wirklichkeit eben. Das war überhaupt nach dem Krieg ein beliebter Vergleich: ›Der sieht ja aus wie ein KZler!‹«

Als du Mutti damals ohnmächtig fandest – war das der Tag, an dem du dich aufhängen wolltest?

Norman denkt nach.

»Nein, als ich Mutti fand, lag auf dem Küchentisch ein großer Laib Brot. Ich war zu hungrig, um mich aufzuhängen.«

Euch allen ist das damals nicht so aufgefallen. Ihr stecktet alle die Beine unter den Tisch.

»Wer einmal Personal hatte, will es eben immer haben!«

Und siehst Du, Norman, einmal versagen eben die Kräfte, und man möchte sich ausruhen dürfen! Ich habe oft ein so entsetzliches Verlangen danach. Ich weiß auch, dass ihr alle gute Kinder seid. Hm, hm, das gilt wohl nur für mich, den Fremdi. *Aber ihr macht eben eine sehr lange Gärungszeit durch, wenn man an das Sprichwort vom guten Wein denkt.*

»Denke ich dauernd. Hol doch eine Flasche Riesling vom Gerk. Hier hast du Geld.«

Norman kramt auf dem Tisch herum. Aber ich weise Geld von ihm wie üblich zurück. Hast du schon wieder einen Anfall von hochgeistiger Vergangenheitsbewältigung?

»Ja freilich, Niki, hol mir doch bitte neben dem Wein noch a Flascherl 40 prozentige Vergangenheitsbewältigung!«

»Hochgeistige Vergangenheitsbewältigung« hatte ich Normans zwei oder dreimal pro Jahr bis zur Besinnungslosigkeit durchgeführte Saufforgien genannt, die sich dann über Wochen hinzogen. Zwei heilige Komasaufdaten waren alljährlich fest gebucht: Der 4. Mai, an dem Vati verhaftet wurde und danach durch die Amis einen schmerzlichen Spießrutenlauf auf dem Tegernseer Gefängnishof erlebte. Und die Nacht zum 16. Oktober, in der er 1946 hingerichtet worden war.

Ich hole die Überlebenssäfte. Wir trinken.

»Weißt du, Niki«, kommt Norman wieder auf Muttis Schilderung zu sprechen, »diese Zeit nach Vatis Verhaftung war bedrückend. Wir in der kleinen, nassen Wohnung, Vati im Gefängnis, die Zeitungen schreiben nur noch von ›Verbrecher‹ und ›Polenschlächter‹. Freunde und Bekannte, denen du begegnest, schauen entweder weg oder betutteln dich mit vorgetäuschter Fürsorglichkeit, als hättest du Lepra und würdest stinken. Auf uns Stinker«, prostet er mir zu.

Ich weiß, dass Du unter all den schweren Schicksalsschlägen wohl von den Kindern am meisten gelitten hast, und dem habe ich auch immer wieder Rechnung getragen in den Jahren, die Du hier in Neuhaus vertatest. Und es war traurig, dass Du ohne Abitur Deutschland verließest. Ein anderer hätte sich vielleicht schon damals mehr zusammengerissen. Aber aus all diesen seelischen Erlebnissen heraus hast Du wohl dazu doch die Kraft nicht aufbringen können.

»Ich war glücklich in Argentinien. Auch ohne Abitur.«

Und hast das Saufen begonnen.

»Wie billig von dir. Was willst du damit erreichen?«

Ich will dich nur aus deiner Lebenslüge reißen.

»Und was hast du davon?«

Ich denke nach. Schweige.

In seinem Gesicht wächst ein diabolisches Lächeln: »Niki, kann es sein, dass ich am Ende besser über Vatis Tod hinweggekommen bin als du? Auch wenn ich täglich an ihn denke.«

Und was hast du davon?

Er lacht spöttisch.

Ich wünschte mir ja, dass ich euch Allen noch Gelegenheit geben könnte, eure guten Eigenschaften unter Beweis zu stellen. Aber mein Leben ist doch nur sehr zeitbegrenzt! Deshalb ist es ja auch mein innigster Wunsch, euch alle wieder um mich zu haben und ganz besonders Dich, an dem mein Herz so hängt, der so weit und so lange schon von uns allen fort ist. Da soll man nicht eifersüchtig sein! Was du uns Geschwistern angetan hast, du Oberlieblingsfratz unserer Mutter!

»Was kann ich dafür? Ich bin nun mal das schönste aller Nazikinder.«

Adolf und Berthold von Ribbentrop waren in meinem Internat: Die waren noch hübscher als du.

»Dafür hast du von allen Nazikindern die schiefsten Zähne.«

Mit meinen Hauern kann ich Orangen aufschlitzen und mit einem Biss zwei Löcher in jede Büchse knallen. Selten ein Schaden ein Nutzen dabei.

Wir trinken glucksend weiter.

»Hattest du die Zähne schon, als wir Vati in Nürnberg besuchten?«

Du meinst, ich hätte ihm das Büchsenkunststück vormachen können? Oder die Scheibe zwischen uns mit meinen Hauern aufreißen und ihm zur Sonne, zur Freiheit verhelfen? Nein, damals war ich sieben und hatte noch meine bildhübschen Milchzähne.

»Vati hat, glaube ich, bis zum Schluss daran gezweifelt, ob du wirklich sein Sohn bist.«

Was spricht dagegen?

»Fremdi war nicht umsonst unser Spottwort für dich. Du warst irgendwie anders. Bekloppter.«

Könnte man das etwas positiver formulieren! Vielleicht die Steigerungsform von »unergründlich« oder »nachdenklich« verwenden?

»Nein. Bekloppter.«

Was spricht dafür, dass ich Vatis Sohn bin?

»Deine Lust am Krawall.«

G'scherter Hammel, schimpfe ich und lese Muttis Brief weiter: *Hättest Du ein abgeschlossenes Studium – auch dies wäre unter sparsamer Lebensweise möglich gewesen – oder zumindest dort einen bestimmten Beruf im Kaufmännischen erlernt und dazu Dein perfektes Spanisch, wie könntest Du da einsteigen. Mit 27 Jahren gibt es ja heute schon viele Männer, die auf hohen Posten stehen und viel verdienen. Natürlich hast Du Recht, den Horizont tragen wir in uns, und er kann nur durch eigene Kräfte erweitert werden.*

»Schon wieder große Klasse ich, was?«

Klugschwätzer, elender!

Deine richtige Frage: »Und was hab ich denn mit eigener Kraft getan?« stellst Du Dir selbst. Winsler! *Nur die Antwort, die Du Dir selbst darauf gibst, müsste positiver ausgefallen sein. Dein Satz »Man wollte geistig verschlingen und ist körperlich verschlungen worden« macht mir sehr, sehr große Sorge.*

»Mir auch, Niki«, lacht Norman selbstironisch. »Mutti konnte ich nicht täuschen, alle anderen schon.«

Ich finde, Mutti denkt zu kurz. Für mich ist dein Bild vom Verschlungenwerden ein verzweifelter Aufschrei: Als freier, ungebundener Mensch wolltest du das Leben »verschlingen«. Dem Verschlungensein bist du nie entkommen.

»Ich war immer frei.«

Du schreibst auch: »Und ich weiß nun heute nicht einmal, wo eigentlich mein Zuhause ist.« Na bitte, Norman, hier die Bestätigung.

»Ich war immer ich selbst.«

Ich hoffe, mein lieber Norman, dass Du uns immer noch als Deine Heimat, Dein Zuhause ansiehst. Ja, nimm mir nicht noch den allerletzten Glauben! Hier öffnen sich Dir alle Türen und alle Herzen. Und wie wir uns alle nach Dir sehnen, solltest Du spüren und wissen. Du wirst auch keine schicksalshafte Null bleiben, dessen bin ich ganz sicher. Aha, du hast dich also im Brief ihr gegenüber als *schicksalshafte Null* hingestellt.

»Weiß ich nicht mehr.«

Du weißt auch ganz genau, und schreibst es ja auch, dass Dein Schicksal in Deiner Brust liegt. Und Du kannst es wenden zu jeder Stunde, zu jeder Minute, und Du wirst es. Das weiß ich. Für Dich, für den heimkehren-

den Sohn, wird kein Platz in der Küche sein. Das beste und behaglichste Zimmer wirst Du haben.

»Sie hat mich gelockt.«

Wie schwach du bist, dass du dich hast locken lassen.

Ich überfliege die weiteren Seiten, stoße wieder auf ein *Alle Türen und alle Herzen sind Dir geöffnet und mein Herz ganz besonders weit!* Komisch, Norman, das hat deine Geschwister nie gestört, dass Mutti dich von uns Fünfen am meisten geliebt hat.

»So muss jeder sein Schicksal tragen.« Er grinst tückisch.

Das Leben ist ja so kurz – für mich wenigstens nur noch – und da wollen wir doch die letzte Strecke möglichst gemeinsam gehen. Das wird doch auch in Vatis Sinn liegen. Horche in Dich hinein und bete, dass Du die richtigen Wege gezeigt bekommst. Hast du dann gleich gebetet?

»Quatsch!«

Betest du jetzt?

»Nein.«

Also hat sich Vati umsonst im Gefängnis katholisch taufen lassen und uns umsonst in seinen Briefen mit seinen Jesulein hier und Jesulein dort den Nachkriegsalltag versaut.

»Siehst du, Niki, diese Art deiner Sprache ist obszön.«

Ach, du prüdes Brüderchen, du kennst den Zorn nicht, der aus dem Schmerz wächst!

Ein Berliner Junge wird zwecks Erholung ins tiefste Oberbayern geschickt. Nach einigen Wochen in der Schule fragt einmal die Lehrerin die Klasse: »Was ist das: Es ist braun, isst Nüsse und trägt einen buschigen Schweif?« Sie ruft den Berliner Jungen auf, weil der sich als einziger nicht gemeldet hat. »Normalerweise«, antwortet der, »würde ick ja sagen, det is'n Eichhörnchen, aber wie ick den Laden hier kenne, is' det sicher wieder dat liebe kleine Jesulein.«

Norman lacht herzlich.

Also zurück zu Muttis großem Brief: *Dein gutes Frühstück wäre Dir auch gesichert, auf das Du Dich anscheinend besonders freust und das ich Dir ja so gerne wieder bereiten würde.* Manchmal denke ich, dass du doch nicht so viel im Kopf hast, wie ich dir immer hinein interpretiere.

»Hatte.«

Was heißt ›hatte‹?

»Nicht so viel im Kopf hatte. Plusquamperfekt. Jetzt dröhnt mir der Kopf vor allgemeingültiger Weisheiten.«

Zum Beispiel?

»S' Wetter schlägt um.«

Was dir Vati hätte schreiben müssen, schrieb dir Mutti in diesem großen Abrechnungsbrief: *Du bist kein Südamerikaner. Was bist Du denn dort? Hier würde man sagen: Gelegenheitsarbeiter. Sag mir doch, wo sind die Chancen des Weiterkommens dort? Freilich zählt nicht nur Geld, wie Du es von den Amerikanern schreibst.* Hier kommt mal wieder deine Hochnäsigkeit zum Tragen. *Das Geld rinnt Dir aus der Tasche?* Das hast du ihr geschrieben? Irre! *Für was und für wen? Waren es Guttaten, dienten sie Deiner Förderung innerlich oder äußerlich? »Du kennst ja Deinen Sohn« schreibst Du! Ja, Norman, ich kannte Dich so, aber ich hoffte, aus dem Buben sei ein Mann geworden mit Verantwortung und Selbstbewusstsein.*

Was für eine scharfe Ohrfeige!

Ich sehe zum ewigen Buben hinüber. Norman lehnt sich nach vorne, um im stumm laufenden Fernseher die bei NTV unten entlang fließende Börsenzeile zu lesen.

»Guck mal, Niki, Gold steht auf 780. Vielleicht solltest du ein Kilo von meinen 100 Gramm Barren verkaufen.«

Beinahe fünf Jahre bist Du nun drüben! Und sei ehrlich, Norman, da hättest Du auch mit jeder seelischen Belastung fertig werden müssen! Und wenn Du mir heute auf meine Frage, was Du für eine neue Position an Kenntnissen mitbringst, antwortest, dass Du Dir diese Frage selbst stellst und Dein Leben bestimmt schon längst eine Richtung gefunden hätte, könntest Du sie beantworten, so ist das doch sehr schwach.

Ich überfliege leise murmelnd die nächsten Sätze, lache auf und lese laut: *Den Anblick des Einschüttens der Limonade in Dein Hemd möchte ich nicht erlebt haben! Wie alt bist Du? – Nein, Normi, wir wollen nie vergessen, dass auch wir einstmals zu den Repräsentanten unseres Vaterlandes gehörten!*

»Wir waren halt fidel auf der Mine!«

Fühlst du dich noch als Repräsentant unseres Vaterlandes?

»Das war mir immer wurscht.«

So, mein lieber Norman, nun kann ich nur den Herrgott und Dich bitten: Mögest Du meinen Brief richtig auffassen und so verstehen, wie er gemeint ist, und möge er Segen zu Dir bringen! Ich habe heute eigentlich weiter nichts gemacht, als mit Dir gesprochen, ernst und aufrichtig. Aber wisse vor allem, dass aus Allem die Liebe spricht. Und die Sehnsucht, die ich auch nach Dir habe, wird durch Dein Kommen sich in Glück verwandeln. Ich bin im Geiste immer bei Dir, mein lieber Norman. Es wird sicher alles gut werden! In Liebe und Sehnsucht und voller Hoffnung im Herzen umarmt Dich Deine Mutti

Ich lege den Brief zur Seite. Er sieht beinahe hilfesuchend zu mir herüber.

Brüderlich helfe ich ihm aus tiefster Not: Weißt du, Bomi, dass ich von Mutti einen ähnlichen Brief bekommen habe?

»Nein.«

Ich hatte ihr aus dem Internat in Wyk auf Föhr kurz nach meinem miserablen Abitur einen hochmütigen Brief über meine Zukunft ins Münchener Krankenhaus geschrieben. Sie hat ihn und mich postwendend in der Luft zerrissen und mir zwischen den Zeilen einen ziemlich schmählichen Charakter attestiert. Vier Wochen vor ihrem Tod.

»Wie weitsichtig von ihr.«

Norman, du warst mit Mutti wirklich innig verbandelt. Auch du schriebst ihr Liebesbriefe, so wie diesen von Buenos Aires aus im Herbst 1951: *Sei nicht töricht und glaube mir wirklich, dass ich Dich liebe. Ich will es Dir so schön wie nur möglich machen, denn nie werde ich vergessen, was Du für uns getan hast. Du bist die beste Mutti, die es gibt, und ich habe dies immer gewusst, auch wenn wir uns nicht immer verstanden haben. Das Verhältnis Sohn-Mutter ist ein sehr eigentümliches, aber oft tiefer als das von Mann und Frau. Bewahre Du Dir nur Deine Schönheit, Deine Stärke und Deinen Humor! Was sind die anderen gegen Dich? Ziehe nach wie vor Deine schönen Kleider an und bleibe so, wie Du immer warst: meine bezaubernde Mutti! Führe das Steuer noch so lange, bis ich es Dir aus deinen Händen nehme, die ich recht herzlich und voller Bewunderung für Dich und Deine Größe küsse.*
Immer in Liebe

Dein
Norman

»Ich liebte sie, wenn wir getrennt waren. In ihrer Anwesenheit verstummte ich oder wurde widerborstig.«

Deine Liebe aus der Ferne ging tief. Am 17. Mai 1952, also drei Jahre vor deiner Rückkehr schriebst du ihr:

Meine liebe Mutti,

ich kann Dir von mir aus nur immer wieder sagen: Ich kann mir ein Leben ohne Dich nicht vorstellen. Das klingt ja wie ein Brief an deine erste Liebe, die kleine Bielefeld!

Norman lacht auf. Verlegen, würde ich interpretieren.

Am 25. Januar 1953 hat dir Mutti ein Foto geschickt, auf dem unsere Familie zu sehen ist. Hör mal, wie reizend du schreiben kannst.

»Konnte ich immer, wenn ich wollte.«

Mutti, Du siehst aus wie auf einem Foto von 1934. Du bist wirklich nur zu bewundern, und in Dir selbst ist dieses Wunder. Was können wir nicht alle von Dir lernen! Du bist einzigartig und, entschuldige, wenn ich Dir dies als Dein Sohn sage, eine ganz große Persönlichkeit.

»Schreib du mal Briefe auf dreieinhalb tausend Metern Meereshöhe! Da kommt eben so ein Quatsch raus.«

Kein Quatsch Weißt du, was ich denke?

»Ja.«

Was denn?

»Dass Mutti die eigentliche große Liebe meines Lebens war.«

Eben!

»Ach, Niki, ich kenne deine eingeschliffenen Hirnwindungen. Du bist doch in deiner platten Psychologie ganz leicht zu lesen.«

Schwein!

»Wohl bekomm's!«

Entschuldigung.

Vom 10. November 1952 bis zum 25. Juli 1955 hast du auf der Mine Aguilar Ochsen gezählt und *vino tinto comun* getrunken. Was zog dich aus diesem vollendeten Glück zurück nach Deutschland? Mit poetischem Einschlag hattest du Mutti 1954 selbstbewusst geschrieben: *Heimweh habe ich keines, denn nur in der Heimat hatte ich ein Weh. – Nun stehe ich ganz alleine in der Welt und siehe da, er steht! Ja, steht recht gut. Mit viel Freude trage ich Vatis Bademantel, dies gute alte Stück, und wenn ich dann in den Spiegel schau, dann denke ich manchmal, er winkt mir zu.*

Also. Warum wolltest du zurück nach München?

»Ich hatte das Gefühl, dass Mutti mich anlügt. Dass ihre Krankheit doch schon fortgeschritten ist. Abgesehen davon hatte ich ja wieder Dusel mit diesem Entschluss: Auf dem Schiff erfuhren wir, dass Peron gestürzt worden war. Doch schon dort hatte ich furchtbares Heimweh nach der Mine. Diese fünf Jahre in Argentinien waren meine Lebensschule. Das sage ich mit Absicht, weil mir die wirkliche Schule fürs Leben gar nichts gebracht hat. Um es überspitzt zu sagen: Argentinien war sogar mein Abitur. Als wir im Hamburger Hafen ankamen und ich Mutti aufgedunsen an der Pier stehen sah, wollte ich nicht vom Schiff.«

Muttis Anblick kann dich nicht überrascht haben. Ein paar Monate vor deiner Heimkehr hatte sie dir nach Argentinien ihren Zustand geschildert: *Ich bin krank. Mein Herz macht nicht mehr mit. Ich bin vollkommen überarbeitet. ich habe eine beginnende Arthritis. Wenn ich nicht ausspanne, schreiten die Lähmungserscheinungen schnell weiter. Ich bekomme heute schon nicht mehr meine Hände zusammen. Meine Nerven sind überlastet durch die Sorgen. Ich wache täglich mit erschreckenden Schwellungen im Gesicht auf, oft bin ich unkenntlich. Erst waren es nur die Augenlider, die schwer herunterhingen und ganz angeschwollen waren, jetzt sind es schon Teile des Gesichts.*

»Ja, genau so sah sie am Pier aus.«

Habt ihr euch beim Wiedersehen umarmt?

»Ich weiß es nicht mehr. Vielleicht sie mich.«

Hat Mutti vor Freude geweint?

»Nein, sie hat nicht geweint. Sie hatte auch bei unserem Abschied 1951 nicht geweint. Das entsprach nicht ihrem Naturell. Bei uns wurde nicht geweint.«

Die nächsten Jahre warst du wirklich das, was dir Mutti vorgehalten hatte: Gelegenheitsarbeiter.

Das dir von Mutti versprochene behagliche Zimmer entpuppte sich in der Münchener Adelheidstraße 8 als Matratze unter der Gasuhr bei der Eingangstür hinter einem Vorhang.

»Bewahre Du Dir nur Deine Schönheit, Deine Stärke. Ziehe nach wie vor *Deine schönen Kleider an und bleibe so, wie Du immer warst: meine bezaubernde Mutti!«*

»Niki, ich war so unglücklich.«

Wir auch, Bomi. Diese Enttäuschung: Kommt da nach fünf Jahren Abwesenheit ein dürrer, abgehalfterter großer Bruder zu Michel und mir ins Internat nach Föhr! Mutti hatte, wie ich kurz vor ihrem Tod von ihr noch erfuhr, in Hamburg für dich sogar die zwei Armbanduhren kaufen müssen, die du uns als deine Mitbringsel aus Argentinien schenktest.

»Unsere Familie ist auf Täuschung angelegt.«

Am 9. März 1959 ist Mutti gestorben. Du hattest sie nicht ein einziges Mal im Krankenhaus besucht. Du hast sie wirklich zutiefst enttäuscht – nach all deinen aufmunternden Briefen von der Mine.

»Ich verspürte, als sie wieder ins Krankenhaus kam, große Angst um sie. Am 8. März 1959 hatte ich morgens, als ich zum BR fuhr, zu Lore, meiner damaligen Geliebten, gesagt: ›Wenn ich heute von der Arbeit komme, und du hast dich festlich angekleidet, dann weiß ich, dass du eine gute Nachricht von meiner Mutter aus dem Krankenhaus hast.‹

Als ich abends die Tür aufmachte, stand sie wunderschön gekleidet da. Mit Schmuck! Wir gingen gut essen. Am nächsten Morgen war Mutti tot. Alle waren überrascht, dass sie gestorben war.«

Jetzt wird endlich dein Brustkorb aufgeschnitten. Zweite bis siebte Rippe werden durchtrennt. Die Säge, die der Assistent, kein Student, dazu benutzt, ist elektrisch. Sie vibriert mit enormer Schnelligkeit, wie ein gezacktes Band, so dass sie ruhig in der Hand liegt. Studenten dürfen vermutlich mit einer Zange ran, damit lässt sich Rippe um Rippe bei dir durchknipsen. Es kracht ein bisschen. Vielleicht so ähnlich wie das Knacken von Vatis Genick, dass man laut Father O'Connor im ganzen Turnsaal hören konnte. Um die vordere Brustwand anheben zu können, müssen noch die Rippenknorpel der fünften bis achten Rippe durchtrennt werden. Auf beiden Seiten, versteht sich. Ein spannender Augenblick, wenn jetzt dein Rippenverbund zur Seite gehoben wird. Wie einen Abwehrschild. Erst jetzt bist du wirklich nackt: Herz und Lungenflügel liegen bloß. Das Klischee vom offenen Buch ist nahe liegend. Doch lesen konnte ich nie wirklich in dir.

Jetzt nehmen sie dir den Herzbeutel weg. Dein steinernes Herz, das dich Mutti in ihren letzten Lebenstagen nicht im Krankenhaus besuchen, nur unseren Vater auf ewig hochleben ließ. Wie hast du Martin Walsers berüchtigte Paulskirchenrede gelobt. Oder den mit staunenswerter Akribie zusammengetragenen Verteidigungsschinken, den Ribbentrops ältester Sohn über seinen verbrecherischen Vater veröffentlicht hat. Tja, Bomi, es ist schwer, den Schmerz über unsere Verbrechen auszuhalten. Ein jeder versucht, Auswege zu finden. Wasser hat einen dünnen Kopf, so dünn wie die Suche nach der Entlastung von entsetzlicher Vergangenheit.

»EIN KRIEGSVERBRECHERSOHN GEHT NICHT INS KINO«

Wütend klopfte Tante Margot mit ihrem Stock auf den Boden ihrer Küche im 4. Stock des »Metzgerei Murr« Hauses in der Münchener Schellingstraße: »Stell dir vor, Niki«, erzählte sie mir irgendwann im Jahr 1960, »heute Morgen kommt meine Untermieterin Erika zu mir und heult. ›Wissen Sie, Frau Reichardt, was Norman heute Nacht von mir verlangt hat? Ich soll mir ein Handtuch über mein Gesicht legen. Nur mein Körper sei schön.‹ Niki, das ist doch von Norman unmöglich! Er weiß doch, wie verliebt Erika in ihn ist. Und dann so eine Beleidigung! Nee, wenn das eure Mutter noch erlebt hätte!«

Margot Reichardt prustete plötzlich los, setzte sich auf den Küchenstuhl. »Nee, nee, der Bomi!« Sie stieß wieder den Stock auf den Küchenboden. Wiederholte dabei noch einmal glucksend: »Das Handtuch übers Gesicht legen, nee, nee, weeßte. Unser Bomi ist schon ein Filou.«

Zärtliche Zuneigung strahlte aus ihren Augen.

»Ich hab Erika erst mal einen starken Kaffee gemacht und ihr von Normans schlimmem Schicksal erzählt: Der Tod seines Vaters, seine geliebte Mutter gestorben, kein Abitur, nur Hilfsarbeiter. So hab ich sie beruhigt.« Sie gluckste wieder los: »›Ich kann mir doch nicht jede Nacht ein Handtuch übers Gesicht legen, wenn er Liebe machen will‹, hat Erika noch geklagt. Dann mussten wir plötzlich beide lachen. Und ich habe ihr ein extra hübsch gemustertes Handtuch mitgegeben.«

Als ich Norman diese Geschichte fertig erzählt habe, lachen auch wir beide.

»Ja, ja«, ätzt Norman dann, »der Herr Schriftsteller lacht aber arg tief unter seinem Niveau.«

Margot Reichert war eine Jugendfreundin unserer Mutter, vermietete zwei Zimmer an zwei Studenten. Norman drang darauf, dass stets ein Zimmer mit einer Studentin belegt war. »Die gingen alle mit mir ins

Bett. Tante Margot musste eine neue Studentin aufnehmen, wenn mir die Sache zu eng wurde. Sie hat sich immer sehr aufgeregt, wenn ich sie bat, einer Studentin zu kündigen und eine neue einziehen zu lassen.« Er schweigt kurz, grinst dann: »So gesehen hatte ich mehr Frauen als Bedenken.«

Vielleicht noch ein schütteres Wort über Erika?

Er fährt sich mit der rechten Hand über die Stirn. »Erika«, murmelt er, »ja richtig, Erika hatte eine unreine Gesichtshaut. Die muss mal Pocken gehabt haben. Ich weiß noch, sie hatte einen wunderschönen Körper, aber kein anziehendes Gesicht.«

Erzähl mir weiter von verkorkster Liebe, Norman. Die Studenten fummeln eh gerade an deinem Unterleib herum. *Äußere Geschlechtsorgane: Lage, Topografie. Stellen Sie die A. obturatioria und den N. obturatorius bis zu ihrem Eintritt in den M. obturatorius internus da.«* Da geht dir am 48. Kurstag, dem 20. Januar 2010, der Medizinstudent ans Gemächte.

»Man kann sagen, dass von Anfang an mein Verhältnis zu Frauen dahaut war. Schau dir dieses Bild dort an.« Er zeigt auf ein abstraktes Aquarell an der Wand. »So hing es in einer Ausstellung. Ich hab es nur wegen des Passepartouts und des Rahmens gekauft: Der Inhalt war mir nicht wichtig – genauso ging es mir in der Liebe. Im Berliner Tennisclub »Blauweiß« hatte Sigrid eine Freundin, Veronika von Montheton. Ich habe mich damals unsterblich verliebt. Nicht in sie, sondern in ihren Namen. Ich hab mir gedacht, ich könnte doch auch einen interessanten Namen haben und wollte mich ihr als ›Rio de Janeiro‹ vorstellen – hach, eine schöne Geschichte!« Er lacht.

Wie sah sie aus?

»Irgendwie farblos. Blond. Mein Gott, wie halt Mädchen mit neun aussehen. ›Veronika von Montheton‹! Der Rahmen war's.«

Und nie der Inhalt?

»Mädchen mochte ich damals nicht. Ich wusste nichts mit ihnen anzufangen. Vor Kriegsbeginn, also mit elf, konnte ich schon den Anderthalbsalto vom Brett. Natürlich auch den Hecht. Mutti regte sich auf, dass ich immer meinen Bademantel über das Sprungbrett gelegt habe, und alle nahmen darauf Anlauf zum Sprung. Vielleicht war mir auch damals alles zu viel: Die vielen Frauen in unserem Haus. ›Scheißweiber‹, wie Vati sie verächtlich nannte. 1941, als ich für ein halbes Jahr in der Miesbacher Oberschule war, hatten wir Weiber in der Klasse. Das mochte ich nicht.«

Warum nicht?

»Die haben alles gewusst.«

Und als dich deine berühmte Pubertät zum weiblichen Geschlecht drängte?

»Habe ich bei den Mädchen zuerst auf Gesicht und Busen geschaut. Das war ein Blick. Der Busen hat mich erotisiert.«

Hast du je einem Mädchen gesagt: »Ich liebe dich«?

»Ich kann mich nicht erinnern. Dafür war mein Kuss. Küsse sind ehrlich. Der Kuss, das bist du selbst. Der Geschlechtsverkehr ist Trieb. Vielleicht hat mich auch verkorkst, dass ich als Jugendlicher erstmals den Geschlechtsverkehr ausgerechnet bei Vati und Mutti in Kressendorf gesehen habe. Ich wollte das gar nicht. Ich habe Muttis Schlafzimmer betreten. Da lag Vati in der evangelischen Pastorenhaltung auf Mutti. Das war mir sehr peinlich. Ich hab mich still zurückgezogen.«

Kannst du dich noch erinnern, dass du mir mal irgendwann in den 80er Jahren ein paar Gedichte von dir gegeben hast?

»Nein.«

Es stimmt aber. Zwei, die dein Verhältnis zu Frauen betrifft, habe ich dir mitgebracht.

»Lass hören! Hab ich sicher nie geschrieben.«

Die Fülle Deines feuchten Leibes
Gestaltet mir die höchste Lust.
Ich küsse noch in alten Armen
In alten Tagen Deine Brust.

»Hab ich nie geschrieben. Allenfalls für Veronika von Montheton.« Seine Lache klingt verräterisch. »Ich war eben ein rechter Sittenzündler«, erkennt er dann seine Autorenschaft an.

Geil würde ich dich nennen, hier deine lüsterne Beobachtung von vor 30 Jahren:

Es ward Frühling und
Die Mädchen holten ihre Brüste
Aus den Schatullen.

»Großartig!« lobt sich Norman.

Und was dichtest du jetzt?

»Nichts mehr. Jetzt herrschen Ruhe im Land und Eigentümlichkeit.«

Furniculus spermaticus, das ist dein Samenstrang, jetzt wird er *unterminiert.* Also mit stumpfer Pinzette sehr vorsichtig angehoben. Rötlich in der Farbe auch jetzt noch, und sehr stabil. Es gibt Familiengerüchte, dass du mit Erika ein Kind gezeugt haben sollst. Unser Bruder Michel will in München einen zweiten Norman über die Augustusstraße laufen gesehen haben. Du hast damals nur gelacht, als er dir das erzählte.

Verflucht sei an dieser Stelle beim Schreiben meine Sehnsucht! Wie gerne hätte ich eine lebende Fortsetzung deiner verkorksten Gene!

Schichtweise wird die Hodenhülle, die *Skrotalhaut, lateral* eingeschnitten und präpariert. Ob bei den Huren auf der Mina Aguilar oder bei Erika: Beim Orgasmus zerrte dir der *Musculus cremaster* den Hoden hoch, damit du ordentlich viel Saft durch den *Ductus deferens,* den Samenleiter, raus spritzen konntest.

Ach, wie unästhetisch. Ich empfinde ähnliche Peinlichkeit wie du sie immer bei schmutzigen Worten und Witzen empfunden und deutlich gezeigt hast. Ist es die gleiche, die ich empfinde, wenn ich detailliert über deutsche Verbrechen lese? Wenn Menschen sich auszogen und nackt in eine Grube laufen mussten, um nicht von fanatischen, sondern von völlig normalen Deutschen erschossen zu werden. Nein, das ist nicht Peinlichkeit, das sind Schmerz, Wut und Verzweiflung. Die Peinlichkeit erlebte ich immer nur bei den Schweigern, Verschweigern, als ob sie sich alle vor dem *Mobilisieren* ihres *Musculus cremaster* fürchteten.

Norman, warum hast du dich eigentlich seit deiner Mannbarkeit an dieses selbst auferlegte Gesetz gehalten: »Ein Kriegsverbrechersohn darf keine Kinder zeugen.« Das ist doch der größte Schmarren!

»Nein, das war und ist für meine Hygiene wichtig.«

Wer soll das verstehen.

»Du ganz sicher nicht. Vati schwebt über mir. Ich kriege ihn nicht zu fassen. Zeugte ich ein Kind, hätte ich ihn materialisiert und mich und mein Kind verschmutzt.«

Aber du liebst doch deinen Vater, auch wenn er ein Verbrecher war?

»Ja, aber als meinen Sohn hätte ich ihn nicht ertragen.«

Norman hat seinen mit sich selbst geschlossenen Nonproliferationspakt auf andere Tätigkeiten ausgeweitet: »Ein Kriegsverbrechersohn geht nicht ins Kino«, pflegte Norman seiner Jugendfreundin einzubläuen. Wenn sie ihn doch überredete, musste sie mit ihm vor dem Kino warten, bis drinnen das Licht ausgegangen war, dann schlichen sie hinein, setzten sich im Schlierseer Lichtspielhaus immer links außen hin, direkt an den Ausgang, damit Norman den Saal kurz vor Filmende verlassen konnte. »Ich hab nie den Anfang oder das Ende eines Films gesehen!« schimpft die Jugendfreundin noch als über 80 Jährige.

Bomi, du musst dich damals als Hans Franks Sohn furchtbar geschämt haben?

»Wir wollten doch über die Liebe reden! Besonders schön war es bei den Prostituierten. Die Inkamädchen vor allem, die mochten mich.«

Jetzt wird im Präpariersaal der schon angehobene *funiculus spermaticus,* dieses Kabel der Lebenslust, aus deinem Unterleib herausgeschnitten. Vater hat seinen *funiculus* zwanghaft wahllos züngeln lassen.

Du hast es geahnt, Norman.

»Was?«

Dass unsere Eltern einfach nicht zusammen gepasst haben. Er voller Sinnlichkeit, sie sexfeindlich. Allein schon Mutters überlieferter Ekelsatz – »Was Männer nur daran finden?« – zeigt das.

»Ich hab es so nicht mitbekommen.«

Weil du nichts mitbekommen wolltest, was deinen Seelenfrieden stören könnte. Dabei warst du durch und durch gestört, verstört, verklemmt.

»Während du, liebes Nikilein, von Lebensanfang an ein offenes, lebenslustiges, der Zukunft zugewandtes Kerlchen warst.«

Nein. Ich war wie du. Aber ich hab mich dem gestellt.

»Und was hast du erreicht?«

Gib mir 'ne Zigarette!

»Junge, Junge, du frisst sie ja nachgerade. Du musst mit Genuss rauchen, du politisch korrekter Stinkefinger.«

Du wolltest doch über die Liebe reden?

»Ich hatte zwei langjährige Geliebte. Als es mit Linda anfing, war sie 23 Jahre alt, ich 46.«

So kenne ich dich gar nicht: Kühn Altersschranken durchbrechend.

»Ich werd 'ne Alte nehmen!« empört er sich. »Ich mochte zunächst ihre Hände. Sie hatte wunderschöne Hände. ›Das allein wäre schon Grund genug, dich zu heiraten!‹ hab ich gesagt.«

Wie hast du sie rumgekriegt?

»Ich hab gefragt, ob sie mit mir nach Südafrika fliegt. Sie hat ›Ja‹ gesagt.«

Hat sie dich geliebt?

»Das weiß ich nicht. Da ist eben meine Schwierigkeit mit dem anderen Geschlecht.«

Hast du sie geliebt?

»Ich kann mit Leidenschaften nichts anfangen. Vielleicht wird sie heute gerne an unsere Zeit zurückdenken. Sieben Jahre waren wir zusammen.«

Wollen wir sie einladen und sie selber fragen?

»Schau mich doch an. Das geht doch nicht.«

Ich schaue ihn an, nehme einmal mehr seine immer magerer werdende Trollsgestalt in mir auf, die mir schon längst doppelt eingebrannt ist.

»Mit Linda ging ich jeden Samstag auf den Viktualienmarkt und zu Dallmayr. Das war unsere Tour.«

Hast du sie mit Schmuck überhäuft oder nur mit Obst?

»Ich glaube, ich habe ihr nie ein wertvolles Geschenk gemacht. Ich war nicht der Typ. Sie auch nicht. Gott sei Dank.«

Behauptest du! Geizkragen!

»Ich habe die Zeit mit ihr sehr genossen. Sie konnte herzlich lachen und sehr schlagfertig sein. Eine ferne Bekannte von ihr war beinahe vergewaltigt worden. ›Von hinten hat er sie gepackt, aber dann doch abgelassen‹, erzählte uns ihre Kollegin.

›Da hat sie sich wohl umgedreht und ihm ihr Gesicht gezeigt‹, hat Linda trocken eingeworfen.«

Norman lacht lange. Schnäuzt sich dann in eines seiner riesigen Taschentücher.

Wie ging das auseinander?

»Linda verliebte sich in einen Österreicher. Ich hab sie sofort gehen lassen. Obwohl ich auch weiterhin eine enge Beziehung zu ihr hatte – allerdings nur über ihre Katze, die ich noch Jahre lang verköstigte, wenn sie in Urlaub fuhr. Ich wohnte dann in ihrer Wohnung. Wunderschöne Hände!

Ihre Katze?

»Die auch«, geht er auf mein Witzchen ein.

»Danach hatte ich Sybille. Klein war sie und besaß einen schönen großen Busen. Sie war sehr sinnlich.«

Wie hast du die erobert?

»Sybille hab ich mit der Frage rumgekriegt: ›Würdest du mit mir nach Innsbruck fahren?‹ Weißt du, Niki, nach Linda hatte ich schon angefangen zu sparen. Als ich Zehntausend Mark hatte, hab ich zu Sybille gesagt: ›Wenn man in Bayern 10 000 Mark hat, wird man Regierungsrat genannt.‹ Sie hat es geglaubt!«

Hast du wenigstens Sybille ein bisschen geliebt, am Ende gar mit ihr über Vati und Mutti geredet?

»Nein. Sybille war nur ein Sieg des Fleisches. Ein Typ, auf den ich immer einsteige: Kleine Stupsnase, dunkle Augen. Typisch Weibchen. Was ich Linda und Sybille hoch anrechne: Sie ließen mich trinken. Da wurde nicht gezetert. Und: Keine hat mich je einen Trinker genannt. So wie du. Als mir mal vom Bayerischen Rundfunk eine sechswöchige Entziehungskur verordnet worden war und ich danach zurückkehrte, hatte Sybille den ganzen Wohnzimmertisch voller kleiner Fläschchen gestellt: Ich sollte weiter trinken. Großartig! »

Wie ging das auseinander?

»Sie fand einen anderen. Ganz in Ruhe gingen wir auseinander. Wie bei Linda. Wie immer.«

War was Besonderes an deinen beiden Geliebten?

»Ich habe sie gerne geküsst. Denn dann konnte ich nicht lachen. Beim Geschlechtsverkehr musste ich lachen. Irgendwie fand ich Geschlechtsverkehr immer lächerlich.«

Meinst du nicht, das hängt mit deinem Erlebnis in Kressendorf zusammen, als du Vati und Mutti dabei beobachtet hast?

»Vati hat dabei nicht gelacht«, lacht er. Dann grinsen wir uns nur noch an, weil wir uns beide den lachend beischlafenden Vati auf unserer Mutter vorstellen.

»Gell: grotesk?«

Als ich 2009 nach Normans Tod die noch immer schöne, elegante Linda mit den wundervollen Händen in München treffe, ist sie von seinem Tod sehr betroffen und traurig.

Haben Sie ihn geliebt?

»Er konnte es nicht leiden, bemuttert zu werden«, weicht sie aus. Verständlich. Warum sollte sie dem ihr fremden Bruder des früheren Geliebten ihre Gefühle preisgeben!

Hat er mit Ihnen oft über seinen Vater gesprochen?

»Mehr über seine Mutter. Die hat er sehr geliebt.«

Wie ist das mit Ihnen und Norman zu Ende gegangen?

»Er wurde mir zu langweilig. Ich wollte ja was erleben. Ich war noch so jung. Und er wollte nur immer lesen und – trinken.«

Hat er mal über mich gesprochen?

»Er hat sich furchtbar über Sie aufgeregt.«

Wieso?

»Als damals Ihr Buch über Ihren Vater erschien, war doch auch die Serie im ›Stern‹. Da hat er getobt!«

Was hat er gesagt?

»›Wie kommt der Kerl dazu? Der hat doch keine Ahnung! Der war doch gar nicht dabei!‹ Da hat er furchtbar gelitten.«

Ja, gelitten hat er wirklich. Vor allem die sieben Wochen, in denen die Serie in Mai und Juni 1987 im *Stern* lief. Damals war er schon längst wohlbestallter Sachbearbeiter beim Fernsehen des Bayerischen Rundfunks in München-Unterföhring. Alle seine Spezln dort haben diese Serie wohl gelesen – und keiner hat mit ihm darüber gesprochen. Sie umschlichen ihn nur schweigend mit mitleidigem Dackelblick und Verachtung für mich, denn Norman war bei ihnen sehr beliebt.

Zu Beginn des *Stern*-Abdrucks schrieb er mir am 23. Mai 1987:
Mein lieber Niki!
Ich bin stolz auf Dich, denn ich weiß sehr wohl, was Du insgeheim gelitten hast, bis Du diesen Schritt in die Öffentlichkeit getan hast. Nicht nur die schichtweise Entzauberung unserer Eltern durch Dokumente, sondern auch die vielen Gespräche mit Gespenstern aus jener großen Zeit mögen Dich sehr mitgenommen haben. Nun gut. Dein Entschluss aufzuräumen mit allem Verdrängten, Verlogenem, musste Dich zwangsläufig auch dazu bringen, mit der eigenen Familie zu beginnen. Sonst könntest Du ja nie glaubwürdig sein. Es ist völlig unwichtig zu wissen, was ich persönlich davon halte. Mein eigenes Leben habe ich unter das Motto Versöhnung gestellt, wobei mich bei diesem sonst ebenfalls nichtssagendem Wort nur der Kern <u>Sohn</u> interessiert hat. Du musst nun sicher noch viel Enttäuschendes aber auch, wie ich hoffe, viel Bedeutendes erleben müssen. Wenig ist von uns Menschen zu erwarten. Der gute Mensch ist der, der bei Bösem nicht erwischt wurde.
Es umarmt Dich
Dein illusionsloser Bruder
Norman.

Gekürzt wurde dieser Brief im *Stern* unterhalb des Briefes unseres Bruders Michel abgedruckt. Der klang ein bisschen anders:

Die so widerwärtige, von heimlich wollüstiger, pornografischer Frustration getragene ›Serie‹ meines Bruders Niklas über unseren Vater Dr. Hans Frank erinnert bereits im ersten Teil schon in Stil, Lüge und Verdrehung an den ›Stürmer‹, die Diktion und das Prostituieren eigener Verklemmtheit und Vergiftung verrät seinen Autor. Dieser alttestamentarische Hassgesang einer erkrankten Seele beleidigt alle denkenden Menschen und alle

diejenigen, die unsere Eltern wirklich und nicht nur aus der Kinderperspektive gekannt haben! Niklas – er wird stolz darauf sein – ist der ›Fremdi‹, ein weiß Gott blendender (nebenbei die Auflagen hoffentlich steigernder) Vertreter des ›neuen‹ Geistes in unserem Volk! Er ist ein Sohn, wie ihn sich alle Väter wünschen!
H. Michael Frank, Schleching

»Stammtisch pur«, sagte Norman, als ich ihm über zwanzig Jahre später den Brief vorlas. Er verschwieg seinen eigenen Zorn, von dem ich erst durch Linda erfuhr.

Michel, sagte ich, vergisst wie die meisten Nachkriegsdeutschen die unschuldigen Opfer in der Zeit deutscher Verbrechen.

»Nein: Er unterschlägt sie ganz bewusst. Andererseits«, Norman streicht sich mit der Altersfleck übersäten rechten Hand die Stirn, »repräsentiert er die Mehrheitsmeinung in Deutschland.«

Mensch, Bomi, du kommst mir näher.

Michel war ja so wütend über deinen Leserbrief, dass er dir am 12. Juni 1987 einen Brief hin gepfeffert hat, von dem er mir eine Kopie schickte.

Lieber Norman,
nun sind sie also »entzaubert«, unsere Eltern, und Du bist »stolz« auf Niki, soll heißen, stolz auf das kropophile Geseier eines mit allen anständigen Traditionen und Geboten brechenden Sohnes und Bruders.

Du gebrauchtest auch sicher mit Überlegung den Plural, Du willst sagen, natürlich kann Niki nur »glaubwürdig« sein, wenn er »die Familie«, also Vati <u>und</u> Mutti in den Dreck zieht!

Aber warum, verdammt noch mal, lügt er? Warum recherchierte er so mies? Natürlich, je schlimmer, desto »glaubwürdiger«! Und warum übernimmst Du – gegen besseres Wissen (!) – solche Lügen absolut kritiklos? Hasst auch Du Deine Eltern? Bist Du zu kurz gekommen? Man müsste Freud befragen!

Deine Beziehungen zu Vati kenne ich eigentlich nur vom Hörensagen, sie waren ja nicht die besten. Das ist auch Deine Sache, so interpretiere ich Deine immer wieder vorgetragenen Klagen, Anklagen, und was hast Du nicht alles erzählt!

Es hat mich immer wieder sehr betroffen gemacht, denn ich liebe unseren Vater, wie er auch immer gewesen sein mag. Ich bin nicht sein Richter, ich bin sein Sohn.

Er zitiert jetzt mehrere Beispiele aus meinem Buch *Der Vater*, die er für erlogen hält.

»Und? Sind sie erlogen?« wirft Norman hoffnungsvoll ein.

Natürlich nicht, rege ich mich auf.

»Lies weiter«, sagt er, aber er glaubt meiner Beteuerung nicht.

Eigentlich habe ich Dich immer als einen einigermaßen neutralen Zeitzeugen angesehen, sofern es um geschichtliche Tatsachen geht. Jedenfalls bist Du – naturgemäß – ein besserer als ich. Wie steht's denn mit Deiner »Glaubwürdigkeit«?

Ja, letztlich wirst auch Du es mit Deinem Gewissen ausmachen müssen, was Du über Deinen Vater sagst. Ich bin auch nicht Dein Richter. Ich bin nur erstaunt, dass man einen Menschen zweimal hinrichten kann, und den Vatermord kennt man ja schon lange!

Wie immer Du es siehst, eine wirklich riesige Sauerei aber ist Deine Haltung, Dein »Stolz« auf Niki, wenn es um die Mutti geht …

War sie nicht auch noch eine Mörderin, siehe Malaparte?

Wir sind auf die Fortsetzungen ja alle sehr gespannt, so ein Nazischwein, Deine, unsere Mutter! War sie nicht auch noch eine Hure? Dann wüssten wir wenigstens, welchen Titel wir als Söhne verdienten! Und vor wenigen Tagen schaust Du mir fest in die Augen und meintest, Mutti war »eine großartige Frau«! Wie kannst doch auch Du lügen!

Es ekelt mich einfach an, dass Du dann gleichzeitig »stolz« sein kannst auf Nikis Geschreibsel (»wichtiger als ›Im Westen nichts Neues‹«).

Sein Bankkonto mag sich füllen, wenn das Buch erscheint, die Karriere ist gesichert: Aber um welchen Preis?

Und Du warst der Liebling Muttis! Sie hat Dich bevorzugt, Dich wahnsinnig geliebt, ich kenne da einige, jetzt auf mich so traurig wirkende Verzweiflungsszenen und Äußerungen von ihr. Sie hätte und hat ihr letztes Hemd mit dir geteilt, falsch, sie hat auch noch auf ihren Teil für Dich verzichtet, diese kalte, grausame, diebische Frau!

Sie hat unter unserer Brutalität und Lieblosigkeit sehr gelitten, aber auch hier gilt, wie Vati schrieb: zu spät!

Mir dreht sich der Magen: So Furchtbares über Mutti öffentlich zu lügen, es ist schon grauenhaft.

Schlimmer aber ist es, wider besseres Wissen (!) darauf auch noch stolz zu sein. Und das genau werfe ich Dir vor! Zeitzeuge! Wie wohltuend, dass Vatis Bild nicht mehr bei Dir ist. Wenn Du noch einen Funken Anstand hast, solltest Du es umgehend – zu meinen Lasten natürlich – an Sigrid schicken: Muttis Bild!

Was um Gottes Willen soll es bei Dir?

Wie sinnlos: Die Brüder des Vaters, der Mutter wegen, zu beharken! Eigentlich kotzt mich das furchtbar an, denn auch ich platze nicht gerade vor Edelmut, aber hier kann ich und will ich nicht schweigen.

Wenn Niki mal wieder in München ist, komme ich gerne, um mich mit Euch auseinanderzusetzen. So jedenfalls geht es nicht!

Michel

Kopie an Niki

Norman schweigt, raucht. »Michel musste mir das Bild von Vati zurückgeben«, sagt er dann.

Das unvollendete Gemälde von Samberger hing die letzten Jahrzehnte von Normans Leben im Schlafzimmer über seinem Bett. Wie ein drohender Herrgott. Oder wie ein beschützender graubrauner Engel.

Sag mal, Bomi: Michel erwähnt Malapartes Buch *Kaputt*, in dem die Franks im Kapitel *Die Ratten* beschrieben werden. Glaubst du eigentlich, dass Vati tatsächlich im Warschauer Ghetto auf ein jüdisches Kind geschossen hat, wie es der italienische Schriftsteller am Ende andeutet?

Lange überlegt er.

»Ich kann es mir vorstellen. Leider.«

Hast du dich je mit Michel über seinen Brief an dich ausgesprochen?

»Nein. Das hätte keinen Zweck gehabt.«

Ich tat es auch nicht. Michel und ich einigten uns darauf, wegen unserer liebenswerten Kinder nicht mehr darüber zu sprechen.

»Eine weise Entscheidung.«

Es war an Michel nicht ranzukommen. Er fragte mich eines Tages:

»Niki, wer war zuerst in Auschwitz?«

Die Russen im Januar 1945.

»Na also: Alles Propaganda!«

»Furchtbar«, kommentiert Norman.

Vielleicht, sage ich zu Norman, hat ja Michels hartnäckige Verteidigung unserer Eltern schon als Kind in dem Moment angefangen, als im Herbst 1945 eine Fischbachauer Kindergärtnerin den damals acht Jährigen anpfiff: »Ach, du bist wohl was Besseres gewöhnt? Das glaube ich schon, nachdem dein Vater in Polen alles gestohlen hat.«

»Wenn das nicht Sippenhaft ist«, lacht Norman kurz auf, wird dann ernst: »Das muss Michel sehr geschockt haben.«

Mitleid mit ihm?

»Ja.«

Ich wedle ihm vor der Nase mit einem Exemplar der Illustrierten *Quick* aus dem Jahr 1965 herum. Da bist du interviewt worden. Unter einem Foto von dir steht deine Aussage: *»Dass wir nie mehr schuldig werden«* Im Lauftext der ganze Satz: *»Ich fühle mich mitverantwortlich, dass wir Deutsche nie mehr schuldig werden.«*

Bomi, was hast du eigentlich mitverantwortlich unternommen, dass wir Deutsche nicht mehr schuldig werden?

»Ich habe gegen die Verniedlichung des Holocaust Tennis gespielt, vor allem meine geschnittene Rückhand hat mächtig zur Vergangenheitsbewältigung beigetragen und, bevor ich zum BR ging, drehte ich als freier Filmaufnahmeleiter demokratisch zutiefst aufrüttelnde Filme wie ›Mein Schatz, komm mit ans blaue Meer‹ oder ›Monte Casino‹.«

Depp!

»Ehrlich gesagt, ich bin noch nicht dazu gekommen. Ich will ja nicht hudeln.« Wieder lacht er brüchig daher.

In der *Quick* hast du unsere jetzt toten drei Geschwister als stramme Nazis bezeichnet.

»Weil sie es nicht begreifen wollten, dass unser Vater ein Verbrecher war!«

Du tust es auch nicht.

»Doch.«

Dann schwiemel nicht seit Jahren so rum!

»Ich drehte gegen die Verniedlichung des Holocaust als freier Filmaufnahmeleiter zutiefst aufrüttelnde Filme wie ›Mein Schatz, komm mit ans blaue Meer‹.«

»Weißt du, Niki, du musst das vom Ansatz her trennen, wie es Michel tat: Das eine ist der Verbrecher, das andere der Vater. Wenn du das nicht trennst, sind deine Gefühle nicht frei, folgen nicht ihrem natürlichen Lauf. Den Vater liebt man, den Verbrecher hasst man. Wer das nicht tut, wird so verklemmt und lächerlich wie du. Was du machst, deine Bücher, deine Lesungen, dein Geschimpfe auf die Eltern, ist unnatürlich. Nein: widernatürlich. Genauer: Wider die Natur des Menschen.«

Du vergisst die Opfer. Die treiben mich um.

»Opfer«, murmelt er. »Vati war auch Opfer.«

Gesellst du dich jetzt als viertes zu deinen drei nazistrammen Geschwistern? Vati hatte Hunderte von Gelegenheiten, alles hinzuwerfen und in die so genannte innere Emigration zu gehen. Gilbert zitiert Vatis verzweifelte Erkenntnis: »Ich hätte damals auf meine Frau hören sollen. Sie sagte, es wäre besser für uns, den ganzen Ministerkram aufzugeben und in eine kleine Dreizimmerwohnung zu ziehen, als in solch schändliche Sachen verwickelt zu sein.«

Verdammt, Norman, er hätte doch nur zu Hitler kriechen, die Hand auf sein Herz drücken und stammeln müssen: »Mein Führer, meine Liebe zu Ihnen ist überirdisch, aber mein Herz ist irdisch schwach: Ich muss aus Gesundheitsgründen meine Ämter zur Verfügung stellen. Heil Hitler!«

»Hätte er das doch getan!« Das kommt so innig aus Norman raus, so sehnsüchtig.

Ich zeige ihm eine Postkarte, die mich während der *Stern* Serie über unseren Vater erreichte: *Herzliche Grüße aus Hannover! Sie sind das widerlichste Stück rote Scheiße in der ganzen verkommenen Journaille! So ekelhaft hat sich noch niemand über seinen Vater geäußert. Bei dem Scheißblatt sind Sie voll im Trend. Mitglied der NMDAP. = National Masochistische Deutsche Arschkriecherpartei!* Abgestempelt in Wennigsen Deister am 23. Mai 1987.

Norman und ich bestaunen die flüssige, gut lesbare, sozusagen gebildete Handschrift des Anonymus.

»Das ist ekelhaft«, sagt Norman.

Aber es ist ehrlich, sage ich.

»Kriegst du noch immer solche Sachen?«

Hin und wieder.

»Hast du Angst«, fragt er.

Hin und wieder.

»Du musst dir eine Waffe genehmigen lassen!«

Vatis goldene Pistole! Das wär's!

»ES GIBT KEINE AUFARBEITUNG DES HOLOCAUST«

Ich krame einen weiteren anonymen Brief heraus.

Norman, ist das nicht komisch? Auch ich werde am Gnadenportepee gefasst:

Sehr geehrter Herr Frank,
zwei Generationen unserer Jugend hat die Feindpropaganda und Schuldzuweisung unserer ehemaligen Gegner seelisch verbogen. Dass sie aber eine derartige Vernichtung anrichten konnten, wie bei Ihnen, ist vor Gott ein unfassbares Verbrechen. Es ist unwahr, dass ihr Herr Vater ein unrechter Mann war, und ebenso war ihre Frau Mutter ehrbar. Vielmehr ist es der, in die öffentliche Schau getragene Hassausbruch Ihrerseits ein über alle Maßen fürchterlicher Akt. Ich kann Ihnen die Voraussage machen: Sie werden keine Ruhe finden, bis Sie auf Knien Ihre Eltern um Verzeihung bitten. Ihr Hirn und Ihre Seele sind aufs Höchste krank und morbid. Selbst wenn Sie beharrlich an eine Schuld Ihres Herrn Vaters glauben wollen, um Ihre hirnrissigen Äußerungen vor sich selber zu rechtfertigen, bedenken Sie doch das Wort: ›Und sei Eure Sünde rot wie Blut, ich will Euch erretten, und Ihr sollt mich preisen‹ von Christus, der sich gerade der Schuldigen annimmt. Ihm hätten Sie das Urteil, das Ihnen nicht zusteht, überlassen sollen. Trotzdem: Sie werden bereuen. Es wird Ihr einziger Lebensinhalt werden. Gott schütze Sie!
Ein Deutscher

Norman hat schweigend zugehört. Ich habe das Gefühl, dass er auf Seiten des »Deutschen« steht.

Dich hat immer geärgert, dass ich mich zum Richter über unseren Vater aufgeschwungen habe?

»Ja.«

Durchschaust du denn diesen Brief nicht?

»Natürlich.«

Glaub ich dir nicht. Leg los!

»Lies ihn noch mal vor.«

Ich lese. Dieses Mal schüttelt er seinen Kopf. Ich komme zum Schluss: *Ein Deutscher,* danach legt er los: »Erstens ist der Schreiber ein Feigling, weil anonym. Zweitens erkennt er keinerlei deutsche Verbrechen an. Er beschuldigt nur die Sieger, sprich ›Feindpropaganda‹. Er will nicht wahrhaben, dass sein Abschieben auf den lieben Gott als Richter zugleich ein Abschieben jedweder Sühne für deutsche Verbrechen auf den Sankt Nimmerleinstag darstellt. Na ja, und so weiter.«

Nicht schlecht, Bruderherz....

»Doch insgesamt spricht er mir aus dem Herzen.« Frech linst er mich an.

Faschistendepperl!

Bomi, dieser handgeschriebene Leserbrief hier ist so ganz nach deinem Herzen. Über der Anrede steht: *Aus dem Dortmund-Ems-Kanal hat man einen Sarg gefischt. Den wollte man öffnen. Das ging aber nicht, denn drinnen lag ein Zuhälter.*

Lieber Herr Frank, Eltern sind nicht totzukriegen, aber man kann sie klein lachen! Man muss nur wollen! Herzliche Grüße

Ihr ...

Norman lacht. »Den Brief mag ich. Der hat Kraft, ist ungewöhnlich, da hätte sich Vati ein Beispiel nehmen können.«

Nicht dieses Gelaber?

»Genau. Wäre allerdings komisch gewesen, wenn er seinen letzten Brief vor dem Galgen an Mutti mit diesem Witz begonnen hätte.«

Jetzt kugeln wir uns vor Lachen. Den dürren Norman hebt es dabei aus seinem abgewohnten Ledersessel.

»Ist es Gewinn bringend, auf dem Ticket unseres Vaters durch die Lande zu gondeln?«

Du meinst auf dem Ticket eines Kriegsverbrechers?

»Meinetwegen.«

Bomi, es ist vor allem überraschend. Erinnere dich, als ich im Miesbacher Gymnasium las und diskutierte, warst du entsetzt, was du über mich im *Miesbacher Merkur* lesen musstest. Die Zeitung hatte den Bericht über meinen Auftritt mit einem Zitat von mir über Vati überschrieben: *Ein verbrecherischer Knallkopf.*

»So was sagt man auch nicht, Niki.«

»Ich bin heute durch dieses alte Judennest gefahren. Ich hab gar keinen mehr von diesen Plattfußindianern gesehen. Ihr werdet doch nicht etwa etwas Böses mit denen gemacht haben?« Das hat Vati gesagt. Bin ich schlimmer?

»In einer Demokratie schon.«

Offensichtlich. Glaubst du etwa, ich spüre nicht diese grundsätzliche Ablehnung rundum gegen mich?

»Dann ändere dich.«

Warum?

Bomi, es ist tatsächlich bewegend und grotesk zugleich, auf dem Ticket eines Naziverbrechers zu fahren. Der Filmproduzent Atze Brauner steckte mir vor der Lesung in seiner Kortschak-Loge in Berlin vier Dosen echten Kaviars als Honorar zu.

Meist bekam ich nach Lesungen jede Menge Wein und ortsansässige Würstchen geschenkt. Oder Blumen, die so schön waren wie meine Prosa, nur nicht so verletzend: Sie hatten keine Dornen.

»Pah!«, wirft Norman verächtlich ein.

Ein uralter »Hans Frank« kommt nach einer Lesung auf mich zu und klagt, dass er wegen der Namensgleichheit 1945 für mehrere Monate in einem belgischen Gefangenenlager drangsaliert worden sei, bevor aufgeklärt wurde, dass er nicht der »Polenschlächter« sei.

In Tel Aviv schrieb ich mit Joshua Sobol für die *Wiener Festwochen* eine »Bloody Comedy« über Vati und Mutti, und ich werde nie bei einer bestimmten Szene Joshuas glühenden Wunsch mitten in Israel vergessen: »Niklas, an dieser Stelle brauchen wir jetzt einen umwerfend starken antisemitischen Satz!«

Aus Hans Frankschem Reichtum konnte ich den sofort liefern.

Ein Schuldirektor in Bad Sachsa beschwor die Veranstalter aus Angst vor meinen Texten händeringend, dass ich doch bitte, bitte aus meinem Buch *Raubritter* lesen möge und nicht diese entsetzlichen Texte aus dem *Vater*.

Ich erlebte, wie in den ersten zehn Jahren nach der Publikation von

Der Vater Eine Abrechnung stets rund ein Viertel der Zuhörer empört den Raum verließ, wenn ich zu Beginn die Hinrichtungsszene las, in der ich mich ja bis zum Orgasmus am Hängetod unseres Vaters labe.

Der Lehrer eines Gymnasiums, der darauf drang, mich in der Aula lesen zu lassen, bekam zuvor von einer Kollegin im Vorbeigehen den Ellenbogen in die Hüfte gerammt und hörte den gezischten Verweis: »Einen Frank lädt man nicht ein!«

Ich erhielt acht Morddrohungen, natürlich alle anonym.

In Stralsund las ich vor fünf Zuhörern, und als ich fragte, ob die Veranstaltung denn nicht in der Ortspresse oder durch Flyer angekündigt worden sei, bekam ich die entsetzte Antwort: »Aber wir können doch die Rechten in unserer Stadt nicht auf diese Lesung mit Ihnen aufmerksam machen!«

Als ich auf dem Bremer Evangelischen Kirchentag in einer Talkrunde den damaligen Innenminister Schäuble einen »bösen Menschen« nannte, war das in der Druckfassung des Gesprächs ebenso wenig zu finden wie meine Einschätzung, dass Deutschland auf dem Weg in den Polizeistaat sei, bei der Ausstrahlung von »Plasberg privat« im WDR.

»Irgendwo müssen sie ja kürzen«, lacht Norman hämisch, und plötzlich fühle ich ihn ganz eng an meiner Seite.

Ich wundere mich, dass meine zwei Bücher gegen unsere Eltern bisher nicht in Israel publiziert wurden und schüttelte den Kopf, als ein großer britischer Verlag die Übersetzung des *Vater* Buches mit der Begründung ablehnte: »Eine so schmutzige Sprache können wir unseren Lesern nicht zumuten!«

In Krakau sollte ich mich bei einer Diskussion im jüdischen Zentrum an einem großen runden Tisch auf den einzigen Stuhl mit erhöhter Rückenlehne setzen, was ich erbittert ablehnte und damit die Gastgeber beleidigte.

Als ich wegen eines TV-Films über Nazitäterkinder mit dem ebenso frommen wie künstlerisch genialen israelischen Regisseur Chanoch Zeevi in Sachsen-Anhalt unterwegs war, fand er es nicht witzig, als ich ihm in einer urdeutschen Kneipe besonders den »koscheren Schweinebraten« ans Herz legte.

Als *Vater* und *Mutter* in Tschechien veröffentlicht wurden, stellte ich staunend fest, dass das Publikum viel unbefangener an die Texte geht als das deutsche, weil es nicht unter dem Hammer des Holocausts aufgewachsen ist.

Vor einer Lesung im Berliner jüdischen Museum wurde mir mit höchstem Misstrauen mein Taschenmesser abgenommen, ohne das ich seit Kindertagen nicht aus dem Haus zu gehen wage.

In München bezog das Hotel »Vier Jahreszeiten« sofort Stellung in vorderster antifaschistischer Kampffront, indem es mich ab Mai 1987 nach Erscheinen der *Stern* Serie zum *Vater* Buch als VIP feierte: Ohne Aufpreis residierte ich in Suiten, bis vermutlich der Hoteldirektor das Buch gelesen hatte. Jedenfalls war nach drei Monaten Schluss mit dem Upgrading.

In Wien half ich nach einer Lesung vor österreichischen Juden beim Aufräumen, trug gerade den siebenarmigen Leuchter aus dem Saal, als der Rabbi plötzlich los lachte und gar nicht mehr aufhören wollte: »Wenn das Ihr Vater sehen könnte!«

In den neuen Bundesländern wurden vor dem jeweiligen Veranstaltungsort meist zwei Polizisten postiert, bei denen ich mich mit den Worten zu entschuldigen pflegte: »Es tut mir leid, dass ich Ihnen den Abend verkorkse, aber bei mir kommen nie Rechtsradikalinskis, die halten mich für einen Spinner.« Einer antwortete mir mal: »Dafür halte ich Sie zwar auch, aber Befehl ist Befehl.«

In Jerusalem interviewte mich der Reporter einer Tageszeitung und entschuldigte sich am nächsten Tag mit der Zeitung in der Hand und roten Ohren am Kopf: Er hatte mich immer als »Hans Frank« tituliert.

»Das hätte Vati diebisch gefreut«, fährt Norman lachend in meine Suada.

Mich wundert, dass ich noch immer eingeladen werde, obwohl die Veranstalter wissen, dass ich partout nicht unseren Eltern vergeben will und auf allgemeine Versöhnung mit den Altvorderen sülze, sondern uns Deutschen unterstelle, unter bestimmten Bedingungen zu einem zweiten Holocaust fähig zu sein.

Norman schüttelt den Kopf: »Das wird nie mehr passieren. Das Ausland passt zu sehr auf.«

Dein Wort in Gottes Ohr.

»Ja. Bald sag ich's ihm.«

Weißt du, was nach den Lesungen eine der ersten Fragen ist?

»Ja.«

Weißt du nicht!

»Doch: ›Haben Sie sich durch Ihre Bücher befreit?‹«

Das gibt's doch nicht!

»Das ist doch nahe liegend: Deine deutschen Zuhörer wollen selbst nichts mehr mit den eventuellen Untaten ihrer Eltern, Groß- und Urgroßeltern zu tun haben. Also projizieren sie ihre Verdrängung auf dich und hoffen, dass du dich mit deinen Büchern selbst ›befreit‹ hast. Also so wirst wie sie -und endlich Ruhe gibst.«

Bomi, das klingt plausibel. Du bist ja ein richtiger Augenöffner!

»Erzähl weiter!«

In Krakau traf ich 2007 den letzten Überlebenden der 20 polnischen Freiheitskämpfer, die damals die Bombe unter Vatis Zug platziert hatten. Zwanzig Jahre zuvor bei Erscheinen der polnischen *Vater* Ausgabe hatte er in einem Zeitungsinterview geäußert: »Schade, dass das Attentat daneben ging und nicht auch Hans Franks Sohn Niklas im Zug gesessen ist.«

2007 schüttelten wir uns innig die Hand.

»Wenn sie Vati getötet hätten, wären wir heute noch Besitzer des Schoberhofs.«

Stolze Besitzer?

»Du natürlich politisch korrekt mit schlechtem Gewissen.«

Weißt du eigentlich, Bomi, wer mir bei all den Lesungen quer durch die Lande in den letzten 25 Jahren den übelsten Schlag in die Magengrube versetzt hat?

»Nein.«

Du!

»Wieso ich?«

Als ich hier in Schliersee in der *Bücher Oase* aus dem *Mutter* Buch las, fragte anschließend der Huber Flori in der voll besetzten Buchhandlung: »Warum hat mir Norman über Ihr Buch gesagt: ›Glänzend geschrieben, alles gelogen‹?«

»Ich liebe eben die Kürze.«

Wieso hast du mir das nicht persönlich gesagt? Ich hatte dir 2005 gleich ein druckfrisches Exemplar geschickt. Ich habe nichts von dir gehört.

»Das war die Antwort.«

Was im Buch ist gelogen? Sag mir eine Stelle!

Er schüttelt den Kopf, duckt sich weg: »Was hast du Flori geantwortet?«

Verdatterten Schmarren. Ich hätte auch die Wahrheit sagen können. Wie du stumpfsinnig tagsüber aus dem Fenster auf Vatis vorbei fahrenden Jeep glotzt, wie du nachts den Alkohol aus dir raus kotzt und dich danach greinend in Muttis Arme flüchtest ...

»Hör auf!«

Entschuldige.

Wir schweigen.

Ach, Bomi, das Wunderbarste kann ich Dir nicht mehr erzählen.

Hätte es dich ganz tief in deinem Hirnkastl gegraust?

Du warst schon über drei Jahre tot, als ich 2012, in der letzten Novemberwoche, auf Einladung von Rabbi Naftali Schiff und Rabbi Aaron Kampf für *Aish* nach London, Bristol, Birmingham und Manchester zu neun Veranstaltungen reiste. *Aish* ist eine jüdische Organisation, die sich um die Zukunft der Juden sorgt. Sie versucht deshalb, die Jugend durch Reisen zu den Stätten des Holocaust und nach Israel für Geschichte, Kultur und Religion des jüdischen Volkes zu sensibilisieren, um so jüdische Identität zu stärken.

Und ich plötzlich mitten drin.

Was für ein Gefühl! Welch süßeste Rache an unserem Vater. Nach kurzer Lesung aus meinen Büchern die lebhafteste Diskussion. Dabei immer wieder die gleichen Fragen: »Warum hassen uns die anderen?« »Warum werden wir wegen Palästina als Nazis beschimpft?« »Woher kommt der Antisemitismus.«

Doch neben diesen bangen Fragen, Bomi, konnte ich eine Stärke spüren, die aus ihrer Gemeinsamkeit, ihrer Gemeinschaft, ja: ihrem weltumspannendem Ghettodasein entspringt.

Und vor allem dieser Witz! Selten hat der jüngste Sohn des Polen- und Judenschlächters Hans Frank so viel zu lachen gehabt wie mit den Nachkommen jener vom Generalgouverneur und Reichsminister dezimierten »außerordentlich schädlichen Fressern«, »Plattfußindianern« und »Juden von einer Scheußlichkeit, dass man sich wundern muss, dass die Erde ihren Betrieb nicht eingestellt hat«.

Traurig fing's immer an, in einer Riesengaudi endeten oft die Abende.

Noch etwas Absurdes, Bomi, hör mich halt! Als ich kurz vor Beginn einer Abendveranstaltung in London draußen noch nervös auf und ab ging und eine rauchte, kam ein junger Mann auf mich zu: »Sie haben doch eben geraucht. Könnten sie mir eine Zigarette schenken?«

Ich konnte, und er fragte mich im Verlauf des Smalltalks, was mich hierher triebe.

Ich sagte ihm, dass ich heute Abend drinnen lesen und diskutieren soll.

»Ach, Sie sind das!« reagierte er verblüfft, »Ich dachte, als ich Sie mit dieser Nase so auf und abgehen sah: Guck an, auch ein alter Jude kommt uns besuchen!«

Bomi, ich höre dich, wie du an dieser Stelle mit feiner Häme eingeworfen hättest: »Ich wusste, dass Vati Recht hatte und dich Judenbengel nicht als Sohn anerkennen wollte.«

Zurück zum damals noch brüchig Lebenden

Ich krame in meinen Dokumenten. Zuunterst liegt ein Schulbuch.

Weißt du, Bomi, wer mich aus der schreiberischen Unterwelt gerettet und selbst für Schulen brauchbar gemacht hat?

»Die 68er, die auf ihrem Marsch durch die Institutionen auch die Lehrpläne der Schulen verhunzt haben.«

Nein, es waren Ralf Giordano und der englische Historiker Ian Kershaw, die mir Vorworte für die Taschenbuchausgaben vom *Vater* geschrieben haben.

Das war mein Stempel, so wie ihn Vati auf seine und unsere Briefe erlebte: *Censored and passed!*

Hier in *Blickfeld Deutsch 6* bringt der *Lehrerband* auf Seite 50 unter *K 4 Wohin des Weges?* ein 19 zeiliges Zitat aus dem *Vater*.

»Na, wenn da unsere Jugend nicht einen abstrusen Blick auf Moral bekommt!« spottet er, während er das Lehrbuch an sich nimmt. Glucksend liest er halblaut vor sich hin, während ich bewusst eitel vor ihm auf und ab stolziere: »*1. Informiert euch genauer über Hans Frank, Niklas Franks Vater. 2. Lest Niklas Franks Text, sammelt spontan Reaktionen und sprecht darüber in der Klasse. 3. Beschreibe die Form, d. h. die sprachlichen und stilistischen Besonderheiten der Schreibweise, mit der Niklas Frank seiner Empörung und seiner Abscheu Ausdruck verleiht.*«

Gratuliere, Junge. Mutti hätte sicher lieber ein Textstück aus Vatis *Im Angesicht des Galgens* drin gehabt und als vierten Punkt verlangt: ›Kauft dieses beglickende Buch von Hans Frank im Brigitte Frank Verlag für 20 Euro und legt noch eine Geldspende für die fünf unmündigen Kinder bei.‹«

Ja, sie schrieb die Stammsilbe ›glück‹ immer mit ›i‹.

»Die armen Schüler!« Norman schlägt das Buch zu.

Damit stoppst du mich nicht, Bomi.

»Leider. Alles, was außerhalb der Norm ist, interessiert. Vaters Verbrechen ebenso wie die gnadenlose Schreibe seines Sohns.«

Ist's außerhalb der Norm, sich mit Vati jenseits des bürgerlichen Geschmacks auseinanderzusetzen? Waren doch seine Taten auch jenseits des guten Geschmacks.

»Was hast du damit erreicht? Außer Widerwillen und vier Büchsen Kaviar nichts. Es gibt keine Aufarbeitung des Holocaust. Was du machst, ist anbiedern an den Zeitgeist. Und, mein lieber kleiner Bruder: Ein unappetitlicher Exhibitionismus aus Ruhmsucht.«

Verdammt, erst der Flori-Satz und jetzt das! Zwei üble Beleidigungen in einer Sitzung, da kann mir nur Jianni helfen. Ich spül's runter bei ihm.

»Geh doch! Aber bring mir einen doppelten Uso mit.«

Damit du mich weiter ertragen kannst?

»Selbstmitleid konnte ich schon bei Mutti nicht leiden.«

Und ich nicht bei Vati. Seine Briefe aus dem Nürnberger Gefängnis haben mich schon als sechs- und siebenjähriger abgestoßen. Kinder durchschauen viel mehr, als Erwachsene denken.

»Ich hatte furchtbare Angst um ihn.«

Während Vatis Prozess ging ich mit Annemirl, lenke ich ab. Sie war auch in der ersten Klasse, hatte lange Zöpfe und ein lustiges Lachen. Statt meiner übernahm sie bei Mutti das Abtrocknen des Geschirrs. Auch dafür hab ich sie sehr gemocht.

»Liebe und Geschirr abtrocknen sind allemal wichtiger als der Tod.«

Philosophen Kitsch habe ich gleichfalls schon in meiner Zeit mit Annemirl verachtet.

Wir grinsen erlöst. Doch die Wunde bleibt. Warte nur, wenn du tot bist, Bomi, dann zieh ich dich unters Beil der Druckerpresse. Aber das denke ich nur. Freue ich mich auf seinen Tod?

Wollen wir über Ellen reden? Jeden Morgen hatte ich mir überlegt, ob ich das Thema aufbringe. Meine Angst war groß, dass er dann unser Gespräch für lange Monate abbrechen würde. Doch an diesem speziellen Tag im Februar 2009 traute ich mich.

»Ich liebe Dich doch so, wie Du bist und vielleicht gerade deswegen. Das Leben ist so kurz, wer weiß, wie viele Jahre uns bleiben.« Norman und Ellen 1963.

Norman, wollen wir? Willst du? Ellen?

Er schaut an mir rechts vorbei. Dort steht das in Silber gerahmte Foto einer lachenden schönen Frau: Ellen.

»Das war die aller dunkelste Stunde in meinem Leben: Der Tod von Ellen. Auch in der Wirkung. Dass ich im Grunde kalt bin, hat damit nichts zu tun.«

Ellen war die einzige Frau, bei der du jene Geborgenheit gefunden hast, die dir unsere Eltern vorenthalten haben?

»Geh hör auf! Konnte ich mit Mutti so schmusen wie mit Ellen?«

In seinem Nachlass finde ich den Beginn seiner großen Liebe Ellen. Eine durchgerissene Briefkarte *An das Hamburger Abendblatt, Inserat PW 3351*

Neuhaus, den 9.9.55
Das Hamburger Abendblatt brachte in seiner Ausgabe vom 8. 9. Ihre Anzeige. Ich bewerbe mich um dieselbe. Bin 27 Jahre alt und ledig. Meine perfekten spanischen Kenntnisse habe ich in Argentinien erworben, wo ich in Buenos Aires in den verschiedensten kaufm. Stellungen 5 Jahre lang tätig war …

Norman erkannte wohl, dass man sich nicht »um eine Anzeige bewerben« kann. Er schrieb eine stilistisch verbesserte und wurde von der Firma eingeladen, deren Eigentümer einen Hauslehrer für Spanisch suchte.

Warum hat er die zerrissene Anzeige aufbewahrt?

»Als ich hinkam, um mich vorzustellen, lag der Chef der großen Fabrik erkältet im Bett. Plötzlich ging die Tapetentür auf und Ellen trat ein – und damit in mein Leben. Ich habe mich auf der Stelle in sie verliebt. An ihren Augen erkannte ich, dass ich ihr auch gefiel. Weiter passierte nichts zwischen uns. Allerdings merkte ich, dass ihre Ehe kaputt war.«

Woran?

»Sie hat ihrem Mann widersprochen.«

In Normans Schlafzimmerschrank, ganz hinten unter vielen nur einmal getragenen Pullovern entdecke ich nach seinem Tod auch ein dickes Bündel Briefe von Ellen.

Am 4. November 1958 schrieb sie in der Rückschau: *Wir mussten uns begegnen, um die Liebe kennen zu lernen, die alles umfasst – den ganzen Menschen, die ganze Seele und alles Glück dieser Erde.*

»Ich brachte dem Chef Spanisch bei, aber mir wurde das dort zu eng. Zu Weihnachten 1955 fuhr ich wieder zu Mutti nach Hause. Ich konnte Ellen keine Adresse hinterlassen, weil Mutti gerade von Neuhaus nach München umziehen wollte.«

Hast du Ellen damals schon richtig tief geliebt oder warst du nur so lala verliebt?

»Ich wollte sie haben. Ich rührte mich aber nach meiner Abreise nicht mehr. 1958 kam dann plötzlich ein Brief von ihr, mit einem Foto von sich. Sie schrieb, ihre Ehe sei kaputt, sie würde – unabhängig davon – nach München kommen und mich sehen wollen. Ich holte sie vom Bahnhof ab, fuhr mit ihr zum Essen. Witzig dabei: Das Lokal hieß ›Zwickmühle‹. Nachdem wir gegessen hatten, fuhr ich mit Ellen zu Mutti in die Adelheidstraße, stellte sie ihr vor. Mutti hat sehr gut ausgesehen und war sehr charmant. Hinterher sagte sie mir: ›Das ist ja eine Dame!‹«

Das ist wirklich eine Auszeichnung. Über die Ehemänner ihrer Töchter hat sie mal gesagt: »Ich hätte sie zertreten.«

»Ja, Mutti hatte einen erbarmungslosen Blick.«

In jener Nacht schliefen Ellen und ich in einem Hotel in der Türkenstraße zum ersten Mal miteinander. Es war eine schöne Nacht.« Er schaut auf das Foto der ihn strahlend anlachenden Ellen.

Danach schrieb Ellen am 27. Oktober 1958 aus Bad Tölz: *Du hast es ja auch gemerkt, denn ehe ich das Hotel betrat, sprach ich ja etwas: »Ich glaube, das ist der schwerste Gang meines Lebens.« Aber ist trotzdem unser Tun nicht menschlich verständlich gewesen? Ich war so glücklich bei Dir und glücklich über unser nahes Zusammensein. Du sagst mir nichts Neues in Deinem Brief über Dein Unausgefülltsein. Du hast sicher Recht, wenn Du sagst, dass Du ein ›Eigenbrötler‹ seist. Aber ich liebe Dich doch so, wie Du bist und vielleicht gerade deswegen. Das Leben ist doch so kurz, wer weiß, wie viele Jahre uns bleiben, um gut zueinander zu sein?*

»Ellen fuhr wieder nach Hause. Ich fing dann ein Verhältnis mit Lore an. Die war sehr nett, wohnte in einem Einzimmerapartment. Im Übrigen hatte ich ja die Studentinnen bei Tante Margot.«

Ellen, undatiert: *Mein Glück auf dieser Erde bist Du, und ich liebe Dich schrecklich. Du bist der liebste Mann, und ich weiß das zu würdigen, wenn ich es Dir auch nicht so zeigen kann (oft willst Du auch gar nicht, dass ich es Dir zeige, so mit Kopfwegdrehen, wenn ich Dich busseln will!!).*

»Irgendwann rief Ellens Ehemann an und bestellte mich ins Hotel ›Deutscher Kaiser‹ am Münchener Hauptbahnhof. Dort fragte er mich: ›Würden Sie meine Frau übernehmen? Sie ist nicht repräsentativ für die Firma. Ich brauche deshalb eine andere Frau, die ich auch schon habe. Ich gebe Ihnen 10 000 Mark und behalte die Kinder.‹«

»Ich stellte Ellen vor. Mutti hat sehr gut ausgesehen und war sehr charmant. Hinterher sagte sie mir: ›Das ist ja eine Dame!‹« Das Paar vor Brigittes Bildnis.

Das kann doch nicht wahr sein!

»Doch.«

Und was hast du geantwortet?

»›Gut, ich übernehme Ihre Frau.‹ Ich mochte Ellens Mann.«

Ich fasse es nicht: Du lässt dich für die Übernahme einer Frau bezahlen!

»Ja.«

Ist das Franksche Kälte?

»Nein. Meine. Ich bin wie ein Eisberg: Sechs Siebtel schwimmen unter der Wasseroberfläche, nur ein Siebtel zeige ich.«

Ellen an Norman am 23.11.1958: *Leider kann ich Dir gar nicht beschreiben, wie groß meine Sehnsucht nach Dir ist. Ich glaube, ich bin halb krank davon. Liebster, wir lieben uns, wir haben so Sehnsucht nacheinander, dass es uns fast zerreißt, wir müssen uns den Kopf zerbrechen, um uns treffen zu können. Ich wäre bestimmt die glücklichste Frau auf dieser Welt, wenn ich Deine Frau wäre, es gibt keinen Mann, der mich glücklicher machen kann.*

»Ellen kam dann zu uns nach München in die Adelheidstraße. Nur mit einer Kommode, an der sie sehr hing. Ihre beiden Kinder ließ sie bei ihrem Mann.«

Ellen am 8. April 1959: *Von den Kindern wegzugehen, fällt mir sehr schwer. Ich sage mir aber, dass es besser ist, so wie ich mich entschieden habe – man kann es wohl mit einer »Operation« vergleichen, die lebenswichtig ist und die einmal gemacht werden muss, damit man lebensfähig bleibt. Der Einschnitt tut verdammt weh, und Narben werden auch bleiben. Ich werde Dich sehr brauchen, denn Du bist der einzige Mensch, den ich dann noch lieb haben kann.*

»Ich glaube, Ellen litt sehr am Verkauf durch ihren Mann. Wir haben am 4. April 1960 in München geheiratet. Wo immer wir hinkamen, war Ellen Mittelpunkt. Nicht, weil sie sich dauernd in den Mittelpunkt stellte, sondern, es war einfach so. Sie strahlte aus.«

Ellen am 26. Januar 1960: *Zum ersten Mal in meinem Leben bin ich innerlich ruhig, weil ich weiß, dass ich meinen richtigen Platz gefunden habe, den Platz an Deinem Herzen. Ich liebe Dich unsagbar – mein Leben wäre zu Ende, wenn ich Dich nicht mehr hätte. Es werden sehr glückliche Jahre werden, immer voller Liebe und Geborgensein.*

»Aber die Ehe war bald kaputt. Das lag an ihrer Eifersucht. Immer wollte sie wissen, wo ich gewesen bin. Dabei war alles ganz harmlos. Einmal, als ich spät nach Hause kam, habe ich sie sehr verärgert. Als sie mich fragte, wo ich gewesen sei, habe ich ihr nur geantwortet: ›Ach, das bissel Geschlechtsverkehr. Sonst war doch nichts.‹«

Wir lachen.

Zwei weiße Arme umfassten mich
Das Glück – so nah – und ach so warm
Zögerte nicht – und fasste auch dich
Und hielt eine Lüge im Arm!

Aus deinem schwarzen Heft. Sicher gemünzt auf euch beide.

»Heute ist Ellens Geburtstag. 16. Februar. Sie ist drei Jahre vor mir geboren. Heute wäre sie 84 geworden. Immer noch denke ich an sie. Heute Morgen habe ich ihr wieder Vorwürfe gemacht: Warum bist du nicht da? Warum hat das sein müssen? Mit mir als Partner! Immer meine Vorwürfe an Ellen. Natürlich weiß ich, dass ich egoistisch bin, indem ich frage: Warum hast du mich verlassen? Ich ahnte nichts davon. Kurz vor ihrem Selbstmord habe ich sie noch zum Arzt gebracht. Warum wollte sie zum Arzt?«

Ja eben! Hast du sie das nicht gefragt?

»Es war mir peinlich. Frauensachen.«

Ellen bittet dich, sie zu begleiten – und du bist nicht einmal zu diesem schlichten Satz fähig: »Ellen, was ist los mit dir?« Und lass dir jetzt ja nicht einfallen, nur mit deinen Schultern zu zucken!

Er lacht und zuckt übertrieben.

»Ellen war normal, als wir zum Arzt gingen. Auch hinterher.« Er wiegt sich leicht im Rhythmus eines Simply Red Songs. »Der hat so eine einsame Stimme wie ich.«

Wenn Norman genug vom Goldkurs hatte, drehte er bei *Premiere* (jetzt *Sky*) auf den Swing Sender.

Kann es sein, dass dich Ellen verzweifelt auf die Probe stellen wollte: Ob du sie wenigstens noch ein bisschen liebst?

»Weiß ich nicht. Immer wieder frage ich mich: Hatte ich mich von ihr abgewandt? Ich habe nicht den Eindruck. Mit den Bauernbuben am Schliersee, mit meiner Klasse in Krakau, mit den Indios auf der Mine: Ich war immer gesellig.«

Wie Parzival hast du keine Frage gestellt. Zum zweiten Mal schon.

»Wieso zum zweiten Mal?«

Vati in Kressendorf, letztes gemeinsames Weihnachten 1944. Er sagte dir, wie uralt er sich fühlt und du schwiegst! Oder hast zumindest in Erinnerung, dass du damals versagt hast.

Er starrt mich lange an. Dann nickt er.

»Einmal hat mir Ellen eine Ohrfeige gegeben. Ich glaube, ich hatte ihr die Meinung wegen ihrer ständigen Eifersucht gesagt. In diesem Augenblick waren wir uns sehr fremd. In unserem letzten Urlaub in Rauries strickte sie sich an meiner Seite ihr späteres Totenkleid.«

Du hast sie getötet, Norman.

»Hör auf damit.«

Wir Franks töten immer. Unser Vater hat es massenweise vorgemacht, wir machen es im Kleinen, Gemeinen. Ich kann ja mithalten mit Vati und dir: Ich verhalf mit Tabletten Mutti zum schneller erreichten Grab, und du lässt eine Frau, die ihre Kinder, ihren Reichtum für dich aufgab, emotional verhungern, bis sie keinen Ausweg mehr weiß.

»Hör endlich auf!«

Er stakert aus dem Zimmer.

Aus seinem schwarzen Heft hätten seine Verse hierher gepasst:
Schlägst die Zähne,
deine weißen, deine süßen,
nur in Opfer,
die dann büßen.
Doch der Augen dunkler Strahl
Fasst nicht Freude,
streift nur Qual!

Norman kommt zurück. Er steht schwankend auf schwachen Beinen vor mir. Wir schauen uns wütend an. Er lenkt ein.

»Auch bei meiner Beziehung zu Ellen war es Vati, der dahinter stand. Da dringt eben kein anderer Mensch zu mir durch, nach diesem Schicksal meines Vaters. Ellen war meine einzige Liebe. Es sind nur diese zwei Spulen: Vati und Ellen.«

Er setzt sich wieder in seinen Sessel.

»Ich bereue zutiefst, dass ich Ellen geheiratet habe.«

Warum?

»Weil sie Selbstmord verübt hat.«

Merkst du, wie mies das ist, was du sagst?

Er merkt es. Vielleicht. Jedenfalls schweigt er sehr lange.

Bomi, wie Mutti habe ich schon als Jugendlicher von allen meinen Briefen eine Kopie gemacht, damals noch mit Kohlepapier. Und ich werde dir jetzt den Brief vorlesen, den ich einige Wochen nach Ellens Selbstmord 1967 an unsere Schwester Sigrid in Südafrika geschrieben habe. Bist du bereit?

»Ja.« Es klingt verdammt traurig.

Ellens Selbstmord verlief wie folgt: Am Morgen vor Normans Geburtstag erschienen Freunde von Norman und Ellen, und Ellen tanzte gar mit einem von ihnen, und es war allgemein eine Riesengaudi. Am Abend kamen noch Gitti und Heinz, und man steigerte die Gaudi. Auch die Ellen soll lustiger gewesen sein, bis man dann Karten legte, Norman wollte Ellen in seiner lustigen Art die Karten legen, Ellen riss sie ihm mitten in der Gesellschaft aus der Hand und fetzte sie auf den Boden im Wohnzimmer, es war einer ihrer Ausrutscher. Dann wollte man unbedingt das Kind von Gitti ansehen, als sich plötzlich Ellen weigerte mitzugehen. Alle überredeten sie, aber sie weigerte sich standhaft. Gitti ging dann noch mal zu ihr zurück, da soll Ellen aber nur gesagt haben: ›Na, dann mach ich mich halt zur Einäscherung fertig.‹ Norman hatte das nicht gehört. Man fuhr also zu Gitti. Ellen muss sich gleich darauf fertig gemacht haben, ist mit der Straßenbahn zum Bahnhof gefahren, hat im Eden-Hotel-Wolf ein Zimmer gemietet, die Schuhe ausgezogen, die Schlafmittel im Zahnputzglas aufgelöst, alles getrunken und sich angezogen aufs Bett gelegt. So fand man sie, mit leicht angezogenen Beinen, Dem Norman hat sie nur einen

Zettel mit einer Beschimpfung zurück gelassen, den der Norman aber zerrissen hat. Mir fiel dann die Arbeit des Leichenbitters zu. Tante Martel hatte natürlich wieder alles geahnt gehabt und alles vorausgesehen, wie ich überhaupt in der Rückschau sagen muss, dass die Neugier angesichts der sensationellen Umstände dieses Todesfalls die Trauer bei weitem übertraf. Echte Trauer zeigten nur Oma Paula und Ellen Huster, eine Freundin Ellens. Ellens erster Mann und Vater ihrer zwei Kinder beschimpfte den Norman als »Dreckskerl«, was Norman naturgemäß sehr traf.

»Stimmt nicht: Keine Beschimpfung auf einem Zettel von Ellen an mich.«

Woher hab ich das dann?

»Was weiß ich. Dabei hab ich ihren ersten Mann gemocht. Keine angezogenen Beine.«

Du weißt, dass Ellens ältere Tochter ein paar Jahre später gleichfalls Selbstmord verübt hat? Sie konnte wohl den Weggang ihrer Mutter zu dir nie verkraften.

Ewig dein Schulterzucken!

Wie hast du damals von Ellens Tod erfahren?

»Wir hatten ja in Schwabing unsere Stammkonditorei. Da wartete ich morgens auf Ellen.«

Halt! Hast du bei Gitti übernachtet?

»Nein. Zu Hause.«

Ellen ist nicht nach Hause gekommen in dieser Nacht. Warst du nicht besorgt?

»Ich war von Gitti betrunken heim gekommen. Dachte am Morgen, sie sei wegen meines Geburtstages irgendwas einkaufen gegangen. Dabei war sie schon seit Stunden tot. Als ich die Konditorei verließ, lief mir die Besitzerin noch nach und gab mir eine Flasche Cognac: ›Norman, heute ist doch dein Geburtstag.‹ Ich hab mich zu Hause in der Küche auf die Bettcouch gelegt. Plötzlich läutete das Telefon. Es meldete sich jemand vom *Eden Hotel Wolf*.

›Sind Sie Herr Frank?‹

›Ja.‹

›Wohnhaft in der Adelheidstraße 8?‹

›Ja.‹

›Ihre Frau antwortet nicht.‹

›Ja, dann müssen Sie sofort nachschauen. Ich komme sofort.‹

Ich hatte keine Ahnung gehabt, dass sie sich ein Zimmer im Hotel genommen hatte. Ich bin mit dem Taxi hin gefahren. Jemand von der Rezeption brachte mich zu ihrem Zimmer. Da lag sie. Auf dem Rücken. In ihrem selbst gestrickten Kleid. Meine Reaktion war innerlich eigentlich eiskalt. Eiskalt – vielleicht ist das nicht das richtige Wort: Leer. Ich war absolut leer. Ich dachte nur: Wie kannst du mir das antun. Das habe ich doch schon einmal erlebt!«

»Das war die aller dunkelste Stunde in meinem Leben: Der Tod von Ellen. Dass ich im Grunde kalt bin, hat damit nichts zu tun.« Norman nach Ellens Selbstmord.

Wen meinst du denn damit?

»Natürlich Vati. Ich saß stundenlang auf ihrem Bett. Bis die Totengräber kamen. Ich hab sie nicht angefasst. Auch kein Kuss. Nur am Bettrand gesessen. Ich habe nicht geweint. Ich war leer, Niki, vom Scheitel bis zur Sohle, leer.«

Er klopft mit der linken Hand mehrfach auf die Sessellehne.

»Ich weiß noch, wie sie mir damals in der Küche, kurz nach unserer Hochzeit, von ihrem Selbstmordversuch erzählte. Da kroch diese furchtbare Angst in mir hoch.«

Wie hast du damals reagiert?

»Ich habe geschwiegen. Aber die Angst blieb seitdem: Wer es einmal machte, kann es jederzeit wieder tun. Bei der Beerdigung habe ich mir nur vom Pfarrer kondolieren lassen, dann bin ich gegangen. Ich bin genauso weggegangen wie bei meinem Abitur im Maxgymnasium: Ich habe nicht bestanden. Ich hab die Trauergäste alleine gelassen. Als ich über den Friedhof zum Ausgang ging, habe ich noch mit der Hand einen Busch gehauen.«

Bei der Beerdigung war ich dabei. Ich hatte ein schlechtes Gewissen.

»Warum?«

Keiner von uns Franks hat Ellen wirklich gemocht. Sie hatte einen anderen Humor. Und wir wollten dich alle bei deiner Jugendfreundin sehen, die wir seit Kindertagen kannten und mochten.

Er lässt es schweigend durchgehen.

»Weißt du, Niki, ich fühlte mich schon als Kind und Jugendlicher frei. Ich bin der Meinung, dass mir zu dieser inneren Freiheit die in meiner Kindheit und Jugend nicht vorhandene Geborgenheit innerhalb der Familie verholfen hat. Wir waren nie geborgen. Geborgenheit ist eine andere Form der Fesselung. Und dann plötzlich diese Geborgenheit bei Ellen. Das war wie ein Wunder. Weil ich mich so irrsinnig in sie verliebt und drei Jahre lang nichts von ihr gehört hatte – und sie so dringend ersehnte. Dann kam ihr Brief und wir heirateten. Ihre Eifersucht und ihre Erzählung, dass sie schon einmal einen Selbstmordversuch verübt hatte, haben mich völlig verwirrt. Mein Gott, was habe ich nachts auf ihren Atem geachtet und, wenn sie weg war, auf ihre Schritte, wenn sie wieder nach Hause kam. Eines Tages kam sie eben nicht mehr. Du solltest bei Eifersucht noch ›grundlos‹ hinzufügen. Das hat mich empört. Eifersucht wurde bei ihr zur Krankheit.«

In seinem Nachlass finde ich einen Din-a-4-Briefbogen, den Ellen – ohne Anrede, ohne Unterschrift, mit der Hand – geschrieben – auf den Nachttisch gelegt hatte, bevor sie den selbst gemixten Tod trank: *Ich bitte sehr um Entschuldigung, dass ich Ihnen Unannehmlichkeiten bereite. Bitte nehmen Sie das Geld, um alles wieder reinigen zu können.*

Was für ein höflicher, richtig interpunktierter, verzweifelter Abgang.

Eine kleine gemeine Freude muss beim Wegdämmern ihr Herz belebt haben: Sie hatte Normans Geburtstag zu ihrem Todestag bestimmt: So musste er jedes Jahr an seinem eigenen Jubeltag an sie denken. Was er auch tat.

Wenn du besoffen warst, hattest du einen gewaltigen Dünnschiss. Dadurch hast du es öfters nicht mehr bis zur Toilette geschafft. Deine *Defäkation,* das lernen die Studenten jetzt an Hand deiner Gedärme, folgt einem ziemlich komplizierten Regelspiel. Der Schließmuskel hat mehrere Schichten. Es gibt bestimmte Stoffe, die den Stuhldrang bewirken. Und der entspannt wohl auch den Schließmuskel. In einer konzertierten Aktion wird dann die *Fäzes* entladen. Auf deinen Schlafzimmerboden. Wie eklig. Das hat mich bei dir immer fasziniert: Dein feines Gespür für Ekel. Du ekeltest dich still aber intensiv. Vor Körpersäften aller Art, vor Unsauberkeit in den Straßen, vor Unpünktlichkeit. Vor deiner unkontrollierten *Defäkation*. Dein Ekel erlebte seine erste Aufwallung, als sich dir unsere Mutter nackt zeigte: Sie, die 47 Jährige, schlug die Bettdecke zurück, zeigte dir, dem 14 Jährigen, ihren wallenden Leib und schrie: »Und das alles will er verlassen!« Fortan sahst du die Welt der Frau nur noch durch aufgeschlagene Horrordecken, erwartetest von jeder Frau einen ähnlichen Ausbruch. Und wurdest durch Ellens stillen, mit giftiger Zeitbombe verbundenen Abgang, zum zweiten Mal bis ins Innerste getroffen.

War es wirklich nur Ellens Eifersucht, die eure Ehe ruiniert hat?

»Ich weiß es nicht. Ich habe viel darüber nachgedacht. Vielleicht lag der Grund dafür schon in meiner Kindheit und Jugend: Ich hatte um mich herum keine Menschen, die ich achtete oder respektierte. Meinen Vater im normalen Rahmen. Vielleicht meinen Lehrer, weil er so gescheit war. Geliebt habe ich keinen. Weder außerhalb noch innerhalb der Familie habe ich einen geliebt. Nein, den Ausdruck Liebe kennen wir Franks nicht. Ich jedenfalls nicht.«

Warum eigentlich nicht?

»Weil auf uns auch keine Liebe gekommen ist. Dieses Bild da«, Norman deutet auf das Tischchen mit dem Foto, auf dem sich Sigrid und er als Kinder an Vati schmiegen, »ist keine Liebe. Ich selbst habe niemandem Liebe gegeben. Niemandem. Ich kann damit nichts anfangen.

Aber du hast doch Ellen geliebt?

»Ich war in Ellen verliebt. Liebe ist etwas anderes. Ich glaube nicht, dass ich je eifersüchtig war. Armselig. Und ich kann dir nur sagen, es war kein armes Leben, weil ich mit Liebe nichts am Hut hatte. Es hat mich nicht ärmer gemacht. Es ist bei mir immer so gewesen: Das *alter* ist wichtig, nicht das *ego*. Als Linda wegging oder danach Sybille, war das jedes Mal *alter*. Ich war nicht wichtig. Ich glaube, das ist der Grund, warum ich Liebe hinterfrage. Liebe ist zunächst immer Eigenliebe. Das macht sie mir verdächtig. Wenn man schon so sagt: ›Mein lieber Sohn.‹ Dann steckt immer dahinter: Was wird Großartiges aus ihm werden! ›Brigitte, unsere herrlichen fünf Kinder!‹ schrieb Vati aus dem Gefängnis. Das liegt mir so im Magen!«

Für die Beerdigung seiner eisberggeliebten Ellen, die am 3. Juni 1968, genau an seinem 40. Geburtstags, um 17.45 im Hotel an der Arnulfstraße 4 in München tot aufgefunden worden war, zahlte Norman insgesamt 1365,59 DM.

Er hatte bestimmt, dass Ellens Sarg geschlossen bleibt. Geliefert wurde er vom Bestattungsunternehmer Denk – na, guck mal einer an, Denk hat dich auch aus Schliersee in die Anatomie gebracht! Wenigstens im Tod durch eine besorgende Firma wiedervereint.

In der Sterbeurkunde steht: *Sie wurde zuletzt lebend gesehen am 2. Juni 1968 gegen 22 Uhr 30 Minuten. Suicid/Freigabe.*

In der Sankt Josefs Kirche an der Adelheidstraße sang bei Ellens Beerdigung eine Alt-Stimme *Es ist bestimmt in Gottes Rat.* Ist das nicht verrückt, Bomi? Immer wieder dieser Herrgott! Erst muss er unseren Vater zum Galgen schupsen, jetzt hat er mit sich beratschlagt und ist zum Ergebnis gekommen, dass es besser sei, wenn Ellen ihr trauriges Leben an deiner Seite beendet. Gegen Vati ist eben kein Kraut gewachsen, auch nicht Ellen. Hast du Ellens Grab auf dem Nordfriedhof regelmäßig besucht.

»Ja. Meine Straßenbahn fuhr am Friedhof vorbei, da konnte ich leicht unterbrechen.«

Wollen wir nicht beide hinfahren?

Er windet sich: »Niki, das Grab ist aufgelöst worden. Schon nach den üblichen zehn Jahren. Ich hatte vergessen, es verlängern zu lassen.«

Ja, ja, der Eisberg.

Ich weiß noch, wie ich dich nach Ellens Selbstmord in Mutters alter Wohnung, die du und Ellen übernommen hattet, gepflegt habe. Bald nannte ich mich »Deutschlands härtester Pfleger«. Du wolltest nichts essen, saßest nur im Bademantel am Küchentisch und hast gesoffen. Und hin und wieder lalltest du die Frage: »Warum hat sie mir das angetan?« Ab 2,5 Promille hast du sie ins Nichts hinein geduzt: »Warum hast du mir das angetan?« Warum alle Franks so selbstmitleidig und selbstgerecht sein müssen? Meine Schnitzel mit in Butter geschwenkten Bratkartoffeln – weil ich deinen Alkoholkonsum unterfetten wollte – wurden kalt, du flipptest gänzlich aus. Bis ich selber mit soff.

Ich hantierte trunken am Herd, Norman stierte trunken hinter mir am Küchentisch vor sich hin. Plötzlich hörte ich ihn diesen Satz sagen: »An unserem Hochzeitstag habe ich Ellen gesagt: ›Eher verlässt du die Wohnung, als der Niki!‹«

Das kann doch nicht wahr sein, Bomi!

»Doch.«

Sie hat ihre beiden Kinder für dich verlassen, ihr Wohlstandsleben aufgegeben – und dann sagst du ihr an eurem Hochzeitstag, dass eher sie als ich die Wohnung verlassen müsste! Spinnst du, Bomi?

Ich lallte, er lallte, wir soffen weiter.

Da ich an deiner Seite auch zum Alkoholiker zu werden drohte, brachte ich dich in die Nervenheilanstalt Gabersee. Bruder Michel nahm dich danach selbstlos für Wochen auf. Großartig. Und rettete dich gar nach einer für ihn lebensgefährlichen Kraxelei übers Dach vor dem Selbstmord, weil du dein Zimmer abgesperrt hattest. Du warst schon dreiviertel tot dank eines Giftbechers, gefüllt mit aufgelösten Schlaftabletten: Ellen rief dich, doch Michel hörte eher den Ruf.

»Vati war auch beim BR immer um mich. Nicht tröstend und nicht schreckend. Nur sachlich.« Norman in seinem Büro beim Bayerischen Rundfunk in Unterföhring.

»Als ich nach Monaten zu mir gefunden hatte und wieder beim BR arbeitete, kam bei einer Produktionsbesprechung der Regisseur Michael Kehlmann um den ganzen großen Tisch herum auf mich zu und sagte: ›Norman, das ist so schön, dass Sie wieder bei uns sind!‹ Das war das Rührendste und Erschütterndste, was ich je erlebt habe.«

Und Michel, der dich rettete? Und ich, der dich bekochte? Haben wir uns nicht genauso um dich gekümmert? Immer sind es die Fremden, die großartig sind. Wie der reiche Mann in der Dürnbachstraße, der dir nach Vatis Hinrichtung kondolierte. Im Namen vom toten Michel und von mir erwarte ich von dir jetzt eine Dankbarkeitsadresse der rührendsten und erschütterndsten Art!

»Das musst du verstehen: Ihr beiden wart mir zu nah. Ihr habt mich in meinem Elend gesehen. Das erdrückt jede Dankbarkeit. Zumindest meine.«

Aus Normans schwarzem Heft: *Ich zwinge mich dazu, das Leben so zu sehen, wie es ist, keine Illusionen wohnen mehr in mir. Aber es ist zu spät.*

Wie sich alles immer mehr verengt. Ich müsste das ABC noch einmal hersagen und das kleine Einmaleins auswendig lernen dürfen. Aber meine Lehrer sind alle weg.

»Lieber Herr Frank, Eltern sind nicht totzukriegen, aber man kann sie klein lachen!« Norman als Aufnahmeleiter, Bruder Niklas als Komparse. Drehpause 1960.

Ich nehme an, dass er diese Sätze Jahre nach Ellens Selbstmord geschrieben hat. Schon längst war er wieder als Ausstattungsleiter zuständig für Requisiteure, Werkstätten und Fahrer. Jeden Morgen ging er wieder für ein zweites Stamperl Schnaps in die Kantine, um dann, zwischen Sitzungen, Telefonaten, Streitereien seiner Verzweiflung Herr zu werden, seine ständig blutende Wunde Vater und die neue namens Ellen in Einklang zu bringen mit einer Welt des *beglückenden* Scheins im TV-Gewerbe. Vielleicht ist ihm manchmal der Gedanke gekommen, dass auch sein Vater nur ein Darsteller war, ohne wirkliche Macht, nur vorgefertigte Lügen von sich gebend, aus einem Drehbuch, das Hitler geschrieben hatte – Normans Wunsch, noch einmal das ABC lernen zu dürfen, noch einmal bei null anfangen zu dürfen, deutet darauf hin. Oder Ellens Selbstmord ungeschehen machen wollen.

In meiner Studentenzeit, in den 60er Jahren, arbeitete ich für 35 DM am Tag als Kabelhelfer bei Norman. Ich musste zusammen mit anderen Studenten das rote Kabel hinter den fahrenden und drehenden E-Kameras immer so halten, dass die Kameramänner frei beweglich waren. Von ferne beobachtete ich Norman, traf ihn hin und wieder, auch seine Vorgesetzten – und hatte den Eindruck, dass er nach unten äußerst hilfreich war, aber nach oben sich weg duckte.

Kein Rückgrat, Bomi! Das entdecken jetzt auch die Studenten, die mit Staunen aus deinem Rücken den *Erector trunci* präparieren. Dieser Muskel ist nämlich für das Aufrichten des Körpers verantwortlich. Ein Student, mag er Knut Pörksen heißen, hebt ihn hoch und staunt: »Der ist ja ganz schlaff!« Und ekelt sich plötzlich, denn selbst jetzt noch, ein halbes Jahr nach deinem Tod, versucht sich dein *Erector trunci* zu krümmen. Wie eine am Kopf gehaltene Schlange.

Stell ich mir vor.

Weil dir offenbar dein *Erector trunci* zuwider war, hast du dich ein Leben lang weggeduckt. Nur draußen keine Widerworte, nur nicht mal Rückgrat zeigen! Deine Frage an Vati nach den erschossenen Geiseln in Krakaus Straßen und deine couragierte Flucht aus dem Gefangenenlager in Kreuth waren wohl die einzigen Aktionen in deinem Leben, bei denen du den *Erector trunci* eingesetzt hast.

Hier das dazugehörende Gedicht aus deinem schwarzen Heft, dessen Worte dein *Erector trunci* sicher nur traurig bestätigen würde:

Ich schlug keinen tot!
Ich stehle nichts!
Ich spreche nichts Schlechtes!
Ich halte mich an Regeln
Ich achte den Vorgesetzten!
Ich, Ich, Ich, Ich, Ich!
Ach, warum bin ich so schlecht

Nur den letzten Satz lass ich nicht gelten: Schlecht warst du nicht!

Nur üblich.

Von der *Klavikula* lösen sie dir jetzt einen Teil des Brustmuskels ab. Dann stellen sie deine Vene dar und die Nerven. Das heißt, sie legen sie frei, schneiden es aber noch nicht ab. Bomi, für mich biste scheen. Ich habe dich immer geliebt. Erst in den letzten Jahren, als wir uns so richtig nahe kamen, habe ich verblüfft die Feigheit deines Charakters, die Feigheit deines Seins erkannt, die selbst vergiftende Verweigerung gegenüber der Wirklichkeit. Aber, wenn ich mir dich jetzt so vorstelle, auf diesem Seziertisch, den großen Eimer daneben, die Studenten mit ihren Witzchen und ihrer Neugier um dich herum, meine ich zu spüren, wie du es genießt, endlich auseinander geschnippelt zu werden, weil du tatsächlich nicht zusammen gepasst hast. Du bist nur ein Haufen Muskeln, Fazien, Gefäße, Knorpel, Knochen, Thorax und Zwerchfell, übereinander gebaut, in unserer überstarken Mutter Uterus herangebildet, bis zu ihrem Lebensende in Liebe von ihr weiterhin umhüllt, aber sinnlos für die Zukunft der Menschheit, vielleicht verdienstvoll für ein paar TV-Produktionen des Bayerischen Fernsehens, die du betreut hast, aber, ach, so unglücklich.

Immer wieder brachte ich dir zur Aufheiterung Witze mit: Jagt eine wütende Elefantenherde auf zwei Großwildjäger zu. Sagt der eine zum anderen: »Schieß nur so viel, wie wir essen können!«

Noch immer trag ich dein meckerndes Lachen in mir, dass dir die mageren Schultern hob und senkte, bevor wir wieder beim untoten Vater landeten.

Weißt du, warum Männer kein Wellfleisch haben?

»Nein.«

Weil es wirklich grauenhaft aussieht.

Nach kurzem Stutzen kapiertest du und hast leicht gegrunzt. Sicher bewusst, um der Richtung des Witzes gerecht zu werden.

Ich habe soeben eine tiefgründige Idee gehabt, Bomi.

»Das wäre mir neu.«

Was bei uns Frankkindern nicht durch Ironie und Witz angehoben werden konnte, macht uns große Angst.

»Weshalb?«

Es führt zum Galgen.

»Wenn du meinst.«

Du bist doch der Großmeister darin: Du liebst Worte, wenn sie wie Genickschüsse sitzen: von hinten angesetzt, schnell, tödlich verletzend. Obendrein verhindert Kürze Diskussion. Ein schlagkräftig kurz formulierter Dreiworter tötet sachliche Argumentation. Dahinter steht deine große Furcht, ernsthaft befragt zu werden.

»Wenn du meinst«, wiederholt er spöttisch.

Er denkt nach. Ich fasse nach: Wann immer wir fünf Frankkinder zusammen saßen, war das für jeden sechsten eine Qual: Wir haben ihn mit Witz und Sarkasmus hingerichtet. Woher kommt das?

»Von unseren Eltern. Bei uns war nie eine miese Stimmung. In allen Häusern wurde gelacht. Es war immer lustig bei uns. Ich würde nicht Frohsinn sagen, aber lustig. Auch wenn Mutti da war, war es lustig. Zumindest bis 1942.«

Um die haarsträubende Wirklichkeit, in der unsere Eltern ihre Herrlichkeit aufgebaut hatten, ertragen zu können.

»So im Stil ›Lache Bajazzo‹?«

Nein. Schlimmer: Das Franksche Lachen war der Teppich, unter dem das Blut rann.

Er schüttelt nur stumm den Kopf.

Ich erzähl dir den kürzesten Witz der Weltgeschichte.

»Ui ja!«

Er stammt vom großen Regisseur Tabori.

»Erzähl schon!«

Auschwitz.

»Und?« Dann kapiert er. »Tja, da hört der Witz auf. Vati hat mir nie Witze erzählt. Ich mag sie, wenn sie kurz sind und überraschend. Kommt ein Mann in ein Geschäft und sagt: ›Ich hätte gerne drei Eier.‹ Seufzt der Verkäufer: ›Ach, wem sagen Sie das!‹ Oder: Läuft eine alte Frau dem Müllwagen mit einem vollen Müllbeutel hinterher, ruft zum Fahrer: ›Nehmen Sie noch Müll mit?‹ – ›Na klar, springen Sie ruff!‹ Das Kurze, das hat mich immer fasziniert. Ein Leben lang suchte ich nach der originellen Antwort, die nur aus einem Wort besteht – und alles nieder macht. Wie ein Genickbruch am Galgen. Ja!«

Musst du denn alles mit Vati verbinden?

»Hab ich extra deinetwegen gesagt.«

»Ich habe nichts gefühlt. Alles, was mit Gefühl zu tun hat: ein Eisblock. Auch das hat mit Vati zu tun: Man hat mir ja eh schon das Wichtigste genommen.«

»Ich war genau 27 Jahre beim BR. Warum? Weil ich nach 27 Jahren die höchste Rente erreicht hatte. Eingetreten am 30. August 1961, ausgeschieden am 31. August 1988. In diesen 27 Jahren war ich glücklich. Ich gehörte beim BR zu denen, die ihre Arbeit mit nach Hause nahmen. Ich wollte nicht abschalten. Den nächsten Tag vorbereiten. Das Pünktliche war für meine Arbeit die Voraussetzung, um alles zu wissen. Meine S-Bahn fuhr früh um 6.18 Uhr. Damit ich um 7 Uhr in Unterföhring im BR war. Vielleicht hab ich mir abends zu Hause noch eine Schnitte Brot gemacht. Wenn ich Lust hatte, habe ich noch was getrunken. Vor allem während der Jahre meiner Magengeschwüre. Für meine Verhältnisse hatte ich einen gefüllten Eisschrank. Ich habe mir sogar eine Tiefkühlbox angeschafft. Hühnchen habe ich oft mitgebracht. Leckereien eben. Hab ich dann abends mit einem Brot gegessen. Allein.«

Zu 60 Prozent schwerbehindert, musste Norman nach 27 Jahren beim BR seine Lebensarbeitszeit beenden. Allen seinen Beschönigungen zum Trotz. Mit respektabler, amtsärztlicher Begründung: *1. Psychisches Leiden bei nutritiv-toxischer Fehlhaltung. 2. Rezidivierendes Zwölffingerdarmgeschwürleiden. 3. Leberzellenschädigung.*

Bomi, wenn ich dein schwarzes Heft schon gekannt hätte, würde ich dir das dazu passende Gedicht in freien Rhythmen vorgelesen haben:

Der Trott des Alltags senkte sich
Wie eine Glocke über mich und
Mein Hirn war ein Scheuerlappen.
3mal verknotete Sinne und
keinen Biss, ach, wenn Du es nicht
merkst – ich brauche dich.
Tabletten, Gifte, Fantastereien,
Treppen, die nur abwärts führen
Linnen, das nicht kühlt,
Wunden die nur bei Nacht bluten.

»Meine Frotzeleien beim BR waren immer nur verbal. Nie handgreiflich. Ich war immer distanziert. Frauen habe ich mich nie hingegeben. Nur der Arbeit beim BR. Aber wo es etwas mit Gefühlen zu tun hat, nie! Ich habe den BR geliebt. Schon vor dem letzten Arbeitstag habe ich allerdings zu meinen Leuten gesagt: ›Ich dreh mich nach dem letzten Arbeitstag nicht mal um.‹ So war es. Da hast du wieder meine Kälte. Ich hab nichts gefühlt, als ich zum letzten Mal durchs Tor aus dem BR und zur S-Bahn ging. Nichts war. Alles, was mit Gefühl zu tun hat: Ein Eisblock. Auch das hat mit Vati zu tun: Man hat mir ja eh schon das Wichtigste genommen. Ich bleibe der gleiche Arme wie vorher. Ich nehme mein Schicksal mit mir, nicht das zukünftige, sondern das, was man mir gegeben hat: Sein Sohn zu sein. Seitdem sitze ich in diesem Stuhl. Und spare. Das ist meine einzige Freude. Was soll ich auch anderes machen als lesen, Kreuzworträtsel lösen – was mir ein bisschen Lebendigkeit gibt – und Fernsehen.« Und jetzt weiter mit mir reden!

»Bring mir mehr Himmlerwurst!« In diesem Sessel saß Norman die letzten 20 Jahre. Durch das Fenster sah er täglich seinen Vater als Gefangenen vorbeifahren.

»Furchtbar! Was willst du denn noch wissen?«

Immer mehr! Immer tiefer will ich hinein in dein Hirn. So, wie ich es schon bei Vater und Mutter versucht habe.

»Ich hab mich ja nie mit mir beschäftigt. Erst durch dich. Bis dahin habe ich nur immer gesagt: Was für eine Gnade habe ich erlebt! Ich bin durch das Entsetzen, das wir angerichtet haben, noch stummer geworden. Ich war mir noch gleichgültiger. Das ist keine Phrase. Ich konnte meine Bürotür offen lassen, ich war immer allein. Das spielt alles mit hinein. Auch als du mir die amerikanische Fotografin Taryn Simon geschickt hast, habe ich das sofort mitgemacht. Ganz entpersönlicht. Weil ich Zeitzeuge bin. Das ist meine Pflicht. Im Grunde alles geradlinig. Und wenn sich unsere Verwandten bei dieser Fotoproduktion durch ihre Verweigerung so schäbig benommen haben, dann nehmen sie sich so was von wichtig, zugleich sind sie so oberflächlich, so weit weg vom Schmerz.«

Als Kabelhelfer habe ich dich damals erlebt. Du bist oft in der Kantine gesessen. Hin und wieder bist du wütend über deinen Chef aus dem Bürofenster gestiegen und einfach davon gegangen. Manchmal haben dich auch deine Spezln unauffällig nach Hause gebracht, wenn du zu viel getrunken hattest. Geliebt haben sie dich alle, dein Vorgesetzter natürlich nicht.

»Ich habe beim BR ständig Magenschmerzen gehabt, nur nicht in der Nacht. Wie ein Fötus hab ich mich da eingerollt. Doch sowie ich aufstand, setzten die Schmerzen ein. Sie hatten schon begonnen, bevor ich zum BR ging, als ich freier Aufnahmeleiter beim Film war. Damals waren die Magenschmerzen noch harmlos. Aber dann, nach den ersten zehn Jahren, wuchsen die Geschwüre. Sie gingen auf, dann war ein paar Wochen Ruhe, dann wuchsen sie wieder. Es war scheußlich. In der Zeit konnte ich auch nichts lesen. Ich kam früh nach Hause. Ich hab ja nur bis vier Uhr gearbeitet. Ich fühlte mich trotzdem frei. Immer. Ich habe täglich an Vati gedacht. Ohne Übertreibung. Vati war auch beim BR immer um mich. Nur sachlich. Nicht tröstend und nicht schreckend. Ich hab mir oft gewünscht, einen völlig normalen Vater gehabt zu haben.«

War es Vati, der dich zum Trunk trieb, oder waren es die Magengeschwüre?

»Die irrsinnigen Magenschmerzen. Jahrzehntelang. In einer kleinen Kneipe in der Nähe des BR stand jeden Morgen gegen 6.30 Uhr ein Cognac für mich bereit. Ich klopfte. ›Komm rein, Norman!‹ sagte der Wirt. Da sah ich ihn schon stehen. Dieses warme Gefühl im Magen. Der Schmerz ließ nach. Ich weiß noch, wie ich mich im letzten Jahr meiner Zeit beim BR im Büro an der Heizung festgehalten und mich vor Schmerzen gekrümmt habe. Dagegen musste ich antrinken. Der Außenrequisiteur

Ritter hat einmal gesagt: ›Der besoffene Norman weiß noch tausendmal mehr als sein nüchterner Chef!‹«

Du warst schon ein Depperl, dass du dich nicht schon längst hattest untersuchen lassen! *Heliobacter* hattest du, warst schon in Rente, als du endlich zum Arzt gingst. Nach einigen Wochen warst du geheilt – und hast kerngesund weiter gesoffen.

»Warum sollte ich aufhören, als die Magengeschwüre weg waren? Warum? Vom Verstand her nicht. Wenn ich abends ins Bett gehe, ist es weniger der Wunsch nach Schlaf, als vielmehr der nach dem Wegsein. Das Wegsein von hier. Von diesem Leben. Und wenn ich in der Nacht um drei Uhr über den Gang krieche und um mehr Schnaps bitte, dann ist es wieder der gleiche Grund: Um weg zu sein. Es ist wunderschön, sich ins Nichts aufzulösen.«

Prompt kommen die Studenten im Kurs zu deiner Milz. Natürlich wird einer der Leichenbefummler den dazugehörigen Trinkspruch aufsagen: »Zwischen Leber und Milz geht immer noch ein Pils!« Und der nächste fügt ebenso sicher hinzu: »Wenn wir auf der Leber nicht mehr saufen können, wechseln wir eben zur Milz.«

Bei deiner Leber werden jetzt übrigens gerade die Bänder präpariert, an denen sie dein Leben lang hing. Die armen Bänder. Deine Sauforgien müssen ihnen das Durchhalten sehr schwer gemacht haben. Trotz aller Kümmernis produzierte auch deine Leber ganz brav Galle. Unvergesslich für mich, als du stocksauer vom Fernsehen kamst, mit mir in eine Münchener Kneipe gingst und der Kellnerin auf ihre Frage, was wir trinken wollen, sagtest: »Für mich ein Glas Galle bitter, aber nicht zu viel Schaum.«

Neben dem Suff waren es Zigaretten, die dein Hirn in angenehmere Sphären lupften. Auch sie trösteten über deine Verzweiflung hinweg, machten dir deine Lügen glaubhaft. Die Decke deines Wohnzimmers leuchtete nikotingelb. Als ich zwei Jahre nach deinem Tod ein paar Nächte in deinem Schlafzimmer, in deinem Bett schlief, stank der Raum noch immer himmlisch nach deinen Dunhill-Zigaretten.

Gefühle schlichen mich an, als ich an die Decke starrte: Hast du hier manchmal deiner Tränendrüse freien Lauf gelassen? Oder war dir nur der Griff zum kleinen Schnapsfläschchen wichtig, bis sich die Zimmerdecke öffnete und dir den schwarzen Himmel ins Hirn gaukelte, die absolute Freiheit. Die Freiheit von den Franks.

Bomi, was machst du, wenn dir im Himmel nur Manna und heiliges Wolkenwasser gereicht wird? Drohst du dem lieben Gott, ihm aus meinen Büchern vorzulesen, wenn du nicht gleich deinen Bauernschnaps vom Gerk kriegst?

»Deine Bücher würden selbst den ewigen Herrgott in den Selbstmord treiben«, lacht er, bevor er wieder ganz ernst wird: »Ich glaube nicht an ein Leben nach dem Tod. Das wird so sein wie das Pränatale: Du bist im Bauch und weißt gar nichts. Bei mir persönlich steht über allem: Ich schäme mich angesichts der Millionen Toten, dass ich 81 werde. Ich schäme mich!«

Beim Besuch einer Vertrauten seiner Frau in seinem Wohnzimmer deutete er auf meine beiden Bücher gegen unsere Eltern, die allerdings genau hinter seinem Lehnstuhl im Bücherregal standen und sagte: »Mit denen identifiziere ich mich nicht.«

In seinem Nachlass finde ich, mit sorgfältiger Genugtuung ausgeschnitten, Zeitungsverrisse zur *Stern* Serie und zum Buch. Allerdings gab es 1987 eigentlich nur negative Kritiken. Da waren sich die deutschen Kritiker einig, und ich erkannte mit großer Verblüffung, in welcher Spießerbranche ich eigentlich arbeite.

Norman, morgen fahre ich. Wie du weißt, auf eine Lesetour durch Sachsen-Anhalts Schulen und abends öffentlich. Zehn tapfere SPD Bundestagsabgeordnete haben mich eingeladen.

»Die werden sicher nicht wieder gewählt«, lacht er. Der Hundling hatte leider Recht, wie sich nach der Bundestagswahl 2009 herausstellte.

Dich stören meine Veranstaltungen?

»Mach, was du willst. Ich sehe nur, dass du ganz vergnüglich auf diesem Ticket durch die Gegend gondelst. Du bist noch dicker geworden.«

Weißt du, was jedes Mal meine Erlösung ist, wenn ich unsere Eltern wieder öffentlich hingerichtet habe?

»Das Einstreichen des Honorars.«

Geschenkt, Bomi alias Michel! Meine Erlösung ist der erste Schluck Bier und danach gleich das erste Stamperl *Eau de vie*. Bei mir Williamsbirne. Sie ist mein Wiederbelebungselixier. Das schmeckt, sag ich dir! Danach gibt es bei Bratkartoffeln und Buletten die wirklichen Gespräche. Norman, wie gesagt: In diesem giftigen Sumpf Deutschland findest du auf kleinen Inseln wunderbare Menschen. Sehr ernsthafte. Sehr nachdenkliche.

»Warum sie dann mit dir reden ...«

Warte nur, bis du tot bist!

»Ich kann es selbst kaum erwarten.«

Kein Selbstmitleid!

»Nein, Niki, ich empfinde mein Leben als Strafe.«

Strafe wofür? Für Vati? Für deutsche Verbrechen? Dass du deinen Tennisschläger nach der verkorksten Rückhand zertrümmert und nie wieder gespielt hast?

Ich schaue ihn erwartungsvoll an.

»Wenn du nicht so viel dazwischen gequatscht hättest, hätte ich ehrlich geantwortet.«

Ich Idiot, denke ich.

Bomi, ich brauch dich, um mich mit meinen Dokumenten an deinem Ungemach zu weiden. Und: Um mich selbst zu verstehen.

»Na, dann Gute Nacht«, kommt es spöttisch zurück. Er versucht, sich zu erheben. Er fällt zurück. »Herrgottnochmal!« schimpft er.

Ich stehe auf und reiche ihm helfend die Hand. Er schüttelt den Kopf. Plötzlich schalte ich auf meinen früheren Journalisten Beruf und balle die Hand zum Mikrofon: Herr Reichsministersohn, welche Frage habe ich Ihnen in Ihrer Eigenschaft als ältester Sohn eines Hauptkriegsverbrechers noch nicht gestellt?

»Eine, die ich ehrlich beantworten kann.« Patzig schaut er mich von unten herauf an.

Norman, verflixt, du hast noch immer einen flinken Geist!

»Ich lebe das Leben nicht, ich formuliere es. Das reicht mir. Ich habe Freude an der Formulierung.«

Ich ziehe mein Mikrofon zurück.

»Deine Fragen waren es, die mir mein Leben zur Antwort gemacht haben. Zum ersten Mal beschäftige ich mich mit mir. Ich hab mich immer nur als Kreatur gesehen. Ich war mir nie wichtig. Schnupfen als Kreatur, Husten als Kreatur.«

Ich recke die Mikrofonfaust wieder in sein Gesicht: Hier meine allerletzte typische Frage: Herr Norman Michael Johann Heinrich Karl Frank, Sie werden in zwei Monaten 81 Jahre alt, könnten Sie Ihr Leben für mein Buch über Sie in einem einzigen Satz zusammenfassen?

»Ich war ein interessierter Tagedieb.«

Zur Belohnung reiche ich ihm ein extra Fläschchen Obstler, das ich heimlich gekauft hatte. Mein Bruder freut sich wie ein Kind, steckt es in seine Bademanteltasche, zieht sich aus seinem Sessel hoch, greift zum zweiten Stuhl, setzt vorsichtig einen Fuß vor den anderen.

Soll ich dir wirklich nicht helfen? frage ich, weil es ihm seit einer Woche schlechter als sonst geht. Er schüttelt den Kopf, sagt »Gute Nacht, Niki«, hat jetzt die offene Tür erreicht, hangelt sich auf den Gang, stützt sich beim schlurfend wackelnden Gang rechts und links mit der Hand an der Wand ab, biegt um die Ecke, ich höre, wie er die Schlafzimmertür hinter sich zuschlägt.

Jetzt, wo deine Beinmuskeln blank liegen, können die Studenten verwundert deine zwanzig Jahre währende Gehfaulheit entdecken. Du hast eine mordsmäßige *Atrophie*!

Trophein ist wachsen *atrophein* abnehmen, merk dir das, Bomi: Muskelschwund auf Deutsch. Aber deine schwindsüchtigen Muskeln sind dir nicht mehr peinlich. Peinlich wäre es dir allerdings gewesen, mit einem Rollator gesehen zu werden, damals, als du noch lebtest.

Deine elende Wawel gezüchtete Eitelkeit, hatte ich ihn wegen seiner Verweigerung beschimpft, als ob ganz Schliersee bei deinem Anblick jubilieren würde: »Endlich kann er nicht mehr gehen, dieser selbstgerechte Ministerbankert!« Bomi, du bist niemandem mehr wichtig. Kapier das endlich!

»Ich Bankert kann nicht aus meiner Ministerhaut«, hatte er geantwortet.

Am frühen Morgen des nächsten Tages, einem Samstag, bin ich, Abreise bereit, schon auf der Treppe nach unten, als mich Norman ruft. Ich gehe in sein Schlafzimmer. Norman sitzt auf seinem Bett, nackte Beine, blauer Morgenmantel. Geschlossenes Fenster. Heiße Heizungskörper. Ich staune. Mensch, Bomi, du wirst ja menschlich!

»Niki, ich friere so. Und ich habe eine große Bitte. Bring mir vom Gerk noch einen Schnaps. Dort auf dem Tisch liegt das Geld.«

Sauer hole ich den Schnaps. »Danke«, sagt er mit zitternder Stimme. Er rührt mich.

»Aber ein Foto mag ich jetzt schon noch machen!« drohe ich lachend. Denn immer strahlte er unendliche Abwehr aus, wenn er im Alter fotografiert wurde.

Er lässt es zu, hebt mir, unter Vatis Gemälde auf der Bettkante hockend, sogar unaufgefordert das Fläschchen entgegen. Mit bitterer Selbstironie. Bomi, jetzt roochen wir noch eine, dann fahr ich endgültig.

Ich setze mich vor sein Bett auf einen Stuhl.

»Ja«, sagt er, greift mit zittriger Hand zu seinen Zigaretten auf der Erde. Ich pule mir eine Davidoff heraus. Er selbst hat noch eine auf dem Nachttischchen liegen, die er sich zwischen die dünnen Lippen schiebt.

Wir rauchen.

Plötzlich legt er mir den Rücken seiner rechten Hand in meine linke Handfläche. »Guck mal, Niki, wie eiskalt«, krächzt er. Die erste und letzte intime Berührung zwischen uns beiden, Norman 80, ich 70 Jahre alt. Zwei verbrauchte Häute. Verklemmte Brüder zeigen verlegen körperliche Zärtlichkeit.

Stumm stehe ich auf, sage: Also, Servus, Bomi.

Schwach winkt er mir zu.

Kurz wundere ich mich, dass er zum ersten Mal nicht fragt, wann ich wiederkomme.

Weißt du, Bomi, sage ich, schon unter der Tür stehend, was mir aufgegangen ist, nachdem ich mit dir all Jahre diskutiert habe und besonders in diesen letzten Monaten mit Laptop, als ich alles über dein Leben wissen wollte?

Er schüttelt den Kopf, der dabei vor Schwäche mehr ins Senkrechte wackelt.

Nicht nur du bist durch unsere Eltern zum emotionalen Krüppel geworden. Ich auch.

Er schaut mich von der Bettkante her an, nickt leicht und flüstert: »Da kannst du wohl Recht haben.«

Drei Tage später erfahre ich am Morgen des 31. März 2009 während der Lesereise durch Sachsen-Anhalt, dass Norman in der Früh tot im Bett gefunden worden ist. Die rechte Hand auf der Bettdecke. Die Augen geschlossen. Der Mund leicht geöffnet. Der Fernseher lief.

Seine zweite Ehefrau, die mit bewundernswerter Geduld sein Leben erduldet hatte, kam ins Zimmer, machte zunächst den Fernseher aus und bat freundlich: »Norman, wach auf!« Sie ging zu seinem Bett. »Norman, wach halt auf!« Sie tätschelte sein Gesicht: »Niki, es war eiskalt. Ich habe geschrien: ›Norman, um Gottes Willen, bitte, bitte, wach doch auf!« Sie bewegte seinen Kopf, dann öffnete sie sein linkes Augenlied: »Da hat mich ein ganz totes Auge angeschaut.«

Seine akademische Karriere konnte beginnen.

Am Freitag, dem 5. Februar 2010, um 16 Uhr, als du zerteilt und skelettiert in deinem Rieseneimer liegst, bereit zum Verbrennen und zur Beerdigung der mit deiner Asche gefüllten Urne in der Gemeinschaftsgrabanlage der Anatomischen Anstalt auf dem Waldfriedhof, wird dir und den anderen 47 Eimern in der Münchener Paulskirche eine *Gedenkstunde zum Abschluss des Präparierkurses des Jahrganges 2009/2010* veranstaltet. Die Kirche war von Studenten und eingeladenen Angehörigen der Zerwirkten überfüllt. Ich weinte, als jeweils ein Student und eine Studentin des Präparierkurses zu Sibelius' »Valse triste« eine Rose und eine brennende Kerze durch den Mittelgang zum Altar brachten. Herrschaftszeiten, Bomi, was für ein dahautes Leben!

Professor Laurenz J. Wurzinger, der kommissarische Leiter des anatomischen Instituts, hält eine berührende Ansprache, in der er sich an die Teilnehmer des Kurses wendet: »Vielleicht«, sagt er, »trägt die Erfahrung dazu bei, dass Sie den Tod von Patienten, mit dem Sie unweigerlich konfrontiert werden, nicht nur als persönliche Niederlage empfinden.«

Tja, Norman, so hättest du mit Vaters Tod umgehen sollen. Nicht als persönliche Niederlage ein Leben lang mit sich rum tragen – dir hat ein Wurzinger gefehlt!

»Vielleicht«, fährt er fort, »hat er Sie mit seiner Entscheidung, seinen Körper der Ausbildung künftiger Ärzte zu spenden, überrascht oder gar irritiert; wenn es Ihnen ein Trost ist, bitte ich Sie zu bedenken, dass die meisten unserer Körperspender als Motiv angeben, nach Ihrem Tod noch den Lebenden nützen zu wollen, zu dienen.«

»In meinem ganzen Leben«, hatte Norman, vor mir den Spenderschein wedelnd, gewitzelt, »wurde mir nie so viel Aufmerksamkeit zu Teil, wie sie mir sicher nach meinem Tod zuteilwerden wird!«

Ich hatte ihn daraufhin einen »nekrophilien Karrieristen« genannt. Aber er hatte Recht. Ich höre den Professor sagen: »Bei aller Sachlichkeit und Nüchternheit, die wir uns im jahre- oder gar jahrzehntelangen Umgang mit den Toten angeeignet haben, sind wir genauso wenig wie die Studierenden in eine kalte Distanz verfallen. Eine menschliche Beziehung zum jeweiligen Toten – auch wenn sie letztlich flüchtig bleibt – entwickelt sich wohl immer.«

Bomi, du selbst hast während deines Lebens keine menschliche Beziehung, keine Wärme zugelassen, kalte Distanz war, was dich wärmte. Die armen Jungmediziner werden es einander verschwiegen haben, dass ihnen jedes Mal, wenn sie an der Leiche mit Nummer 29-6 oder 26-9 rumschnipselten, unbegreifliche Kälteschleier das Herz zusammen gepresst haben.

Nachdem Professor Wurzinger seine Rede beendet hat, singt ein Chor von Bach aus dem Weihnachtsoratorium *Zwar ist solche Herzensstube,* und wir verharren in Stille. Plötzlich sehe ich dich wieder vor mir, in der Urstellung deiner letzten zwanzig Lebensjahre: Im Sessel sitzend, Bademantel, nackte Füße, Puschen, schwarzmündig, die Dunhill-Zigarette in der Hand und mit den letzten, noch nicht ersoffenen Ganglien deines Hirns eine Sottise formulierend und danach zum Fenster hinaus schauend. Du vermaledeiter Schweinskopf, du gehst mir so unendlich ab, jetzt bin ich das letzte von fünf Kindern dieses feigen Lügners, Mörders,

Popanz' und Schleimers, der noch in der Nacht seiner Hinrichtung an seinen Anwalt Dr. Seidl schrieb: *Sorgen Sie bitte dafür, dass die Wahrheit über mich ans Licht kommt: Ich war nie ein Verbrecher.* In deinem Innersten hast du ihm das gegen eineinhalb Kilometer Aktenlage wieder und wieder geglaubt.

Ich schicke dir aus deinem schwarzen Heft das Totengedicht hinterher, das du dir selbst gereimt hast. Natürlich mit ironischem Schluss, damit man dich nur ja nicht bei einem echten Gefühl erwischt:

IHM
Oh Herr – nun will ich niederknien
Gib mir die Hand – und lass uns flieh'n
Dorthin – wo Du und sonst nichts mehr
Nimm diese Bitte – sie wiegt schwer!

Alle Freuden gefreut,
alles Böse bereut,
alle Lieben geliebt,
alle Hoffnung besiegt;
letzte Schmerzen erwachen,
nun send' mir den Nachen!

In meinem Traum – da dehn' ich mich,
im Dunkel – jetzt – da sehn' ich mich
nach dir – doch du bist ein Gespinst;
kannst eines nur – zerrinnst!

Bin wohl, weil ich nun dichte
Gedichter mehr, als Dichter.
Versteh den Unterschied, den feinen
Auch Wortgeklingel geht in Reimen!

Prost, Bomi!

ENDE

»Nicht nur du bist durch unsere Eltern zum emotionalen Krüppel geworden. Ich auch.« Norman starb unter dem Bildnis seines Vaters in der Nacht zum 31. März 2009. Das Foto wurde drei Tage vor seinem Tod aufgenommen.

ABBILDUNGSNACHWEIS

Cover sowie die Abb. auf S. 11, 15, 19, 23, 26, 27, 30 (beide), 33 (oben), 35, 36, 37, 39, 42, 49, 53, 54, 56, 59, 64, 65, 85, 87, 112, 131, 138, 173, 202, 224, 226, 240, 243, 244, 257, 272, 283, 286, 292, 297, 298, 303, 305, 315 : Niklas Frank.
Abb. S. 17: Bundesarchiv, Sign.: Bild 146-1986-100-18A, Fotograf E. Bieber.
Abb. S. 20: Bundesarchiv, Sign.: Bild 183-C06851, Fotograf Hoffmann.
Abb. S. 25, 33 (unten), 72, 73, 152, 154, 170, 208: Rechteinhaber nicht bekannt.
Abb. S. 44: Bundesarchiv, Sign.: Bild 183-2011-1107-500, Fotograf Heinrich Hoffmann.
Abb. S. 45: Bundesarchiv, Sign.: Bild 146-2013-0001, Fotograf o.Ang.
Abb. S. 188: Bayerische Staatsbibliothek München / Fotoarchiv Hoffmann.
Abb. S. 218: Bundesarchiv, Sign.: Bild 183-H28677; Fotograf o.Ang.
Abb. S. 29: National Digital Archives, Polen.
Abb. S. 40: Wawel Royal Castle, Krakau.
Abb. S. 41: Süddeutscher Verlag.
Abb. S. 70: bpk.
Abb. S. 78: Gruner + Jahr.
Wir haben uns bemüht, sämtliche Rechteinhaber ausfindig zu machen. Leider ist uns das nicht in allen Fällen gelungen. Rechteinhaber, die sich in den genannten Abbildungen wiederfinden, mögen sich bitte an den Verlag wenden.

In jahrelanger Recherche rekonstruierte Niklas Frank das Leben seines Vaters, Hitlers Generalgouverneur in Polen und erkannte, von welch ungeheurem Ausmaß seine Verbrechen waren. Das Erscheinen des Buches 1987 sorgte für Aufsehen und stieß auf großen Widerstand: Darf ein Sohn so gnadenlos über seinen Vater schreiben? Niklas Frank findet, er muss das unbedingt – in einem Land, das die Verbrechen der Nazi-Zeit nie wirklich anerkannt hat.

Mit Vorworten von Ralph Giordano und Ian Kershaw.

328 Seiten | Broschur | 17,00 Euro | ISBN 978-3-00-046307-5

Auch seine Mutter entlarvt er schonungslos als eine eiskalte Nutznießerin des »Dritten Reiches«. die aus ihrer privilegierten Stellung raffiniert und rücksichtslos Gewinn zu ziehen wusste. Die Geschichte von Brigitte Frank steht exemplarisch für Millionen deutscher Frauen, die vom Aufstieg ihrer Männer und Söhne profitiert und zu den begangenen Verbrechen geschwiegen haben. Nach 1945 sahen sie sich umgehend als Opfer.

480 Seiten | Broschur | 17,00 Euro | ISBN 978-3-000-45080-8

Zur Erholung von all dem Nazi-Graus schrieb Niklas Frank voller Lust diese Reise eines widerborstigen Großvaters mit seiner 18-jährigen rotzfrechen Enkelin zu den zwölf »Großen Lieben« seines Lebens. Natürlich geraten die zwei dabei in Haarsträubendes und Absurdes.

220 Seiten | Broschur | 15,00 Euro | ISBN 978-3000561016

Alle drei Bücher sind im *Eigenverlag Brigitte Frank unsel. Erben* erschienen.
Zu bestellen über nikfrank@aol.com oder in Ihrer Buchhandlung.